eye.

守望者

——

到灯塔去

The Gender
of Modernity

现代性的性别

〔美〕芮塔·菲尔斯基 著
陈琳 译
但汉松 校译
Rita Felski

南京大学出版社

THE GENDER OF MODERNITY
by Rita Felski
Copyright © 1995 by the President and Fellows of Harvard College
Published by arrangement with Harvard University Press
through Bardon-Chinese Media Agency
Simplified Chinese translation copyright © 2020
by Nanjing University Press Co., Ltd.
ALL RIGHTS RESERVED

江苏省版权局著作权合同登记　图字：10-2016-410 号

图书在版编目(CIP)数据

现代性的性别 /（美）芮塔·菲尔斯基（Rita Felski）著；陈琳译．—南京：南京大学出版社，2020.6(2024.5 重印)
书名原文：The Gender of Modernity
ISBN 978-7-305-23028-8

Ⅰ．①现… Ⅱ．①芮…②陈… Ⅲ．①性别-文化研究②妇女学-研究-欧洲-近现代 Ⅳ．①C913.14 ②D445.09

中国版本图书馆 CIP 数据核字(2020)第 039086 号

出版发行	南京大学出版社
社　　址	南京市汉口路 22 号　邮　编 210093
	XIANDAIXING DE XINGBIE
书　　名	**现代性的性别**
著　　者	［美］芮塔·菲尔斯基（Rita Felski）
译　　者	陈　琳
校　　译	但汉松
责任编辑	陈蕴敏
照　　排	南京紫藤制版印务中心
印　　刷	江苏凤凰通达印刷有限公司
开　　本	880×1230　1/32　印张 9.5　字数 229 千
版　　次	2020 年 6 月第 1 版　2024 年 5 月第 4 次印刷
ISBN	978-7-305-23028-8
定　　价	62.00 元

网　　址	http://www.njupco.com
官方微博	http://weibo.com/njupco
官方微信	njupress
销售咨询	025-83594756

* 版权所有，侵权必究
* 凡购买南大版图书，如有印装质量问题，请与所购图书销售部门联系调换

目 录

致　谢 / i

导　论　现代的神话 / 1

第一章　现代性和女性主义 / 13

第二章　论怀旧:史前女人 / 47

第三章　想象的快感:消费的情色和审美 / 83

第四章　面具下的男性气概:女性化创作 / 123

第五章　爱情、上帝和东方:解读大众化的崇高 / 155

第六章　新视野:关于进化和革命的女性主义话语 / 195

第七章　性变态的艺术:女性受虐狂和男性赛博格 / 233

后　记　重写现代 / 275

译名对照表 / 283

致　谢

首先我要感谢以下各类学术机构：康奈尔大学的人文协会(Society for the Humanities)、弗吉尼亚大学的文学与文化变迁联合研究中心(Commonwealth Center for Literary and Cultural Change)，以及澳大利亚研究理事会(Australian Research Council)。它们慷慨给予的研究经费，使我能完成这本书。

同时，在过去五年里，有许多人协助我完成了该课题，他们与我讨论我自己的及他们的作品，向我提供相关的信息和材料，让我关注原本不熟悉的参考文献，抑或纠正我一些相当明显的错误。为此，我要感谢珍妮特·贝泽(Janet Beizer)、查尔斯·伯恩海默(Charles Bernheimer)、阿比盖尔·布雷(Abigail Bray)、乔纳森·卡勒(Jonathan Culler)、梅拉妮·霍索恩(Melanie Hawthorne)、米西·德恩·库比契克(Missy Dehn Kubitschek)、多米尼克·拉卡普拉(Dominick LaCapra)、珍妮特·莱昂(Janet Lyon)、阿伦·梅吉尔(Allan Megill)、安妮－玛丽·梅特卡夫(Anne-Marie Metcalfe)、温迪·帕金斯(Wendy Parkins)、迈克尔·罗斯(Michael Roth)和彼得·斯塔利布拉斯(Peter Stallybrass)。在成书的关键阶段，我与林赛·沃特斯(Lindsay Waters)进行了一系列讨论，而这也帮助我更清晰地规划出了这本书所要达成的目标。

我为了接受美国的教职,已经在最近离开了澳大利亚。在这里,我希望向西澳大利亚莫道克大学(Murdoch University)的人文学院致敬,在那里我度过了七年时光。我要向所有的朋友、同事和学生致谢,是你们让莫道克大学拥有了无与伦比的学术氛围,并使其成为教学的绝佳之处。我尤其要感谢伊恩·昂(Ien Ang)、雷切尔·芬尚(Rachel Fensham)、米兹·戈德曼(Mitzi Goldman)、阿德里安·蒙塔纳(Adrian Montana)、佐伊·索富利斯(Zoe Sofoulis)和乔恩·斯特拉顿(Jon Stratton),他们在离别送行的时候为我高歌了一曲。最后,我要衷心感谢我的同事霍斯特·鲁特罗夫(Horst Ruthrof),他旺盛的求知欲、坚定的目光和慷慨的精神一直是我灵感的源泉。

这本书中展开的部分论点曾在以下两篇文章中有所概述:《现代性的性别》,载于萨莉·莱杰(Sally Ledger)等人编,《政治性别:文本与语境》("The Gender of Modernity," in *Political Gender: Texts and Contexts*, ed. Sally Ledger et al., New York: Harvester Wheatsheaf, 1994);《现代主义和现代性:生成文学史》,载于莉萨·拉多(Lisa Rado)编,《重读现代主义:女性主义批判中的新方向》("Modernism and Modernity: Engendering Literary History," in *Rereading Modernism: New Directions in Feminist Criticism*, ed. Lisa Rado, New York: Garland Press, 1994)。第四章的一个早前的版本曾刊登于1991年第5期的《美国现代语言学协会会刊》(PMLA,106,5,1991)。

导 论
现代的神话

何为"现代性的性别"？现代性是抽象的历史分期,怎么会有性别？现在,人们喜欢谈"历史的文本化和文本的历史化",在这一语境下该说法其实也没那么古怪。① 如果我们的历史观念注定会被叙事的解释性逻辑所影响,那么相应地我们创造的故事也会揭示出性别象征意义必然的存在和力量。文化文本中充满了男性气质(masculinity)和女性气质(feminity)的隐喻,这一点在"现代"体现得最为突出;作为历史分期的术语,"现代"恐怕是运用最广,而又最难定义的概念了。无论是学术著作,还是大众读物,在讲述现代概念时一般都将历史过程做戏剧化和拟人化处理,从而使之获得某种形式上的连贯性;这些叙述赋予单独或群体的人类主体象征的重要性,将之视为时间意义的典型传播者。然而,对于这类展开的叙事而言,我们把这些主体当成男性还是女性,其结果有着天壤之别。

---

① Louis A. Montrose, "Professing the Renaissance: The Poetics and Politics of Culture," in *The New Historicism*, ed. H. Aram Veeser (New York: Routledge, 1989), p. 23. 有关历史再现的文本化的讨论,参见 Hayden White, *Metahistory: The Historical Imagination in Nineteenth-Century Europe* (Baltimore: The Johns Hopkins University Press, 1973), 以及 *Tropics of Discourse: Essays in Cultural Criticism* (Baltimore: The Johns Hopkins University Press, 1978); Dominick LaCapra, *History and Criticism* (Ithaca: Cornell University Press, 1985); 以及 Lionel Gossman, *Between History and Literature* (Cambridge: Harvard University Press, 1990).(本书未标明"译注"的注释皆为原注。)

性别不仅会影响历史知识的事实部分——如应该囊括什么,剔除什么——而且还会影响我们对社会进程的性质和意义所做的哲学假设。历史的性别化,以及性别的历史性问题,将会成为本书后续分析的主要题旨。

比如,最近有一本颇具影响力的发展政治学的书,就是马歇尔·伯曼(Marshall Berman)的《一切坚固的东西都烟消云散了》(*All That is Solid Melts into Air*)。书中称赞歌德笔下的浮士德是一个典型的现代主人公。伯曼言道,在浮士德这个人物身上,现代性的各种矛盾一目了然:一方面,是挑战传统和固有权威形式的解放精神,它令人为之振奋;另一方面,是新兴的资产阶级个人主义对无限增长和统治自然的欲望。因此,浮士德既体现了现代生活的冒险与恐怖,也体现了它的模糊和反讽,这正如资本主义的发展逻辑带来了创造性毁灭和不断变革。那么,葛丽琴(Gretchen)又是怎样一个人呢? 在浮士德努力追求新体验和自由发展的过程中,这个年轻的乡下姑娘先是被浮士德引诱,后来又被他抛弃。伯曼提到,最初浮士德被葛丽琴"孩童般的天真、小镇人的单纯、基督徒的谦逊"深深吸引,但是他逐渐发现葛丽琴的"热情渐渐化为歇斯底里,让他不知所措"。① 伯曼解释道,"因为迫不及待地想要体验新的生活",浮士德"已经感到她的要求和担忧越来越成为他的负累"。② 虽然伯曼认识到了葛丽琴的复杂性,但显然他更同情浮士德。在他看来,浮士德不得不拒绝葛丽琴所代表的封闭狭小的世界。于是,女人与陈规旧俗和保守主义联系在了一起,成了积极向上、刚获自由、自我塑造的现代主体必须超越的对象。她的作用是扮演用于献祭的牺牲品,代表着逝去之物,而现代那种含混不清,最终却提振人

---

① Marshall Berman, *All That Is Solid Melts into Air: The Experience of Modernity* (London: Verso, 1983) pp. 53 - 54.
② Ibid., p.57.

心、充满诱惑的逻辑,正是基于这些消失的事物。

读伯曼的书,我们容易得出这样的结论:现代性的性别实为男性。他所举文本中的代表性主人公——浮士德、马克思和波德莱尔——不仅是现代性的象征,也是男性气质的象征,是新式资产阶级和工人阶级男性主体性登场的历史标记。在伯曼的叙述中,浮士德及后来被他感召出来的波德莱尔式"游荡者"(Flâneur)——那些在巴黎的柏油马路上如"植物学家"一样游走的人——这些现代个体都被假想为具有自主性的男性,丝毫不受家庭和社群的束缚。伯曼的书契合了由来已久的一种写作传统,即将现代性解读为对权威独裁的俄狄浦斯式反抗,借用的是关于竞夺和抗争的譬喻,这些譬喻都根植于竞争型男性气质理想的内部。近些年来,女性主义(feminism)提出了一套广泛的批判学说,所针对的就是对这种独立自主的男性主体的理想化再现(representations)。这种批判的观点是,理想化的自由本身携带着控制的欲望因子,它想要控制他者,惧怕依附性,因为后者与女性气质联系在一起。① 从这个意义上来说,伯曼在浮士德这个形象身上寄托了那种永不满足、不断自我扩张的理想,这其实是非常有问题的,他本人可能并未意识到这一点。

然而,伯曼在男性气质与现代性、女性气质与传统之间画上等号,这仅仅是各种关于现代性本质和意义的一家之言。盖尔·芬尼(Gail Finney)最近写了一本书,提出了截然相反的观点。芬尼认为,在欧洲的 19 世纪末(fin de siècle),现代性再现的想象性中心是女性的心理和性别。芬尼解读了那个时期最具代表性的戏剧女主人公——海达·高布乐(Hedda Gabler)、莎乐美(Salomé)和露露(Lulu)。她指出,在 19 世纪晚期的社会想象中,女性气质和现代性

---

① 参见,例如 Jessica Benjamin, *The Bonds of Love: Psychoanalysis, Feminism, and the Problem of Domination* (New York: Pantheon, 1988).

紧密相关。这些女主人公身上体现的心理冲突和社会矛盾，与伯曼书中分析的男性专属的众神殿大相径庭。最值得注意的一点是，亲密关系成了现代性矛盾冲突的中心竞技场，个体与社会的矛盾正是在这里得以凸显。虽然伯曼的书重复了那种用个人和社会的两极对立来解读现代性的旧套路，但是芬尼指出了家庭纽带和家庭身份——如母亲、女儿和妻子——对于现代性主体建构的主导作用。所谓的私人领域，往往被认为是由自然的、永恒的情感所支配的，芬尼却告诉我们，私人领域与现代化和社会发展的进程有重大瓜葛。对现代女性气质的分析，将帮我们认识到私人情感深刻的历史性。

芬尼将女性主义者和歇斯底里病人作为现代性别政治的典型形象，两者看似对立，实则紧密相连，它们在世纪末文化中无处不在。芬尼认为，女性主义者以叛逆、解放、向外的方式来反抗对女性的压迫，而歇斯底里病人则以消极、向内、最终自我毁灭的方式来拒绝社会。这两种形象在现代的思想和再现体系中同样重要：歇斯底里患者看似私人的、非理性的行为，本身就是由社会所决定的产物，标志着19世纪人们对性别的密切关注；在精神病学、精神分析及对女性身体的歇斯底里化所包含的新型原则中，性别代表了真实的自我。实际上，那个时期的作品往往混淆女性主义者和歇斯底里病人，它们总是试图将把妇女争取选举权的政治行动，贬低为一群精神错乱的危险女人做的傻事。因此，芬尼写道："这种双重光谱——即女性对压迫的反应（女性主义和歇斯底里），和男人对这种反应所做出的回应（女性主义和歇斯底里化）——造就了一种不同思想相互交锋的场域，它不可避免地在当时剧作家身上产生了影响。"[1] 在

---

[1] Gail Finney, *Women in Modern Drama: Freud, Feminism, and European Theater at the Turn of the Century* (Ithaca: Cornell University Press, 1989), p. 13. 另可参见 Elaine Showalter, *The Female Malady: Women, Madness, and English Culture, 1830 - 1980* (London: Virago, 1987).

世纪末文化中,女性形象无处不在,她们是有力的象征符号,代表了现代性的危险和机遇。

在这一语境下,将伯曼对浮士德的解读(现代的普罗米修斯)与芬尼对露露的解读(现代的潘多拉)做一番比较,会非常具有启发性。德国剧作家弗兰兹·魏德金德(Franz Wedekind)创造了露露这个形象,她性感诱人,魔性十足,又如天真孩童。德国导演G. W. 帕布斯特(G. W. Pabst)将露露拍成了默片《潘多拉的盒子》(Pandora's Box),电影大获成功,从而露露的名字家喻户晓。芬尼在解读魏德金德时指出,露露不应该仅仅被看作现代社会的产物,她还是现代社会核心价值观的汇聚体。她是演员、性玩物、妓女、艺人和景观;这些身份使她成了现代文化的典范,而这一文化所依赖的就是商品的情色和美学。一方面,露露鲜明地体现了世纪末文化中女性气质与自然和无意识的原初力量如何关联在一起;另一方面,露露只有外壳而无实质,她靠的是品味和手段,其身份是通过她穿戴的各种衣装和假面获得的。这样,魏德金德的女主人公就进入了妓女和女演员所组成的形象库中,这些人物将爱欲和狡诈做了悖论式结合,她们往往被看作女性化的现代性的本质体现。

显然,这两本书再现历史的不同方式,很大程度上受制于代表性主人公的性别。在伯曼的描述中,现代性就意味着积极行动、进步发展和对无限增长的渴望;新获自由的资产阶级主体所具有的自主性,体现在不断加速发展的工业生产、理性化和对自然的征服上。相反,芬尼的书则提出了另一种现代个体,她更消极,更不确定,是文本影响力、社会角色和原初心理冲动的去中心化联结。浮士德所代表的那种奋斗进取型男性气质,被一种恋物癖的、力比多化的和商品化的女性气质所取代,这种女性气质是由文本中生成的现代欲望形式的逻辑所塑造的。男性的现代性和女性的现代性代表了不同的视界,伯曼主要参照了马克思,而芬尼的书则指向了弗洛伊德。

这种区别有一个显而易见的解释，那就是歌德和魏德金德作品所处的不同时代；显然，他们文本的"现代性"在很多方面是相去甚远的。然而，正如伯曼在书中指明的那样，浮士德神话作为现代矛盾的象征化表达一直很有市场，其巨大影响力一直持续到我们生活的时代。① 确实，我刚才论及的可以被视为两种对立的现代性神话，无论是在学术圈之内还是之外，无论是读虚构还是理论的文本，这些神话都屡见不鲜。每当看见那种强调男性气质、理性品质、生产力和压迫的现代性叙述，你都会发现另一种文本，它或褒或贬地指向了西方社会的女性化，其证据就是现代主体那种消极的、享乐的、去中心的性质。

当然，这些差异性观点并非不可调和。一些学者已经试图将两种观点整合，形成一种关于现代发展的宏大理论，最著名的就是《启蒙的辩证法》(*Dialectics of Enlightenment*)，书中特奥多尔·阿多诺(Theodor Adorno)和马克斯·霍克海默(Max Horkheimer)分析了西方社会的自毁逻辑。通过借用马克思、韦伯和尼采的著述，阿多诺和霍克海默暴露了现代理性的非理性本质，从而预言了当代后结构主义的某些观点。两位作者将希腊神话中的奥德赛和塞壬女妖视为欧洲文明的核心文本，认为该故事是现代性绝境(aporias)的典型寓言。奥德赛命令他的水手把自己绑在桅杆上，这样他就能抵御塞壬女妖歌声的蛊惑，奥德赛的做法体现了那种被规训的资产阶级男性个体，预示了对身体的压抑和女性气质将会决定西方文化的发展。正如道格拉斯·凯尔纳(Douglas Kellner)所精辟地总结的："荷马的文本被解读为一次寓言式的旅程，奥德赛克服了原始的自然力量(即享乐、性、动物的侵略性和暴力、野蛮的部族主义等)，并

---

① 另可参见 Harry Redner, *In the Beginning Was the Deed: Reflections on the Passage of Faust* (Berkeley: University of California Press, 1982).

征服了神话/自然的世界。通过使用计谋策略，他勉力保全自我，拒绝接受神话命运，以企业家的方式控制手下，并对妻子和其他女性施以父权威慑，如此一来，奥德赛成为资产阶级男性的远祖化身，在他身上可以看到自我保护、征服自然，以及神话与启蒙的纠葛。"①

这一纠葛体现在《启蒙的辩证法》的核心宣言中，即"神话就是启蒙，启蒙归于神话"②。理性盲目地想去掌控自然，结果变成了理性的反面，典型的例子就是现代资本家社会，既受到工具理性和商品拜物教的双重推动，又具有非理性、野蛮粗暴的一面。书中有一章颇具影响力，谈的是文化产业的政治，其中阿多诺和霍克海默认为，神话般的梦幻王国、诱惑性的商品及对无穷欢乐的期许，是促使个人心甘情愿接受那种全面管理的社会（totally administered society）的重要手段，而这种社会的主导逻辑就是利润和标准化。审美和力比多冲动背后被压抑的女性气质，变身为那种吞噬性的、退化的诱惑，在现代大众文化和消费社会中重返，这种社会以非真实的愉悦和虚假的幸福为筹码，交换人们对现状的默许。所以，对阿多诺和霍克海默而言，"男性化的"理性与"女性化的"享乐，不过是一个硬币的两面，该硬币就是关于统治（domination）的完美逻辑，它通过压服而构成了现代主体性。

尽管阿多诺和霍克海默的观点颇具说服力和影响力（尤其是在马克思主义圈子中），还是在很多方面遭到了批评。首先，《启蒙的辩证法》相信的是一种高度悲观的历史哲学，这种哲学把现代性解读为压迫不断上升的螺旋。这种将历史解读为"统治"的末日观，否认了现代发展的模糊性和多重维度，没有考虑到在这种封闭系统内

---

① Douglas Kellner, *Critical Theory, Marxism, and Modernity* (Baltimore: The Johns Hopkins University Press, 1989), p. 91.
② Theodor Adorno and Max Horkheimer, *Dialectic of Enlightenment* (London: Verso, 1979), p. xvi.

出现矛盾、抵抗或解放性变革的可能性。特别是这种观点看似将文化摆在重要位置,最终却把它当作本质上的从属角色,认为文化只不过是已有的经济、技术和行政逻辑的反映。因此,该理论不能接受那种具有生产力、互动性和主体间性的象征形式,不能接受各种各样(经常是矛盾的)话语、故事和形象的星丛式存在(constellations),而实际上现代个体正是以此来阐释和理解他们的生活。阿多诺和霍克海默忽视了社会主体在阐释上的能动性,以及文化文本的丰富意义,他们将现代个体再现为那种被动的、同质的和疏离的大众,从而复制了那种他们口口声声要推翻的同一性逻辑。

第二,从女性主义的视角来看,阿多诺和霍克海默对性别的定位颇不稳定,也难以令人满意。一方面,他们强调西方现代性的父权制基础,这体现在同一性逻辑的专制中,因为该逻辑否认具有自主性的差别存在。这里,正如近年来法国后结构主义者对逻各斯中心主义(logocentrism)的批判一样,女性的幻影(fantasm)扮演了关键角色,体现了一种抵抗原则,也体现了在居于统治地位的理性之外存在的乌托邦式另类选项。把女性排除在现代性的进程之外,反而使她们成为逃离无处不在的权力体系的象征。① 另一方面,这一批判方式不断强调男性气质是社会的根本,这就有可能继续将女性等同为处于前象征状态的他者性(presymbolic otherness)。特别是它借用了弗洛伊德的压抑范式,鼓励将女性与受压制的、未分化的自然等同起来,这体现了其局限性。因此,正如帕特里夏·米尔斯(Patricia Mills)对《启蒙的辩证法》的批评所言,塞壬的女性声音代表着充满肉欲的自然界之歌,代表着充满诱惑的快乐原则。② 米尔

---

① Andrew Hewitt, "A Feminine Dialectic of Enlightenment? Horkheimer and Adorno Revisited," *New German Critique*, 56 (1992): 147.
② Patricia Jagentowicz Mills, *Woman, Nature, and Psyche* (New Haven: Yale University Press, 1987), p. 89.

斯进一步认为,将女性特质与非理性、非象征性(the asymbolic)联系起来,这阻碍了我们去独立地理解女性身份、能动性或欲望。女性被简化为力比多,不可言说,或是审美性的,是受父权理性压抑的**他者**。一旦将启蒙运动全盘视为父权统治的总体性逻辑的象征,我们就不可能去探究女性和社会变化过程的那种多样而复杂的关系。

因此,阿多诺和霍克海默的文本也说明了某种困局,它产生的原因是我们试图为西方历史的潜在逻辑寻找某种单一的解释。虽然他们的分析揭示了现代社会发展是以男性为主导这一本质,但得出的结论是男性具有能动性,而女性则无权无势,从而排除了历史进程中女性的独特作用和积极贡献。在这种单一的神话叙事中,男性不可避免地承担了历史的集体主体这一角色,而女性只能作为**他者**,作为历史叙事的客体,而非主体而存在。对这种排他性逻辑的可能回应,就是将男性和女性的角色颠倒,建构一个象征性女性气质的反神话;因此,米尔斯又进一步提出了对美狄亚(Medea)这个故事的女性主义解读,她把美狄亚描述成女性版的奥德赛,使之成为女性欲望问题的有力寓言。[①] 然而,正如她同时承认的那样,任何将女性与现代性的独特关系浓缩成另一类单一神话的做法,都可能犯下新的"物化一般性"(reifying universal)的错误,因为它假定女性的历史可以用单一的、无所不包的女性特质形象来涵盖。如果继续认定女性和现代性只有单一意义,这样的策略就无法处理女性与历史进程之间多元而复杂的关系。

正是因为这个原因,我自己的研究并不打算对西方历史的性别属性和逻辑提出一种宏大的哲学总论。我选择的是完全不同的方法,其目的是要通过分析各种相互冲突的再现,揭示现代性与女性

---

① Patricia Jagentowicz Mills, *Woman, Nature, and Psyche*, pp. 192-195.

气质之间的复杂关系,而不是要去创造一种整体性的关于现代的女性主义神话。通过将文化理论和文化史编织在一起,我会广泛解读19世纪晚期和20世纪初期的各种欧洲文本,从而探究一些关于现代性别政治学更具普遍性的理论问题。通过这样一种阐释策略,我希望能够从不同视角来分析主题,密切关注让我们对现代性的理解得以构成的不同文类和形式。

我之所以选择这种方法,并不是说抽象或总体研究应受到谴责,或一无是处。为了超越经验主义,超越对特殊事物的简单标记,我们不可避免地要在一定程度上进行归纳总结,从而建构有意义的结构、关系和论点。在这个意义上,诚如霍斯特·鲁特罗夫所言,任何阐释策略都无法抹除目的论的维度;目的论并没有在后结构主义理论中消失,只是从被解读的文本,转变为阐释的工具。[1] 因此,尽管我质疑现代性能否被简化为一种单一的意义和历史逻辑,但我自己的观点受惠于女性主义理论和政治的隐性目的(telos)。这里仅有程度差别,而没有类型之分。我选择多视角的方法来研究现代性的文化政治,是有现实上的考虑,而不单单是出于理论本身。关于现代的抽象哲学理论对于女性主义分析来说几乎毫无用处,它们要么将女性纳入单一的、直线发展的历史逻辑,要么把她们排除在现代话语和体制之外,使之作为非历史的、非象征性的他者。所以,它们无法解释女性与现代性的各种政治、哲学和文化遗产之间复杂而多变的关系。无须多言,这个问题一直与我们的时代有着持续且重大的关系。

此外,如果"女性主义是对话性政治"的说法确有合法性,那么这种对于他者性的关注就必然需要延伸,应对历史的声音加以细致

---

[1] Horst Ruthrof, "The Hidden Telos: Hermeneutics in Critical Rewriting," *Semiotica*, 100, 1 (1994): 90-91.

的接触。女性主义批评家不应从当下的视角出发,将性别关系的历史仅仅归入某种宏大的现代性元理论(meta-theory),而是需要认真对待从前的女性和男性是如何理解自己在历史和社会进程中的位置的。正是在这个层面上,文化分析派上了用场,因为这种方法在研究现代性的历史时,会考察现代性自身的多种再现方式。通过研究一些最重要的、最普遍的再现,我试图将现代性作为文化意识的范畴,仔细论述现代性流动多变的意义。按照后现代主义的草率理解,我们常想象现代历史中有一些教条和盲点,进而以为当下的历史状态已经让我们摆脱了那些局限;在这种语境下,该想法其实禁不起推敲。事实上,现代性经常被揶揄为一种同一性的总体逻辑,但仔细研究之后,我们会发现现代性向我们展示的是多重的声音和视角,无法被简单地归纳成某种单一的、统一的意识形态或世界观。我的目的之一,就是要强调现代的复杂性和模糊性,反对一些后现代主义者和女性主义理论家对它的简化处理。

我的研究集中于特定的时期(19世纪末)和一系列互相影响的文化(法、英、德),希望由此能揭示关于现代的一些含混维度,因为它们构成了特定且有限的语境集合。因为我对这些具体方面感兴趣,所以就引来一个疑问:把现代作为一个分析范畴,是否还有意义?我没有抛弃这个概念,而是选择保留它并将之复杂化,这主要有两个原因。首先,现代这个概念尽管是(也许恰恰是因为)多义的,不确定的,却吸引我们去关注社会变化的长期进程,去关注各种文化、政治和经济结构之间多元又系统的相互关系。在我看来,研究这样的结构正是女性主义理论的中心任务,女性主义对一般性历史进行批判,不应混淆为宣扬身份多元性,或将社会打碎为分散而孤立的场域。所以,现代这个范畴会一直与我们休戚相关,因为它帮助我们评价结构性变化的长期进程,而且同样重要的是,它还能帮助我们分析这些进程对特定群体的影响,这些影响各不相同,差异不均,而且常常相互矛盾。随着社会历史语境的变化,女性气质和现代性之间的交集也以分化的方式(*differentially*)体现出来。

第二,关于现代的观念充斥着19世纪晚期和20世纪早期的话语、图像和叙事。历史分期的逻辑深深地塑造了这个时代,它试图把个人的生活和经历放置于更大的历史框架中,放到关于革新和衰败的宏大叙事中。因此,"**现代性**"不是简单地指一系列社会历史现象——如资本主义、科层制、技术进步等——而首先是指那些特定的(不过通常也是矛盾的)时间性和历史意识的经验。尽管出于显而易见的原因,历史性(historicity)的现代经验特别受到马克思主义批评家的关注,但是女性主义者们对此所做的系统研究还不够,她们对19世纪文化的研究主要集中于私人领域和公共领域的分野。通过将女性主义理论和关于时间性与历史的不同再现的分析联系在一起,我希望能部分地言明女性气质和现代性是如何通过女性和男性关联在一起。正如开篇所言,性别被证明是历史时间建构中具有统领性地位的核心譬喻。事实上,很多在19世纪末流行的现代性神话在我们这个时代仍然存在,这意味着我们仍然需要把自己从宏大叙事的诱惑性力量中解放出来。

因此,我分析的出发点看起来很简单:我希望透过女性主义理论的棱镜来重读现代。我将提出以下追问:如果我们主要以女性创作和关于女性的作品为研究对象,而不是把男性经验作为范式,这将如何改变我们对现代性的理解?如果在分析现代文化时,将女性现象放到中心位置,而不是通常所认为的次要和边缘地位,又会怎样?这种方法会带来怎样不同的结论?我认为,该研究所得出的故事并不是完全的异类,或让人无法辨认,因为女性和男性的历史总是复杂地交错在一起。但是,这些故事可能会给现代性的审美和政治,一个看似被研究者穷尽的话题,带来一些重要的启示。

第一章
现代性和女性主义

> 我更喜欢去研究……日常生活,即所谓平淡庸常、被认为无实验性或非实验性的东西,不问"为什么它不够现代主义?",而是问"为什么关于现代主义的经典学说对女性的现代性问题关注不够?"。
>
> 梅根·莫里斯
> 《购物中心风云》①

即使只是对关于现代的众多作品做一番最粗浅的阅读,也会发现其中充满了诸多不和谐和相互抵牾的地方。现代性兴起于一种讲求"稳定、统一、规训和控制世界"②的文化中;与之相反,它又指向了"对时间、空间和因果关系的不连贯体验,将之视为过渡的、转瞬即逝的和偶然的"③。对一些作家而言,现代是"一种断裂的文

---

① Meaghan Morris, "Things to Do with Shopping Centres," in *Grafts: Feminist Cultural Criticism*, ed. Susan Sheridan (London: Verso, 1988), p. 202.
② Bryan S. Turner, "The Rationalization of the Body: Reflections on Modernity and Discipline," *Max Weber: Rationality and Modernity*, ed. Sam Whimster and Scott Lash (London: Allen and Unwin, 1987), p. 223.
③ David Frisby, *Fragments of Modernity* (Cambridge: MIT Press, 1986), p. 4.

化",其标志就是历史相对主义和含混性①;对另一些人而言,现代性意味着一个"理性、自主的主体"和"对真理的绝对论、一元论"②。成为现代,就要站在进步、理性和民主一边;或者,恰恰相反,把自己跟"混乱、绝望和无政府主义"联系起来。③ 的确,一个悖论是,成为现代往往就意味着反现代,要旗帜鲜明地反对所处时代那些流行的规范和价值观。④

显然,现代发展的复杂性和多面性造成了这一语义上的混乱,并没有什么良策可以解决这个问题。然而,我们至少可以弄清导致这种混乱的一些关键因素。例如,不同民族的文化和传统对现代这个概念会有不同理解,这使得文本在全球思想市场上流通时产生翻译上的潜在困难。对尤尔根·哈贝马斯而言,"现代"(die Moderne)是不可逆的历史进程,既包含了官僚与资本统治的各种压迫性力量,又滋生了交往理性(communicative reason)的伦理,该伦理能够自我批判,因而具有潜在的解放性。这里,黑格尔成为一个关键人物,他的哲学首次系统地表达了现代性的理论自觉。⑤ 相反,文森特·德贡布(Vincent Descombes)则对哈贝马斯提出责难,认为他不加辨察地就把现代性和唯心主义哲学画上了等号,认为他的做法根植于德国文化特定的历史和社会学中,而受过法国思想训练的人就"不可能"提出这种论断。对于德贡布而言,法语中的"现

---

① Matei Calinescu, *Five Faces of Modernity: Modernism, Avant-Garde, Decadence, Kitsch, Postmodernism* (Durham: Duke University Press, 1987), p. 91.
② Susan J. Hekman, *Gender and Knowledge: Elements of a Postmodern Feminism* (Cambridge: Polity Press, 1990), p. 188.
③ *Modernism, 1890 - 1930*, ed. Malcolm Bradbury and James McFarlane (Harmondsworth: Penguin, 1976), p. 41.
④ Marshall Berman, *All That Is Solid Melts into Air: The Experience of Modernity* (London: Verso, 1983), p. 14.
⑤ 参见 Jürgen Habermas, *The Philosophical Discourse of Modernity* (Cambridge: Polity Press, 1987), 以及 *Habermas and Modernity*, ed. Richard J. Bernstein (Cambridge: Polity Press, 1985).

代"(modernité)是诗学的,而不是哲学的范畴,它的特征是含混、非连续和模糊,而不是艺术与生活的分隔,其最重要的定义者正是波德莱尔。① 在这个术语之争中,我们可以看到一个清楚的例证,说明现代概念的含混是决定性的,而且会反复出现:一些作家或多或少会将现代等同于启蒙传统,而其他人则认为两者恰好相反。

这让我想到一个相关的问题,那就是特定的学科传统对理论概念的建构和传播会有何种影响。米歇尔·福柯(Michel Foucault)的研究让我们更清晰地认识到,知识的结构会决定我们对研究对象的认识。因此,对政治理论家、文学评论家、社会学家和哲学家(只是随意举几个领域)而言,现代性的内涵会各不相同。这种含混不仅仅是因为人们对现代概念的性质和价值看法迥异,而且因为我们对现代的历史分期问题也充满了争议。政治理论家可能将现代性的源头追溯到17世纪,认为它来自霍布斯的论著,而文学评论家很可能会认为现代诞生于19世纪中晚期。现代性并没有精确的历史分期,所以它的时间坐标轴也总是在变化。如劳伦斯·卡洪(Lawrence Cahoone)所言:"现代性的历史起点是不可能被确定的;从16世纪到19世纪,任何一个世纪都可能或已被命名为第一个'现代'世纪。例如,作为现代性基石的哥白尼学说可追溯到16世纪,而可被称为现代政治基础的民主政府,直到最近才成为西方主流的政体形式。"②

卡洪的观点让我们认识到,现代性并不是一个诞生于特定历史时刻的同质化的时代精神(Zeitgeist),而是由各种相互关联的体制、文化和政治所共同构成的,这些东西形成于不同时代,通常在事后

---

① Vincent Descombes, "Le Beau Moderne," *Modern Language Notes*, 104, 4 (1989): 787-803.
② Lawrence E. Cahoone, *The Dilemma of Modernity: Philosophy, Culture, and Anti-Culture* (Albany: State University of New York Press, 1988), p. 1.

才被我们定义为"现代"。为了区分这些不同的要素,我们首先要弄清楚关于现代的"词群"(family of terms)。① 现代化(modernization)通常指一些社会经济现象的复杂群集,它发轫于西方发展的语境中,但自那以后就在全球范围都有各式各样的体现:如科学和技术的创新、生产的工业化、快速的城市化、不断扩张的资本市场、民族国家的发展等等。现代主义(modernism)恰恰相反,指的是一种特定的艺术生产形式,是一系列艺术流派和风格的总称,首先兴起于19世纪晚期的欧洲和美国。现代主义文本的特点是审美的自我意识、风格的碎片化和对再现的质疑,它与现代化进程的关系具有高度的矛盾性,常常也具有批判性。法语中的"现代"(modernité)一词,虽然也鲜明地传达了错位和含混的现代感,但更具一般性地体现在日常生活的审美化中,比如在追求时尚、消费主义和不断创新的影响下,都市文化具有易逝性、短暂性。② 最后,现代性(modernity)通常被用作一个包罗万象的历史分期概念,它指的是一个历史时期,可能涵盖上述任何一个或全部的特征。这一术语的时代含义主要包括两种社会的一般性哲学区分,前者是传统社会,以无处不在的神圣权威为基础,而后者是一个现代的世俗世界,其基础是个体化的、自我感知的主体性。③

然而,现代这个概念既具有隐含的事实模糊性,又具有鲜明的修辞性力量。与其他历史分期不同,现代性同时具有规范性(normative)和描述性(descriptive)——比如,我们可以"支持"或

---

① 我此处的讨论借鉴了迈克·费瑟斯通(Mike Featherstone)有用的阐释,"In Pursuit of the Postmodern," *Theory, Culture, and Society*, 5, 2/3 (1988): 195 - 215.
② 参见 Frisby, *Fragments of Modernity* 和 Mike Featherstone, "Postmodernism and the Aestheticization of Everyday Life," *Modernity and Identity*, ed. Scott Lash and Jonathan Friedman (Oxford: Basil Blackwell, 1992).
③ 参见 Charles Taylor, *Sources of the Self: The Making of the Modern Identity* (Cambridge: Harvard University Press, 1989).

"反对"现代性,却不能"支持"或"反对"文艺复兴。这个词的象征力在于它清楚表明了一个分化的过程,一种与过去决裂的行动。因此,17世纪晚期欧洲出现的著名"古今争论"(Querelle des Anciens et des Modernes),挑战了古典文本作为文化的终极参考系和真理持有者的权威。马泰·卡林内斯库(Matei Calinescu)发现,虽然辩论两方都在某种程度上未加质疑地坚持了新古典主义的理想,但正是在此时此刻,现代的概念第一次获得了明确的论争优势,因为它主张摈弃陈腐的历史和传统。"现代"愈发成为摈弃过去、勇于变革、追求未来价值观的代名词。①

不难看出,这种理想的政治本身就是一把双刃剑。一方面,通过挑战传统、旧俗和现状,追求现代的呼求为我们合法地反叛社会等级制度和现行的思想模式提供了一种路径。像法国大革命这样的历史事件,就通常被认为是对自治、平等这些现代概念的彰显时刻,其思想根基就是认为在批判性和自我批判性的人类理性之外,没有任何权威的存在。另一方面,现代的观念从一开始就卷入了某种统治的计划,这个计划认为那些缺乏反思性推理的人都应该被支配。比如,在殖民主义的话语中,作为现代的当下和原始的过去的历史区分,被绘入西方社会和非西方社会的空间关系中。因此,现代民族国家的技术进步成了其推行帝国主义侵略的正当理由,而当地人的传统和习俗则被无情地毁坏,为势不可挡的历史进程让路。② 类似地,现代所宣扬的平等理念是以兄弟友爱(fraternity)为基础的,这实际上是将女人排除在任何形式的政治生活之外。因此,琼·兰德斯(Joan Landes)评论道:"从女人的视角和利益出发,

---

① Calinescu, *Five Faces of Modernity*, pp. 23-35.
② 有关西方历史观和现代观与帝国主义遗产共谋的讨论,请参见 Robert Young, *White Mythologies: Writing History and the West* (London: Routledge, 1990)。

启蒙看起来颇像是反启蒙,革命看起来颇像是反革命。"① 兰德斯追溯了女人在法国大革命的历史中扮演的角色,她由此指出,现代权利和共和制美德的话语不断地将人等同于男性,这实际上是让女人无法发声。

然而,异见人士和被褫夺了政治权利的群体也试图以新的方式来挪用和阐释对于现代和革新的吁求,借此来反抗现状。因此,在 20 世纪早期,**新女性**(New Woman)形象成了解放的重要象征,她们所代表的现代性不是对现在的背书,而是对另一种未来的大胆想象。现代主义和先锋派运动的方式颇为不同,它们试图打破那些想当然的假定和充满教条的自以为是,重新塑造现代的概念,让它去意指含混性、不确定性和危机,而不是归结于对西方进步的目的论和理想化理性的盲从。主流资产阶级价值观的"伪新"(old new)不断遭到各个群体的挑战,后者认为自己才是"真新"(authentically new),他们利用并重新激活了革新的希望,使解放性的变革成为现代概念的题中之意,寻求塑造各种批判性和反对性的身份。

换言之,对现代性的吁求已经被用来推动各种各样的政治和文化利益。"现代"没有固定的所指或属性,它只是一个流动的、变化的分类范畴,用以让各种不同而且时常互相矛盾的观念获得结构性、合法化和稳定价值。因此,我的分析有这样一个前提假设,即现代性包括一系列多维度的历史现象,它们无法被草率地整合为某种统一的时代精神。所以,我对一些文章颇不以为然,它们将整个现代时期等同于某个特定并狭隘的思想史传统,从康德一直延伸到马克思(仿佛几个世纪的历史能够被简化为少数哲学家的作品!),目的就是庆颂后现代的含混和差异如何在现代的同质性和理性之后

---

① Joan B. Landes, *Women and the Public Sphere in the Age of the French Revolution* (Ithaca: Cornell University Press, 1988), p. 204.

登场。这种所谓的对总体化的批判，其本身就是高度总体化的，它用一种阐释的暴力遮蔽了现代文化的复杂性和异质性，其实这种现代文化根本不能被简化为对某种单一世界观的代表。以19世纪晚期的欧洲为例，人们对科学、理性和物质进步的吁求，是与浪漫主义谈论的情感、直觉和真实性相互并存的，同时人们还有意识地探究身份的表演性和人为性，以及语言无法逃避的隐喻性。现代性话语并没有写入一种同质化的文化共识，而是向我们揭示了对于社会变革进程的百家争鸣。

这里，我并不是要说现代和后现代不过是可以互换的能指；显然，我们的世纪末与之前的世纪末有着本质的不同，虽然在很多重要方面也有相似之处。（所以，很多被认为纯粹属于后现代的主题词和流行语——如拟真[simulation]、拼贴[pastiche]、消费、怀旧、赛博格[cyborgs]、异装[cross-dressing]——其实在很多19世纪的文本中有所预示。）但是，女性主义理论当然应该挑战，而非不加质疑地接受那种将压迫性的现代性和颠覆性的后现代性对立起来的做法，这种将两者对立起来的做法在当代理论界十分流行。正如詹尼·瓦蒂莫(Gianni Vattimo)所强调的，这种后现代的观念实际上效法了现代的一个核心，那就是希望超越旧物，着眼未来，这一做法其实是天真地重演了它所声称要去批判的历史进步论。[①]

我研究的初衷，就是去质疑现有的文学和文化史理论，由此说明它们对性别问题的无视。在这个意义上，我与女性主义评论家意见一致，认为现代和后现代理论都是在男性化规范下展开的，它们对女性生活和经验的特殊性关注不够。然而，我的研究不是证明现代的虚妄性，从而将女性和女性主义者的关注点排除在现代性逻辑

[①] Gianni Vattimo, *The End of Modernity: Nihilism and Hermeneutics in a Post-Modern Culture* (Baltimore: The Johns Hopkins University Press, 1988), p. 4.

之外。这些试图去魅的做法本身就是有问题的,因为它们没有承认一点,即自己会不可避免地与试图超越的范畴纠缠在一起。所以,我希望能阐明两点:(1)尽管女性主义对现代概念充满了批判,却也受到了它的深刻影响;(2)女性追求解放的斗争与现代化进程复杂地勾连在一起。如果女性利益与现代的主流观念无法不加批判地摆在一起,那么它们也无法被排除在现代性的话语之外。

"现代性的女主人公"

大部分关于现代的当代理论都是以男性为中心的,我想这一说法对于本书的大多数读者来说并不稀奇。它成了各种不相干文本的共同特点,使它们得以相互关联。我已引用了伯曼内容精彩的论述,但就这一点来说,他的论述是独白性的,这让人失望;在文学领域和文化研究领域,我们可以列出一长串其他批评论著,它们声称提出了关于现代性的一般性理论,却只研究男作家的作品,只关注对男性气质的文本再现。在社会和政治理论领域,这个问题更加突出。在这些领域,现代性被等同于男性所掌控的公共和制度结构,而女性的生活、关注和视角几乎被完全抹除了。[1]

当然,将现代性指认为男性气质,这不是当代理论家的发明。

---

[1] 参见 Carole Pateman, *The Disorder of Women: Democracy, Feminism, and Political Theory* (Stanford: Stanford University Press, 1989); *Feminist Interpretation and Political Theory*, ed. Mary Lyndon Stanley and Carole Pateman (Cambridge: Polity Press, 1991); R. A. Sydie, *Natural Women, Cultured Men: A Feminist Perspective on Sociological Theory* (Milton Keynes: Open University Press, 1987); T. R. Kandal, *The Woman Question in Classical Sociological Theory* (Miami: Florida International University Press, 1988).

在 19 世纪,关于现代的许多重要象征符号——公共空间、人群之人[①]、陌生人、花花公子、游荡者——都有明显的性别意蕴。比如,"游荡者"一词就没有直接的阴性对等词,因为如果有女人在 19 世纪的大街上闲逛,她们很可能被当作娼妓。[②] 由于我们总是将公共与现代等同起来,这在很大程度上导致了女人被排除在历史和社会变化的进程之外。在早期浪漫主义作品中,我们可以发现一些明显带有怀旧风格的女性气质再现,这种写法被当作逃离文明束缚的救赎方式。女性被认为缺乏专业技能,分化程度也不如男性,她们所处的环境就是家庭和家庭关系的细网,具备生育能力的她们被认为与自然的联系更紧密,因此女性代表了一种具有非时间性真实感的领域,仿佛她们不受现代生活异化和碎片化的影响。

这种女性气质观保存了其修辞性力量,并在许多当代作品中重新浮现。因此,大多数主流女性主义思潮都坚持这样一种信仰,即认为诸如工业、消费主义、现代城市、大众传媒和科技这些现象,在某种意义上其本质是男性化的,还认为女性关于亲密性和真实性的价值观外在于那种去人性化和异化的现代性。这些假设尤其受到文化女性主义的认同,这种女性主义宣扬一种浪漫主义的理想化女性气质,将之当作自然的自身呈现(self-presence)的飞地,所对抗的

[①] "人群之人"(the man of the crowd)是美国作家埃德加·爱伦·坡(Edgar Allan Poe)关于一个无名叙述者跟随一个男人穿过拥挤的伦敦的短篇小说。它于 1840 年首次出版。——译注

[②] Susan Buck-Morss, "The Flâneur, the Sandwichman, and the Whore: The Politics of Loitering," *New German Critique*, 39 (1986): 119。"游荡者"已经成为近来女性主义者诠释现代性时的重要人物,尽管对于是否存在"女游荡者"还未达成共识。参见 Janet Wolff, "The Invisible Flâneuse: Women and the Literature of Modernity," *Theory, Culture, and Society*, 2, 3 (1985): 37 - 46; Griselda Pollock, "Modernity and the Spaces of Femininity," 见其 *Vision and Difference: Femininity, Feminism and the Histories of Art* (New York: Routledge, 1988); Deborah Epstein Nord, "The Urban Peripatetic: Spectator, Streetwalker, Woman Writer," *Nineteenth-Century Literature*, 46, 3 (1991): 351 - 375; 以及 Elizabeth Wilson, "The Invisible Flâneur," *New Left Review*, 191 (1992): 90 - 110.

是技术官僚的理性。近年来很多女性主义论著借助心理分析和后结构主义理论,在一个更加抽象的层面上展开基本相似的批判。这些批评家指出,现代思想的奠基性概念和结构在本质上都是菲勒斯中心主义的(phallocentric)。例如,朱丽叶·麦坎奈尔(Juliet MacCannell)在最近一本新书中认为,现代性的前提是抹杀女性和性别差异。据她所言,现代社会不再以父为纲,而是代表了兄长的统治,因为父权式上帝或国王不容挑战的权威已经让位于现代启蒙的逻辑,后者主张的是平等、兄弟友爱和认同。然而,对女人来说,历史的这一发展带来的更多是压迫性统治,而且这种统治更为隐秘;现代的前提,就是他者的缺席,以及对女性能动性和欲望的擦除。①

麦坎奈尔的观点在某些方面是具有启发性的,而且她从心理分析的理论视角来解读现代,通过揭示启蒙思想虚幻、自恋的一面,有效地动摇了理性/非理性的二元对立。然而,所有这些现代性理论都有个问题,那就是它们总是想一概而论。我们或许可以说,现代化进程中出现的某个体制和文化现象在其历史结构上是由男性标准决定的,如琼·兰德斯对18世纪公共领域政治象征的悉心研究,以及格丽塞尔达·波洛克(Griselda Pollock)对19世纪城市性别地形学的叙述,都提出了这样的观点。② 但如果认为一段相当长的历史阶段可以被简化为某个单一的、统一的男性原则,这就另当别论了。这种绝对主义的批判,无法解释塑造了现代发展的逻辑——或更确切地说,各种逻辑——的推动力,这些推动力其实是相互矛盾、相互冲突的。这种批判否认存在这样一种可能,即现代性的某些方面曾经让或可能让女性受益。相反,它建立了新的二元对立,将异

---

① Juliet Flower MacCannell, *The Regime of the Brother: After the Patriarchy* (London: Routledge, 1991). 关于父权,请参见 Carole Pateman, *The Sexual Contract* (Stanford: Stanford University Press, 1988).

② Landes, *Women and the Public Sphere*, 以及 Pollock, "Modernity and the Spaces of Femininity".

化的、现代的过去与真实的(后现代的?)、女性化的未来对立起来,对两种状态可能的转换机制却语焉不详。① 不仅如此,将现代性在根本上指认为男性气质,就成功地把女性排除在历史书写之外,忽略了她们与其所处的社会环境在多个层面上进行的各种主动交流。简单地将现代性等同于某种抽象的哲学理想和男性主宰的公共生活,我们就无法正确思考女性现代性的独特之处。

不过,还有很多女性主义论著深刻影响了本书的观点。我除了参考伊莱恩·肖沃特(Elaine Showalter)、桑德拉·吉尔伯特(Sandra Gilbert)、苏珊·古巴尔(Susan Gubar)对世纪末文学史的改写,还受伊丽莎白·威尔逊(Elizabeth Wilson)、克里斯蒂娜·比西-格卢克斯曼(Christine Buci-Glucksmann)、雷切尔·鲍尔比(Rachel Bowlby)、南希·阿姆斯特朗(Nancy Armstrong)、安德烈亚斯·许森(Andreas Huyssen)和帕特里斯·佩特罗(Patrice Petro)的极大启发。② 这些作者的共同之处在于,她们都自觉地认识到了女性与现代性之间的复杂关联,既看到了这两个范畴间的重

---

① 参见 Iris Marion Young ,"The Ideal of Community and the Politics of Difference," in *Feminism/Postmodernism*, ed. Linda Nicholson (New York: Routledge, 1990).

② Elaine Showalter, *Sexual Anarchy: Gender and Culture at the Fin de Siècle* (New York: Viking Penguin, 1990); Sandra M. Gilbert and Susan Gubar, *No Man's Land: The Place of the Woman Writer in the Twentieth Century*, vol. 1: *The War of the Words* (New Haven: Yale University Press, 1988), 与 *No Man's Land*, vol. 2: *Sexchanges* (New Haven: Yale University Press, 1989); Elizabeth Wilson, *Adorned in Dreams: Fashion and Modernity* (Berkeley: University of California Press, 1987), 以及 *The Sphinx in the City: Urban Life, the Control of Disorder, and Women* (London: Virago, 1991); Christine Buci-Glucksmann, *La raison baroque: de Baudelaire à Benjamin* (Paris: Editions Galilée, 1984); Rachel Bowlby, *Just Looking: Consumer Culture in Dreiser, Gissing, and Zola* (Methuen: New York, 1985); Nancy Armstrong, *Desire and Domestic Fiction: A Political History of the Novel* (Oxford: Oxford University Press, 1987); Andreas Huyssen, "Mass Culture as Woman: Modernism's Other"与"The Vamp and the Machine: Fritz Lang's Metropolis", *After the Great Divide: Modernism, Mass Culture, and Postmodernism* (Bloomington: Indiana University Press, 1986); Patrice Petro, *Joyless Streets: Women and Melodramatic Representation in Weimar Germany* (Princeton: Princeton University Press, 1989).

叠，又看到了两者的矛盾冲突。她们没有陷入进步话语的套路，认定现代化进程毫无疑问地改善了女性生活，也没有寻求一种怀旧的反神话（counter-myth），渴望重返一个伊甸园式、非异化的黄金时代。相反，她们都是从性别政治的角度不断探究现代性多变的复杂。

因此，一方面如许多女性主义者所言，在19世纪私人和公共自我之间的界限变得日益森严，以致性别差异固化成似乎自然存在、一成不变的特征。区分竞争进取型的男性气质和养育持家型的女性气质，这种理想尽管只适用于少数中产阶级家庭，却成为一种指导方针，影响了文化的各个层面。玛丽·普维（Mary Poovey）指出："性别二元对立的模式，原本存在于那种隔离却理应平等的社会'领域'，但深刻影响了19世纪中期制度实践和常规的整个系统，从性别化的劳动分工，到经济和政治权利的性别区隔，无不受其渗透。"[①]这些物质和制度的现实，既塑造了有关女性与历史和进步之间关系的主导观念，也让女性被这些观念所塑造，因为私人与公共的空间范畴被映射到过去与现在的时间性区分中。通过将女性置于资本主义经济的非人化结构之外，以及将女性排除在公共生活的严苛要求之外，女性成为未被异化的身份象征，也成为非现代的象征。有越来越多的科学、文学和哲学文本在试图证明女性不如男性分化程度高，不像男性那样具有自我意识，而是更深地根植于一种基本的统一体。由此，对于很多女性和男性思想家而言，女人只有在具备了传统意义上的男性气质之后，才能进入现代性当中。

然而，另一方面，仔细阅读一下19世纪的文本就会发现，公共和私人、男性气质和女性气质、现代和反现代之间并没有看起来那么牢固的区分。或者说，这些区分不断以新的方式被消除和重造。

---

① Mary Poovey, *Uneven Developments: The Ideological Work of Gender in Mid-Victorian England* (Chicago: University of Chicago Press, 1988), p. 8.

克里斯蒂娜·比西-格卢克斯曼论及"男性气质和女性气质在关系上的象征性重新分配",将之视为19世纪城市文化中盛行的反潮流倾向。① 随着工人阶级女性进入大规模生产,成为工业劳动力,那种区分性别领域的意识形态就被削弱了,导致许多作家甚至担心男性和女性在工作场所有亲密的身体接触,从而让那里成为性欲之地。19世纪下半叶,随着消费主义的扩张,公私界限进一步模糊了,中产阶级女性进入百货商店这样的公共场所,而大规模生产制造的商品也随之入侵了家庭内部。最后,19世纪晚期的女性主义者和社会改革派,向现存的性别等级制度提出了,最为公开并且非常政治化的挑战。她们声称自己在政治和法律上与男人平等,同时还呼吁建立一种专属于女性的道德权威,认可女性占据公共领域的做法。渐渐地,女性气质的形象对于战胜那些关于"现代"特殊性的焦虑和恐惧,传播充满希望的想象方式都起到了至关重要的作用。

在这一语境下,许多评论家谈到过19世纪妓女对社会想象的重要性,以及在这个时期文学和艺术领域中妓女的象征性地位。② 妓女既是卖家,也是商品,是情色商品化的终极象征物,以令人不安的方式诠释了经济与性、理性与非理性、工具与审美之间的暧昧界

---

① Christine Buci-Glucksmann, "Catastrophic Utopia: The Feminine as Allegory of the Modern," *Representations*, 14 (1986): 222.
② 最近对"妓女作为现代性象征"的讨论深受本雅明的影响,这些论著包括 Buck-Morss, "The Flâneur, the Sandwichman, and the Whore",以及 Angelika Rauch, "The *Trauerspiel* of the Prostituted Body or Woman as Allegory of Modernity", *Cultural Critique*, 10 (1989): 77 – 88。参见 T. J. Clark, *The Painting of Modern Life* (Princeton: Princeton University Press, 1984), ch. 2; Charles Bernheimer, *Figures of Ill-Repute: Representing Prostitution in Nineteenth-Century France* (Cambridge: Harvard University Press, 1989); Alain Corbin, *Women for Hire: Prostitution and Sexuality in France after 1850* (Cambridge: Harvard University Press, 1990); Lynda Nead, *Myths of Sexuality: Representations of Women in Victorian Britain* (Oxford: Basil Blackwell, 1988);以及 Judith Walkowitz, *Prostitution and Victorian Society: Women, Class, and the State* (Cambridge: Cambridge University Press, 1980) 和 *City of Dreadful Delight: Narratives of Sexual Danger in Late-Victorian London* (Chicago: University of Chicago Press, 1992)。

限。妓女的身体可以带来多种互相矛盾的阐释;一些当代作家将之视为商业统治和金钱至上的例证,而另一些人则认为妓女代表着危险女色的黑暗深渊,让人想到现代城市中的传染、疾病和社会等级制度的崩坏。虽然妓女受到了政府日益强化的控制、备案和监管,但是她们总是不断提醒我们,现代城市女性潜在的匿名性,以及摆脱了家庭和社群联结的性爱。如妓女一样,女演员也被看作"公众寻欢的象征",她们浓妆艳抹,盛装打扮,证明了当代女性性爱的人工性和商品性。① 女性演员的这种母题很容易被挪用,认为它昭示了无处不在的滋生现代欲望形式的幻象和景观。妓女和女演员游走于体面社会的边缘,却具象地体现了商品美学的根本逻辑,她们不断吸引着19世纪那些热衷于研究现代生活的颓废与虚妄的批评家。

在城市化和工业化进程中,女性地位的变化还进一步体现在她们与技术和大规模生产之间的譬喻性关联。女性不再被置于现代理性逻辑的对立面,她们现在被认为是这一逻辑的产物。机器-女性的形象,是另一个在现代反复出现的主题,如维利耶·德利尔-阿达姆②的小说《未来的夏娃》(*Tomorrow's Eve*)③就是对这个主题的

---

① Charles Baudelaire, *The Painter of Modern Life and Other Essays* (London: Phaidon Press, 1984), p. 36.
② 维利耶·德利尔-阿达姆(Phillipe Auguste Villiers de L'Isle Adam)是一位法国象征主义的作家、诗人与剧作家。其作品经常有神秘与恐怖的元素,并具有浪漫主义的风格。代表作有《未来的夏娃》等,"Android"一词即出自该小说。——译注
③ Philippe Auguste Villiers de L'Isle Adam, *Tomorrow's Eve*, trans. Robert Martin Adams (Urbana: University of Illinois Press, 1982). 参见以下书目,如, Mary Ann Doane, "Technophilia: Technology, Representation, and the Feminine," in *Body/Politics: Women and the Discourse of Science*, ed. Mary Jacobus, Evelyn Fox Keller, and Sally Shuttleworth (New York: Routledge, 1990); Annette Michelson, "On the Eve of the Future: The Reasonable Facsimile and the Philosophical Toy," in *October: The First Decade, 1976 - 1986*, ed. Annette Michelson et al. (Cambridge: MIT Press, 1987); Rodolphe Gasché, "The Stelliferous Fold: On Villiers de L'Isle-Adam's *L'Eve Future*," *Studies in Romanticism*, 22 (1983): 293 - 327; Peter Gendolla, *Die lebenden Maschinen: Zur Geschichte der Maschinen-menschen bei Jean Paul, E. T. A. Hoffmann, und Villiers de L'Isle Adam* (Marburg: Guttandin und Hoppe, 1980).

探索。如安德烈亚斯·许森所言,机器-女性的形象逐渐以浓缩的形式,体现了人们对技术力量的痴迷和厌恶。就像艺术品中一样,女性在技术复制时代也被剥掉了光晕(aura);在工业和技术的影响下,我们消除了女性气质的神话,不再将之视为自然救赎的最后场域。在这个意义上,现代性让关于女性气质的观念变质和瓦解,让我们不再相信那种本质的、上帝赋予的女性特质。然而,作为机器的女性形象也可以这样去解读,即将之视为一种重申,是那种以技术统治女性的父权欲望的表达,其形式是幻想一种顺从的女性自动化机器,希望摆脱母亲而通过人工复制实现创生之梦。因此,机器之身的女性形象包含着深刻的含混——它到底是颠覆还是强化了性别等级制度?——近年来,唐娜·哈洛维(Donna Haraway)的赛博格宣言(cyborg manifesto)就再度表现了这种矛盾。①

  妓女、女演员和机械女性——正是这样的女性形象,让我们对19世纪文化中无处不在的资本主义和技术的暧昧回应变得清晰了起来。当然,还可以列出更多的形象。比如,在许多19世纪法国男性作家的作品中,女同性恋激发了人们对于女性化现代性的想象。这些作家常把女同性恋描绘成变态颓废的化身,认为她们代表了现代欲望形式的流动性和含混性。正如瓦尔特·本雅明(Walter Benjamin)在评价波德莱尔时所言,女同性恋作为现代女主人公的地位,源自颠覆"自然的"异性恋和生物繁殖的命令,公然挑战传统的性别角色。莉莲·费德曼和最近的塔伊斯·摩根(Thais Morgan)研究了19世纪男性先锋派作品如何将女同性恋当作异域情调来顶礼膜拜。如摩根所言,女同性恋的形象象征了一种时髦的僭越方

---

① 我对机械女性(mechanical woman)的讨论得益于许森的《荡妇与机器》("The Vamp and the Machine")。关于赛博格的部分,参见 Donna Haraway, "A Manifesto for Cyborgs: Science, Technology, and Socialist Feminism in the 1980s," in *Simians, Cyborgs, and Women* (New York: Routledge, 1991).

式,让艺术家和作家在更大的范围内去寻求欢愉和主体性,而无须挑战男性气质的传统假定和特权。①

这个例子说明,许多流行的对现代女性气质的再现,实际上是出于人们对男性气质幻想的沉迷,不能简单视为对女性经验的精确再现。但这也不是说,在这些再现之外,在现代性的文本逻辑和体制逻辑之外,存在一个真实女性气质的相对场域(counter-realm)等待我们去发现。相反,我是想说明,对这种非异化的女性气质的怀旧,本身就是现代二元思维的产物,这种逻辑把女性视为无法言喻的他者,处于男性的社会秩序和象征体系之外。我不想去勾画一个代表独立女性气质的虚幻怪兽,而是想要探求女人如何利用、挑战并重构对性别和现代性的主流再现,去理解她们在社会和历史中的定位。女性经验不能被视为先于表达而存在的本体,它是在包含了矛盾却又相互关联的多种线索中构建而成的,这些线索通过特定文化和阶段的"性别技术"(technologies of gender)得以反映,也被其所建构。② 这种将历史理解为演出(reenactment)的做法,是将女性气质放在多种多样但又明白确定的相互关联之中,这些关联自身又与其他文化逻辑和权力等级制度相互交叉。性别总是处于过程之中,它是一种被表演出来的身份,同时在特定的社会限定中慢慢得以实现。

承认女性气质的社会决定论,并不是要去宣扬一种身份逻辑,即认为女性的现代性经验可以简单地同化为男性经验。毋庸置疑,

---

① Thais E. Morgan, "Male Lesbian Bodies: The Construction of Alternative Masculinities in Courbet, Baudelaire, and Swinburne," *Genders*, 15 (1992): 41.另请参见 Walter Benjamin, *Charles Baudelaire: A Lyric Poet in the Era of High Capitalism* (London: New Left Books, 1973), pp. 89-93, 以及 Lillian Faderman, *Surpassing the Love of Men: Romantic Friendships and Love between Women from the Renaissance to the Present* (London: Junction Books, 1981), pp. 254-276.

② Teresa de Lauretis, *Technologies of Gender* (Bloomington: Indiana University Press, 1987).

一些最典型的现代现象,如工业化、城市化、核心家庭的出现、时间-空间管理的新形式,以及大众传媒的发展等,在根本上改变了女性的生活。在这个意义上,在现代性的主流结构和逻辑之外,并不存在什么女性历史的单独领域。与此同时,女人对这些变化的体验方式是和性别有关的,这些方式千差万别,不仅受到通常所说的社会、种族、性取向层级的影响,也受到她们多样化且相互重叠的身份——如消费者、母亲、工人、艺术家、爱人、活动家、读者等——及实践的影响。文化和社会的元理论恰恰忽略了女性与现代性的各个层面遭遇时产生的独特经验,因为这些理论忘记了具有性别化特征的历史进程。因此,从女作家的作品和(或)以女性为主题的作品入手来审视文学和文化的历史,可能会对历史进程的本质与意义得出一些不同的看法。那些被无视、被低看或被视为退化而非真正现代的文化维度——情感、浪漫小说、购物、母亲身份、时尚——得到了高度重视,而那些曾被认为对现代性的社会文化分析至关重要的主题,就变得不那么重要了,或者退居次席。因此,当我们用相对陌生的新轮廓来勾勒现代时,对于什么才是有意义的历史,我们的理解会有微妙但深刻的改变。

然而,如果女性主义评论家竭尽全力去发掘一种独特的"女性文化",这种做法也可能会错误地强化性别的刻板印象。在 19 世纪,许多女性通过打破传统男女之间的界限来挑战性别的刻板化,有的是在政治上公开挑战,有的则更加低调和隐蔽。我们还需要承认一点,在那些通常被认为专属于男性的领域,如公共政治或先锋艺术中,也有女性的身影。正是通过挪用传统的男性话语,女性才能揭示传统性别二元论潜在的不稳定性,即使她们所提出的话语也时常充满了启发性的有趣差别。我不认为这种策略是一种病理学上的征兆,说明了女性对无处不在的菲勒斯中心主义的一种融入;

相反,我想探索的是随后出现的混杂且矛盾的身份。如果性别政治在现代化进程中起到了重要作用,那么反过来这些进程也激发了性别的持续性重塑和再想象。

现代派美学与女人的现代性

与现代相关的术语层出不穷,但现代主义是文学研究领域最常见的词。与现代性不同,现代主义在历史时间轴上相对确定;大多数评论家认为,现代派文学和艺术的高峰期是在1890年至1940年之间的几十年,尽管他们承认现代派的一些特征在此阶段之前和之后也都存在。在欧陆出现的现代主义,常被认为与法国象征主义和19世纪末的维也纳唯美主义有关,而在英国和美国,现代派潮流通常被认为出现得要晚一些,大概发生在第一次世界大战前后。

尽管现代派文学宽泛地包括了多种异质的文学风格,而不是一个统一的流派,但我们还是可以列举出现代派最典型的特征。尤金·伦恩(Eugene Lunn)认为,这些特征包括美学的自觉性、共时性、并置和蒙太奇,以及悖论、含混、不确定性和主体的非人化。[①]我们通常把这些美学特征与语言危机、历史危机和主体危机关联起来,正是这些危机塑造了20世纪的诞生,并在这一阶段的文学和艺术作品上留下了不可磨灭的印记。因此,马尔科姆·布拉德伯里(Malcolm Bradbury)和詹姆士·麦克法兰(James McFarlane)指出,现代主义"是一种艺术的结果,是因为共同体的现实和因果性的一般看法被瓦解了,是因为对于个性完整性的传统看法被打破了,是因为语言上的混乱,这种混乱源自人们不再相信那种对语言的一般

---

① Eugene Lunn, *Marxism and Modernism* (London: Verso, 1985), pp. 33-37.

认识,而是将所有的现实都视为主体的虚构"①。

然而,对于文学艺术领域的现代派创新在社会政治方面所造成的后果,人们通常看法各异。在法国、德国、意大利和俄国等欧洲国家,19世纪晚期和20世纪初的艺术运动所推行的形式实验,往往与实践者和批评家某个明确的社会主张关联在一起:激进美学与先锋政治是密不可分的。这里有一个关键概念,那就是ostranenie,或"陌生化"(defamiliarization)。俄国形式主义用这个词来描述文学的一种能力,它可以打破人们自动发生的感知,吸引读者去关注语言作为能指集合的物质性。对各种先锋派而言,文学的陌生化潜能让艺术革新与社会变革有了紧密联系。现代派艺术打破了现实主义和自然主义传统下的模仿幻象,从形式本身出发来表达现代生活特有的极端矛盾性和含混性,因此,这种艺术最适合用来挑战政治上的傲慢和意识形态的教条。

但是在英美的语境下,人们对现代主义的理解又有所不同。这部分是因为英美缺少一种实质性的先锋传统,现代派的许多关键人物公开表现出保守派和寂静派(quietist)的政治立场。因此,英美的现代主义往往被定义为社会政治的反面,批评家们借用现代派实验的微妙性,为艺术客体自治自足、自我指涉的理想进行辩护。因此,人们认为T. S. 艾略特(T. S. Eliot)和埃兹拉·庞德(Ezra Pound)这样的现代派作家曲高和寡的美学观照与新批评(New Criticism)很像,因为后者是一种体制的实践和阅读的技术,强调形式主义并反对外部指涉(anti-referential)。玛丽安娜·德科文(Marianne DeKoven)写道:"随着新批评式现代主义的胜利,如果再说现代派文学是对20世纪文化的批判,那就显得呆板老套,甚至很不讨喜

---

① Malcolm Bradbury and James McFarlane,"The Name and Nature of Modernism," in Bradbury and McFarlane, *Modernism*, p. 27.

了——事实上,新批评认为现代派文学只不过是语言与思想复杂性的祭坛,要寻求的就是一种超验的形式统一。"[1]德科文是从社会政治的角度来解读约瑟夫·康拉德(Joseph Conrad)和弗吉尼亚·伍尔夫(Virginia Woolf)的,她居然需要为这种解读去寻求合法性并为之辩解,这也恰恰说明了那些想法的根深蒂固,说明英美现代主义和欧洲现代主义传统在这方面具有显著的差异。

尽管如此,这两种现代主义传统又有共通之处,它们都未加批判地延续了那种男性化的——往往也具有明显的男权主义特点——文学传统,而这种传统已经受到了女性主义学者的严格审视。一些批评家已经让我们注意到,在现代派男作家作品中存在一种男性至上主义(machismo)的美学,这种美学的基础就是把一切与女性相关的特质排除在外。这里,现代主义所强调的实验性、自觉性和反讽的美学,被视为体现了对情感、欲望和身体所具有的诱惑感的一种敌对和防御性的反应。另一些女性主义者采用了不同的进路,她们发现现代派实验的许多重要特征与女性主义对菲勒斯中心主义的批判不谋而合。例如,叙泽特·亨克(Suzette Henke)参照了朱莉娅·克里斯蒂娃(Julia Kristeva)的理论,将詹姆士·乔伊斯(James Joyce)的作品解读为对菲勒斯中心主义话语结构的颠覆,认为乔伊斯的作品将能指的多义性释放了出来,表达了与母体相连的力比多欲望的含混。因此,现代派艺术的多义性被挪用为一种女性主义的主张,因为它极大地动摇了顽固的性别分级。[2]

女性主义批判家们不仅用这种修正主义方法来审视男性现代主义经典,还将一些女性作为现代主义的重要实践者和理论家推介出来。她们不仅重读如弗吉尼亚·伍尔夫和格特鲁德·斯泰因

---

[1] Marianne DeKoven, *Rich and Strange: Gender, History, Modernism* (Princeton: Princeton University Press, 1991), p. 12.

[2] Suzette Henke, *James Joyce and the Politics of Desire* (London: Routledge, 1990).

(Gertrude Stein)这样的著名作家,还开始发掘那些鲜为人知的女性现代主义传统,并由此重塑和重新定义文学史的发展脉络。这方面的新近研究故意与早期的女性主义批评保持距离,不像后者那样只是以内容为主进行简单化分析,而是更多地转向对现代主义作品的微妙性和复杂性的体察,密切关注这些作品的修辞、比喻、文字游戏和文本节奏。① 显然,这些做法背后有着体制方面的原因,所以这些批评家才会让人们去关注她们艺术的创新性和形式上的精密,并借此去试图介入文学史,试图把更多的女性带入现有的文学正典。然而,另一个明显的现象是,这些研究所讨论的一些女性作家的作品与其说是受到现代派实验主义的影响,还不如说是延续了现实主义或是情节剧(melodrama)的传统。正是在这一语境下,西莱斯特·申克(Celeste Schenk)认为应该发动"论战去解构那种单一的'**现代主义**'定义,不要认为现代主义就是对传统和形式的反偶像颠覆,正是对这种差异性的强调才导致该时期的女诗人被边缘化"②。申克认为,与其在现代主义正典中多纳入几个女性,还不如挑战对先锋主义的狂热崇拜,扩大"现代主义"一词的范畴,将这一阶段的所有文本都包括进来,这或许将有助于抵制对女性的边缘化,以一种开放的批评眼光来审视这一特定历史阶段各种各样的创作风格。

这里,问题的关键在于这种形式划分的利与弊。虽然我总体来说能够理解申克的担忧,但她建议现代主义应该包括"1910 年至 1940 年间的所有文本",这显然是不妥的。如果现代主义不再具有独特的文体或形式特征,那么她所划定的年份区间就完全是任意的;为什么要把现代主义的肇始放在 1910 年,而不是 1880 年或

---

① 参见,如 Shari Benstock, *Women of the Left Bank: Paris, 1900-1940* (Austin: University of Texas Press, 1986); Gillian Hanscombe and Virginia L. Smyers, *Writing for Their Lives: The Modernist Women, 1910-1940* (London: Women's Press, 1987); 以及 *The Gender of Modernism: A Critical Anthology*, ed. Bonnie Kime Scott (Bloomington: Indiana University Press, 1990).

② Celeste Schenk, "Charlotte Mew," in *The Gender of Modernism*, p. 320, note 1.

1885年,抑或1830年？从一些重要的方面来看,这几个时间点本身也是"现代"的。如果这样消解"现代主义"的特定性,就会剥夺该词的全部指称,让这个原本模糊的词实际上变得毫无用处。所以,更有用的做法是保留这个术语既有的内涵,让它指涉那些在形式上具备自觉性、实验性和反模仿特征的文本,但同时也质疑那种将这些作品视为现代主义阶段最重要、最具代表性的作品的观点。现代主义,仅仅是女性现代性的一个文化层面罢了。

换句话说,要想实现对文学史的女性主义批判,最好的做法不应该是否认文本间形式和美学的差异,而是质疑和反思赋予这些差异的惯常意义。这些差异有时体现为自由派人文主义者对伟大的现代派男性作家的激赏,认为他们是这个时代的英雄代言人,有时则体现为各种后结构主义者、新马克思主义者和女性主义批评家共有的一个观念,即认为实验性艺术真正体现了对主流意识形态权威的激进挑战。把现代主义文本隔离出来,将之作为文化激进主义的特权场域,这种做法源自将文学话语想当然地抬到独有的特权地位的假定,而在批评理论中这样的假定已经愈发站不住脚了。第一种立场可以被笼统地描述为"模仿论"(mimeticism),它虽然口口声声反对现实主义美学的"反映论"(reflectionist)框架,但认为现代主义在某种意义上能够真实地再现社会的极端不确定性和碎片化。在这个意义上,现代主义文本成为认识论权威的特权持有者,在它的结构中可以清晰展现出现实主义文本所掩饰的潜在罅隙。现代主义被以悖论的方式擢升到现实主义之上,因为它是一种更真的现实主义;它超越了浅层文学规范表面上的稳定性,揭露出现实是流动的、碎片化的和不确定的。①

---

① Laura Marcus, "Feminist Aesthetics and the New Realism," in *New Feminist Discourses*, ed. Isobel Armstrong (London: Routledge, 1992), p. 14. 有关模仿论的详细论述在诸多现代美学理论中都有所体现,参见 Astradur Eysteinsson, *The Concept of Modernism* (Ithaca: Cornell University Press, 1990).

与之相对的,还有一种心理学的立场,它更看重的是现代主义作品如何再现无意识的碎片化和不连贯性。许多现代主义作家对潜在的心理机制十分着迷,这恰好契合了心理分析近年来重新影响文学理论的趋势。于是,女性主义批评家大量借鉴心理语言学的意义理论,将现代主义文本中的断裂和矛盾解读为一种力比多欲望的爆发,它给菲勒斯中心体系的固有结构带来了不稳定性。现代主义打破分层化的句法和线性的情节与时间,将认知的理性主体去中心化,同时又痴迷于语言的声音和节奏特质;现代主义的这些特点被认为是构成了颠覆性的他者女性审美的基础,这种审美与无意识的冲动相互关联。①

这两种立场从不同角度假设现代主义作品与非语言的现实具有一种特权式的关系,这种关系构成了现代主义作品所具备的颠覆潜能的基础。通过言说被压制的真理,这种破碎的文本在某种意义上挑战、削弱或者至少是质疑了资产阶级/父权秩序的神话生成话语。现代主义文本于是成为现代性真实矛盾的终极表达。但如我所言,关于什么是现代性的问题,并非像这些理论以为的那样不证自明。比如,尽管马克思主义理论家们倾向于强调资本主义生产的危机驱动逻辑,其他作者却指出文化实践并不一定直接表现出与经济发展协调一致。如阿兰·科尔班(Alain Corbin)就指出,在19世纪的巴黎,宗教、风俗和传统的血亲及姻亲关系网就处于相对稳定的状态,这说明资本主义必然带来社会生活剧烈转型的说法通常是言过其实。② 如果我们认可这种对历史阶段划分的总体性模型的批判,那么就很难再说某个单一类型的文本——无论是现实主义作

---

① DeKoven, *Rich and Strange*, p. 8.
② Alain Corbin, "Backstage," in *A History of Private Life*, vol. 4: *From the Fires of Revolution to the Great War*, ed. Michelle Perrot (Cambridge: Harvard University Press, 1990), p. 503.

品,还是典型的现代主义作品——以独有的典型方式,体现了现代主义时代精神的真实面貌。事实上,但凡想将一部作品指认为整个文化问题(现代性、女性)的权威性索引,这种做法本身就是在文学文本与现实之间搭建同构关系,它在方法论上存在很大问题。事实上,关于现代的观念分裂成了一系列相互矛盾但又有所关联的思想分支,它们不仅是被简单地反映出来,而且有一部分是在特定时代的各种话语中被建构出来的。因此,我们认为现代是一个极不稳定、不断变化的时代,这本身至少部分归因于我们所习惯接受的那种20世纪文化史,它将那些反偶像的现代派艺术作品放到了突出位置;读一读其他类型的文本,就有可能对现代时期稳定和变化的关系产生截然不同的理解。

那种追寻现代性本质的做法,具有根深蒂固的认识论上的问题,这些问题与现代主义的文本政治直接相关。我们其实不应该将形式实验的颠覆性做放之四海而皆准的概论,而是应该更注重在语境中具体分析特定话语与不同权力轴心的关系。例如,世纪之交的很多先锋派艺术都站在边缘艺术家和精英知识分子的立场上,表达对主流意识形态和世界观的憎恨。先锋派通过在艺术形式的层面上表达这种异化,支持了一种批判性和对抗性的美学,以此来瓦解资产阶级观念中对确定性的自以为是。然而,女性主义解读往往揭示出主流话语与美学上的反主流话语之间惊人的一致性,如两者都鼓吹俄狄浦斯式的竞争型男性气质,都公然鄙视情绪(emotion)、情感(sentiment)和感受(feeling)这些"女性化"领域。因此,一旦引入性别政治,那么马泰·卡林内斯库所言的资产阶级理性与激进艺术这"两种现代性"之间的对立,就经不起推敲了,从而让现存的权力谱系被瓦解和重构。[①] 在一种政治视角下看似具有颠覆性和破坏

[①] Calinescu, *Five Faces of Modernity*, p. 43.

性的作品,在另一种政治语境下解读就可能被视为主流意识形态的承接者。在这一语境下看,近年来文学和文化理论急切追求真正具备越轨性的文本,这其实是徒劳而无趣的做法。

以上观点反之又对女性主义如何选择自己的方法论具有很大的意义,它说明通过精读一两本示范性的经典作品就来概括女性现代性的本质,这种做法本质上就存在问题。比如说伍尔夫或斯泰因的作品,也许更能让我们了解 19 世纪 20 年代布鲁姆斯伯里(Bloomsbury)和左岸(Left Bank)文化圈里那种贵族-波希米亚式的女性亚文化,而没有揭示出太多某种受压抑的典型原初女性气质(Ur-femininity)。这样的作品以一种优雅而又反讽的方式,探索了语言和性别规范的脆弱性,表达了一种知识分子和艺术家的世界观,这种世界观深受弗洛伊德主义、女性主义、语言哲学和艺术宣言的影响。然而,这类作品更少涉及的,是影响了其他类型女性生活的现代性,如百货商店和工厂的现代性、通俗罗曼司(romances)和妇女杂志的现代性、大规模政治运动,以及科层制所建构的女性气质的现代性。当然,现代主义并不是完全回避了这些问题,但是它对这些问题的讨论往往隔着一层反讽、陌生化和蒙太奇的美学透镜,这种透镜是那个时代的艺术家或知识分子精英——虽然他们不一定是政治精英——所特有的。这种美学与塑造了其他女性阶层及群体的现代性话语、图像和再现之间的关系绝不是不证自明的。如马丁·庞弗里(Martin Pumphrey)所言:"要想充分理解现代……就必须考虑到这样一个事实,即:在构建现代性的问题上,关于女性公共自由、时尚和女性气质、化妆品和家庭保洁这些议题的争论,是和立体主义、达达主义或未来主义,以及象征主义、碎片化形式或意识流叙事一样至关重要的。"①

---

① Martin Pumphrey, "The Flapper, the Housewife, and the Making of Modernity," *Cultural Studies*, 1, 2 (1987): 181.

如果我们需要重新审视现代主义作品在认识论上的真理性,那么这类作品在政治上的意义也需要重估。像格特鲁德·斯泰因这类作家,女性主义批评家常常青睐有加,因为她们的作品蔑视语言和社会的规范,对女性气质提出了颠覆性的质疑。毫无疑问,开辟女性先锋派传统,为富有启发性的重要女艺术家搭建万神殿,这是女性主义者重写文学史的重要举措。然而,不幸的是,这种做法又固化了文学价值与政治价值之间的二元对立,将形式上的实验视为真正意义上的反抗实践,其结果就是把再现性的作品污名化,让大众文学中那些不够前卫的、充满感伤的文本打入另册。我想说,这种朝向未来、笃信进步主义的修辞,无法以一种足够精细的方式来处理文化文本的性别政治,而这种性别政治其实处于现代性参差不齐的历史中。因此,女性主义学术研究的中心议题就是日常生活和世俗性,让那些通常被贬低为琐碎细小或无足轻重的女性生活重新获得重视。在这种语境下,将现代性等同于现代主义,将实验艺术预设为性别政治的更优文化载体,也就忽略了女性主义批判在方法和分析对象上的潜在影响。

此处,女性主义学术与符号学理论达成一种有益联系,后者证明了整个文化领域充满了符号,从而打破了艺术和社会之间的壁垒。在这个意义上,认为世界是文本性的,这并非否认它的政治现实、制度现实和权力所决定的现实,而是要认识到,这些现实是通过在符号学上极为复杂的各种物件或活动才得以具象化。这种对文化文本更为广义的理解,打破了激进的先锋主义(它往往被编码为男性气质)和大众文化之间的传统分野(后者常被描述为感伤化的、女性气质的、退行性的),从而为现代性理论的重构带来极大裨益。尤其值得指出的是,最近一些关于大众文化和文化研究的女性主义论著,为我们重新思考女性的现代性做出了有益探索。在新的认识框架下,我们可以研究实验艺术的政治特征,并超越对现代主义文本的狭隘理解。① 这种基于文化的现代性阐释,可以在社会学和文学批评这两个领域,补充和重述目前已有的关于现代化和现代主义的僵化话语。

方法的政治

在对性别和现代性的研究中,我所选取的文本非常多样,涵盖了非虚构和虚构,兼顾了高雅和通俗。接下来各章所研究的作品,涉及相当广泛的文类,包括社会学理论,现实主义和自然主义小说,通俗的情节剧、政治短文和演讲,以及早期现代主义作品。所有这些形式的文本都以不同方式,关注和回应了关于现代的争论,该争论与这些文本中女性气质的再现有着密不可分的关系。通过将这些往往分离的作品关联起来,我希望能够细察社会学和政治写作中的隐喻性和叙事性,同时又将早期现代派实验中自觉的文学性放入具体的社会政治语境。如果说新历史主义(New Historicism)的兴起是在帮助我们进行这种跨文类的阅读,那么文化研究也对我的论点颇具启发,因为它坚定地质疑了"高雅"文学与大众文化之间的对立,前者被认为具有内在的含混性和自我批判性,而后者被认为只会附和单一化的意识形态立场。有一点越来越明显,那就是所有文本的意义都生成于复杂的互文性关系网中,就连最无足轻重、明显属于独白性的文本,也会体现出杂音、含混和矛盾,而不只是简单的

---

① 此时萦绕在我脑海的,不只是上文提及的佩特罗、许森和威尔逊的文字,还有女性主义文化研究中里程碑式的作品,如 Tania Modleski, *Loving with a Vengeance: Mass-Produced Fantasies for Women* (New York: Methuen, 1984); Ien Ang, *Watching Dallas* (New York: Methuen, 1985); 以及 Janice Radway, *Reading the Romance: Women, Patriarchy, and Popular Literature* (Chapel Hill: University of North Carolina Press, 1984).

趋同一致。

然而,破除对立并不意味着等同视之。虽然识别文本中迁徙的形象和思想这一点很重要,但细究那些特定话语和文本类型中具有影响力的惯例与逻辑也很必要,同样必要的还有考察这些惯例与逻辑所运作的具体语境。用卢德米拉·约尔丹诺娃(Ludmilla Jordanova)的话说,我希望"让人们关注我们文化传统中那些核心思想的复杂变迁和多义性",探查概念和形象在特定的写作形式和文类中被使用和具体化的多种途径。① 当我们开始追踪"女性特质"这个修辞时,这些"复杂变迁"立刻就很明显了,因为当我们在不同话语和再现传统中穿行时,就会发现这个概念模糊多变,有时候这种变化是戏剧性的,有时则难以觉察。如约尔丹诺娃所言,性别含有多层意义积淀;它是一种合成物,边界不稳定,始终处于变化中,尽管在不同的时期和语境下,它也体现了重要的连续性。

除了一两个例外,我的文本库均出自 1880 年至 1914 年间。在世纪末,各种关于现代的对立观点都粉墨登场,人们一边高谈颓废和病态,一边又阔论着进步话语和新时代的诞生。当然,在这个意义上,那个时代与我们所处的时代颇为相似。世纪末也见证了话语域的进一步分化:艺术的自我意识日益加强,意识到自身作为艺术的状态,而与此同时社会学、心理学和人类学这些学科都在努力发展成为独立的学科,并对现实做出科学的描述。结果,正是在 19 世纪末,很多关于现代的百家争鸣第一次获得了系统的表达。一方面,19 世纪的进化论和历史主义范式仍然强势,另一方面,新出现的语言和主体性危机即将形塑 20 世纪的实验性艺术;世纪之交恰好夹在这两者之间,所以能为我们研究现代的含混性提供丰富的文

---

① Ludmilla Jordanova, *Sexual Visions: Images of Gender in Science and Medicine between the Eighteenth and Twentieth Centuries* (New York: Harvester Wheatsheaf, 1989), p. 2.

本域。

　　本书的前半部分主要是细读现代性性别的再现,这些再现在世纪末男作家的作品中反复出现。我首先指出,普遍的观点仍然认为女人并没有参与现代进程。我考察了早期的社会学理论,它们将现代性等同于理性化和生产的男性气质领域,从而让这种观点获得了表达和合法性。在下一章,我分析了一种似乎截然相反的观点,它将现代性与非理性、美学与过剩的力比多联系起来,其代表就是贪婪的女性消费者形象。我要质问的是,为什么对现代性的再现会愈发女性化和妖魔化?在消费文化兴起的时代,资本主义逻辑和父权制逻辑之间有何种关联?最后,我研究了女性气质这个修辞如何从女性身体迁移到先锋派美学中,并考察了文学现代性这个仍有影响的概念如何与(男作家的)女性化书写联系到一起。在以上三个观念聚类里,女性作为一种隐喻既经历了剧烈的突变,又保持了重要的延续性。

　　本书第二部分则主要研究女性作家自己对现代性和女性气质之间关系的再现,这不仅体现在她们创作的内容中,还体现在风格和技巧上。我的问题是:女性如何定位自己和时间性逻辑的关系,如何定位自己和与现代相关的社会、政治及美学价值观之间的关系?我首先讨论了通俗罗曼司,这一文学体裁通常被认为是倒退和落后于时代的,我却想证明,这类作品对不确定的"别处"的怀旧式渴望,是现代性最根本的修辞。接下来,我将对第一波女性主义者的历史哲学做一番挖掘,这种哲学体现在她们的演讲和政治短文中。我集中考察的是她们如何以进化论和革命为隐喻,来标识一种历史意识和时间感的独特经验。最后,我将这种关于现代性的政治哲学话语与法国颓废派作家拉希尔德([Rachilde]又名玛格丽特·埃梅里[Marguerite Eymery])的文学现代性进行对比。拉希尔德以独有的方式探索性变态与身份美学化之间的联系,神奇地预示了当代文化理论的一些核心问题。我将三种不同的文类——感伤爱情小说、政治修辞和先锋美学——进行对比,目的就是强调世纪末女作家对现代的多元化想象和回应。

正如所有的论证一样,我对这些差异性观点的分析都在一定意义上指向了具有概括性的结论。然而,我在做这些概括时,并不认为单一文本可以将社会总体性的各种特征全盘托出,不认为凭着一部作品就能表达出父权制逻各斯压迫下的女性化他者,甚至也不认为它能归纳出现代阶段的那个主流意识形态。相反,我的目标是找到并分析那些出现得最多、流传得最广的有关女性和现代性的再现,它们在文化边界和话语域之内或之间重复出现,其足迹早已超越了19世纪,一直延伸到我们所处的时代。正因为如此,我们需要采取一种比较的方法,不仅把特定文化传统中关于现代的不同概念凸显出来,并去认识那些跨越了民族边界的联系。我尽量选取那些能够特别清晰地表现此类重复主题的文本,尽管我当前所选择的并非一定必需,也不代表唯一选项。分析其他材料也极可能得出相似结论,只是侧重点会有不同罢了

尽管我的研究方法明显受到了新的文化史研究和较为传统的思想史研究的启发,但我也明确体现了女性主义的关切,致力于在话语思想与权力体系之间建立关联。我一直坚信,设定广义的系统逻辑是具有分析性价值的(因此,我一直在使用"父权制"和"资本主义"这样的术语,并不觉得尴尬不妥),但我同样也认为,现代性包含了多种逻辑,它们可能彼此冲突,但又互相勾连。我发现南希·弗雷泽(Nancy Fraser)的"权力轴心"(axes of power)概念非常好用;它的优势在于强调了不同权力等级之间的互动和潜在矛盾,避免了对社会做出整体性和功能主义的模型阐释,同时又没有彻底消解和

驱散权力的概念。① 这种轴心模型反过来还会推动我们对文本政治的理解；个体文本不再是要么位于中心，要么位于边缘，而是可以与特定的权力轴心发生关系，有着差异化而且矛盾的意义。换句话说，我的论证假设了特殊的话语、形象和再现聚类的政治意义并非一成不变的，而是在很大程度上随着它们出现的条件和语境的不同而有所变化。

我接下来的讨论也会尽量避免二元认识论，这种二元论认为男性书写一定会扭曲女性经验，而女性写作就会对它予以真实的再现。相反，我认为所有的女性（或男性）经验知识——无论看似多么私密——都受到了主体间意义的框架和体系的影响，但这些框架又各不相同，它们互相冲突，并不统一。这些话语与作家性别的经验事实之间，存在既复杂又多变的关系，而非恒定不变的；我们无法从作家的性别就推测出一个特定文本是否具有潜在的真值（truth value）。例如，在《娜娜》和《包法利夫人》这样的作品中，作者对女性气质的再现与新近女性主义者讨论的表演、欲望和消费主义颇有关联；正是因为这个原因，我在讨论现代性的性政治时借用了这些小说。然而，这些小说的其他层面又具有厌女症等问题，招致了女性主义读者的批判而不是认同。换言之，我感兴趣的是特定文本的局部阐释（partial illumination），而不是根据作者的性别，就给作品贴上真假标签；相应地，这些局部阐释源自女性主义理论所开启的批评视角和19世纪作品中运作的意识形态之间的各种呼应和关联。

这种在阐释和批判之间的摆动，必然会影响我对于女性和男性作家的阅读；纵观历史和文化，女人从未有过一个统一、连贯的社群

---

① Nancy Fraser, *Unruly Practices: Power, Discourse, and Gender in Contemporary Social Theory* (Minneapolis: University of Minnesota Press, 1989).

身份。从当下的视角看,19世纪的女性书写与那个时代的意识形态和世界观不可避免地纠结在一起,因此她们是跨过历史差异的鸿沟在对我们发声。不仅像言情小说家玛丽·科雷利(Marie Corelli)这样自认为保守派的人是如此,就连世纪末那些女性主义作家和活动家也是这样,后者对社会变革的热情投入如今看起来也是过时的,往往带有明显的种族主义、达尔文主义和马尔萨斯主义的色彩。女性主义者渴望恢复女性书写的地位,就应该从政治出发去发掘被湮没的女性声音,而不应站在认识论的立场上强调这些声音必然的真理性。正是因为这个原因,我的讨论区分了男性作家和女性作家的作品——不是因为女人的现代观总是比男人的现代观更准确,而是因为在我看来,女性主义批评致力于给予这两种现代观同样的重视,并且充分注意女性写作的具体特征。应该强调的是,不应认为这种具体性仅仅是文本的内在产物;相反,当女作家的话语进入公共领域时,它们会不断被赋予特定的含义,产生特定的效应,这个过程让文本的具体性得以形成。作家的性别是一个关键因素,它影响了文本意义的传播和接受。

作为总结,我只需简单地说明我是如何介入这个课题的,以及这种介入的方法论意义。我无意保持中立立场,对19世纪晚期各种话语做完全考古式的记录;相反,我的分析是有意识形态立场的,那就是试图在过去的文本和当下的女性主义政治之间建立联系。在这个意义上,这既是文化理论研究,也是文化史研究;如果"历史"的价值在于让我们看到事件的特殊性,那么"理论"的价值就在于让我们能够在分离的特殊性中找到有意义的关联。从这个立场出发,阐释的选择性不仅是不可避免的,而且是必要的,因为历史进程只有和特定的视角与关注放在一起,才能构成有意义的分析对象。因此,我相信任何写作的行动都必然带有阐释的维度,我们也必须从当下视角来建构历史。然而,与此同时,我还要尽量避免将今日的真理贸然投射到过去的文本中,以寻找过去的缺漏,这样做可能导致时代错位。相反,我的研究目的是保持对某个历史时刻可能存在的话语可能性的意识,并从这个角度去评价对女性和现代性的特殊再现的政治内涵。我要在共情和批评之间的历史钢丝上行走,想平衡好这两者绝非易事:需要由读者来判断我的这种平衡是否成功。

第二章

论怀旧:史前女人

怀旧中盛行的母题是消弭自然和文化之间的界限,于是回归到高墙壁垒的母系乌托邦,在那里生物性和象征性获得了统一。怀旧的乌托邦是人被逐出伊甸园之前的状态,在这种创世论中生活经验和间接经验合二为一,真实和超验既在场又无处不在。

苏珊·斯图尔特
《论渴望:关于微缩物、巨型物、纪念品和收藏的叙事》[1]

文学和社会学之间保留着异常鲜明的学科界限。尽管文学社会学有一些拥趸(虽然并不多),但文学批评家对社会学思想"大师们"的著作提不起兴趣。然而,最近的学科发展鼓励跨学科交流,这使得文学和社会学之间的学科壁垒开始动摇。即使是最避世的文学作品,也会含蓄地影射一些它所试图超越的社会现实;同理,那些自称塑造了社会现实结构的文本,本身也受到了各种叙事、隐喻和修辞图式的影响。社会学理论也是一种再现行为,它借用了各种描

---

[1] Susan Stewart, *On Longing: Narratives of the Miniature, the Gigantic, the Souvenir, the Collection* (Baltimore: The Johns Hopkins University Press, 1984), p. 23.

述性词汇、分类体系、阐释方法和言说规则（enunciative rules）。① 通过解读这些再现的逻辑，我试图揭示性别寓言（特别是那种充满了怀旧感的女性气质观）在塑造现代社会学和批评思想上起到的重要作用。

在世纪之交，文学与社会学的关系问题受到了极大关注，因为正是在这个时期，社会学正努力确立自身的合法性，希望发展成为一个不同的思想研究领域。伍尔夫·勒佩尼斯（Wolf Lepenies）在论及社会学的形成和发展时，将之视为文学和科学传统的不稳定混合体。他指出："自从19世纪中叶开始，文学和社会学就互相竞争，声称本学科可以为现代文明提供一个导向。"②和当时许多现实主义小说家一样，社会学家也以定义和记录时代根本特征为己任；只过了很短的时间，社会学的论述框架和术语就已经深刻地影响了人们对于现代的性质和意义的常识态度。社会科学的阐释范畴经由教育和媒体这样的机构，逐渐渗透到人们的日常意识中，塑造了我们对现代和性别许多习以为常的信仰。由此可见，主导某一特定知识形式的基本假设和盲点会远远超出它的学科起源，影响一个大得多的文化和政治领域。社会学的话语已经影响了我们想象现代的方式。

社会学通常被认为是最典型的现代学科，它在自由化的民主国家出现之前绝无可能存在。③ 我认为，社会学与现代性之间是互相决定的关系；社会学是在其分析过程中帮助我们形成一种现实感，而不仅仅是分析某个业已存在的社会现实。例如，很多社会学理论

---

① Bryan S. Green, *Literary Methods and Sociological Theory: Case Studies of Simmel and Weber* (Chicago: University of Chicago Press, 1988), p. 6.

② Wolf Lepenies, *Between Literature and Science: The Rise of Sociology* (Cambridge: Cambridge University Press, 1988), p. 1.

③ Charles Lemert, "Sociology: Prometheus among the Sciences of Man," *Boundary 2*, 2, 2/3 (1985): 84.

的核心就是讨论何为现代,它其实与19世纪晚期文学中另类的现代形象既相关又不同;通过比较两者,我们可以做出一些有益的发现,看到那些划分历史时期的术语究竟是如何在特定话语中被建构,并被赋予意义的。正如现代概念在不同的文本语境中性质和内涵有所不同,女性形象的意义和隐喻关系在世纪末的各种话语中也历经变化。然而,除了审视这些差异,我也期望能够通过比较社会学和心理分析的一些基本假设,在这两种话语域之间找寻相似性,探究它们相似的女性气质观(即女性气质是未分化的前现代之物),因为它们都源自文化参考点和参照框架的共有联结。

在社会学努力确立其学科合法性的时期,格奥尔格·齐美尔(Georg Simmel)是一个重要的人物,但在某些方面,他也颇为与众不同。他常被视为德国社会学的创始人之一,但在其学术生涯的大部分时候,他都没有获得稳定的职业地位,没有荣膺那些来自体制的常见头衔。他在学术上和职业上的边缘化,一方面是因为德国学术界泛滥的反犹主义,另一方面是因为他的作品兼收并蓄,脱离了正统。[1] 齐美尔的兴趣远超出了社会学惯常的关注点,涉及了心理学、哲学、文化和艺术等各种话题。他看似随意地论及一些不相干的主题,如调情、废墟、把手、时尚、餐食、妓女、气味的社会学、陌生人和阿尔卑斯之行,梳理出日常生活中那些看似琐碎的现象的重要性,因为它们塑造了个人经验和社会互动。戴维·弗里斯比(David Frisby)将齐美尔称为社会学的游荡者(a sociological flâneur),因为他喜欢用印象主义的手法来勾画现代城市生活的经纬,而不是要建构宏大的理论体系。[2] 齐美尔坚持认为,社会现实已经不能再用整

---

[1] "Georg Simmel," in Lewis A. Coser, *Masters of Sociological Thought*, 2nd ed. (New York: Harcourt Brace Jovanovich, 1977), pp. 194 - 196.

[2] David Frisby, *Sociological Impressionism: A Reassessment of Georg Simmel's Social Theory* (London: Heinemann, 1981). 另请参阅 David Frisby, *Simmel and Since: Essays on Georg Simmel's Social Theory* (London: Routledge, 1992).

饬的总体性来把握,他想要去探索不稳定的,往往是碎片化的现代经验。这种倾向让他一生都饱受苛责,但也让他在当前文化理论的后现代潮流中魅力四射。如今的文化理论往往对总体性框架持有怀疑态度,而对现代社会的审美维度有着浓厚兴趣。近年来,学术界重新对齐美尔产生了巨大兴趣;他现在被赞誉为现代性的社会学家,或是超前的后现代或解构主义思想家。齐美尔似乎成了我们同时代的人。①

我对齐美尔作为社会理论家的独特性并不那么感兴趣,更感兴趣的是他关于性别的一些重要论述,当然这种偏好很可能会导致对齐美尔复杂思想的某种暴力阐释。和很多早期社会学家不同,他写了大量关于女性和现代性的文字,尽管这些论述长期被评论家忽视,直到最近才得到重视。如利特克·范·武赫特·泰森(Lieteke van Vucht Tijssen)所言,齐美尔是少数几个将性别关系作为现代化一般理论的重要组成的作家之一。② 齐美尔在论著中将社会学和哲学欲说还休的东西做了明确表达,从而让我们看清了许多把性别与现代性视为对立关系的假定。齐美尔发现,将男性和现代性等同起来的做法在他所处的文化中屡见不鲜,而他本人也恰恰是这样做

---

① 关于齐美尔与雅克·德里达(Jacques Derrida)的比较,请参见 Green, *Literary Methods and Sociological Theory*. 从后现代主义者的角度对齐美尔的探讨,请参见 Deena Weinstein and Michael A. Weinstein, *Postmodern(ized) Simmel* (London: Routledge, 1993).

② Lieteke van Vucht Tijssen, "Women and Objective Culture: Georg Simmel and Marianne Weber," *Theory, Culture, and Society*, 8, 3 (1991): 204. 另参见 Suzanne Vromen, "Georg Simmel and the Cultural Dilemma of Women," *History of European Ideas*, 8, 4/5 (1987): 563 – 579; Klaus Lichtblau, "Eros and Culture: Gender Theory in Simmel, Tönnies, and Weber," *Telos*, 82 (1989): 89 – 110; Heinz-Jürgen Dahme, "Frauen-und Geschlechterfrage bei Herbert Spencer und Georg Simmel," *Kölner Zeitschrift für Soziologie und Sozialpsychologie*, 38 (1986): 490 – 509; 以及 Silvia Bovenschen, *Die imaginierte Weiblichkeit: Exemplarische Untersuchungen zu kulturgeschichtlichen und literarischen Präsentationsformen des Weiblichen* (Frankfurt am Main: Suhrkamp, 1979), pp. 19 – 43. 有关早期女性主义者对齐美尔的批评,请参见 Marianne Weber, "Die Frau und die objektive Kultur," in *Frauenfragen und Frauengedanken: Gesammelte Aufsätze* (Tübingen: T. C. B. Mohr, 1919).

的。于是,齐美尔在现有的象征和体制结构之外构想了一种真实的、自主的女性气质。因此,虽然他常被当作一个拒绝浪漫主义思想中那种乌托邦诱惑的理论家,但在其论著中女性事实上被视为怀旧欲望的明显对象。

我的观点是,这种将女性气质作为一种非异化、非碎片化的身份象征的渴望,构成了关于现代性本质的文化再现史的一个特别重要的母题。在这些话语中,女人成为真正的起源点,是未受社会和象征体系影响的神秘指称;她成了反复出现在现代性中心的一个象征,象征着非时间性(the atemporal)和反社会性(the asocial)。因此,通过分析齐美尔的作品,我可以阐明一系列根深蒂固的假定,它们认为现代性、异化和男性气质必须具有同一性,从黑格尔到雅克·拉康(Jacques Lacan)这一颇具影响力的思想传统的深处,都能看到这种观点。在这种传统中,怀旧和女性气质在对神话般丰饶的再现中合二为一,以此为反衬的是另一种宏大叙事,它将男性气质的发展当成自我分裂和存在的失落。换句话说,怀旧并不代表一种犯有时代错误或边缘性的状态,而是现代性自我建构过程中反复出现的重要主题;救赎性的母性身体构成了非历史的他者(the ahistorical other)及历史的他者(the other of history),现代身份正是在其反面获得了定义。

渴望过去

最初让我对齐美尔产生兴趣的,是齐美尔关于女性、性和爱的文集导言中的一句话。导言作者盖伊·奥克斯(Guy Oakes)指出,齐美尔将男性性格与现代文化的客体化本质视为如出一辙,因此,奥克斯认为,对齐美尔而言,"女性化其实就是去现代化"①。奥克斯用简单的语言概括了关于女性和现代世界的普遍看法。无论是女性主义者,还是非女性主义者,他们都常常认为真正的女性文化将会改变城市工业化社会的工具性和非人性化。保守派、马克思主义者和女性主义思想家,都认为女性与非异化的自然和有机共同体之间存在所谓的紧密关系,保守派向往的是回到理想化的前现代,而对马克思主义者和女性主义思想家来说,这样的女性化原则体现了一个乌托邦化的另类选项,它有别于工具理性的统治和启蒙思想的专制。

卢梭的论著已经充分体现了这一主题,他讲过如何以适合的方式塑造两性主体的心理和社会性,这一观点对后来的性别差异观影响深远。他将女性气质划入自发性情感的真实之域,这种做法与浪漫主义对女性的刻画方式不谋而合,浪漫主义笔下的女性总是一个带有救赎色彩的避难所,保护人们不受现代文明的荼毒,而现代文明就意味着日益增长的物质主义、对科学理性的崇拜,以及城市环境的异化。因此,女性气质代表了人类从伊甸园堕落之前的状态,"那是在人类形成自我意识、与自然形成主客体关系之前的时代"②。这种将女性气质进行情感擢升的做法,显然体现了时代的变音。19世纪欧洲大部分地区的工业化,使得时间经验和时间观念发生了改变,这导致了一种日益增长的怀旧情绪,人们开始怀念那些被日新月异的社会变革所威胁的传统。换言之,女人逐渐代表

---

① Georg Simmel: *On Women, Sexuality, and Love*, trans. and ed. Guy Oakes (New Haven: Yale University Press, 1984), p. 54.
② Margaret Homans, *Women Writers and Poetic Identity: Dorothy Wordsworth, Emily Brontë, and Emily Dickinson* (Princeton: Princeton University Press, 1980), p. 13. 关于卢梭的论述,参见,如 Sarah Kofman, "Rousseau's Phallocratic Ends," in *Revaluing French Feminism: Critical Essays on Difference, Agency, and Culture*, ed. Nancy Fraser and Sandra Lee Bartky (Bloomington: Indiana University Press, 1992).

了一个更加自然化的过去,象征着那种业已失落的前工业时代生生不息的有机社会。

这种历史怀旧当然也可以用精神分析来解释,因为浪漫主义思想中总是频繁使用"大自然母亲"(Mother Nature)这一表述。从精神分析视角看,渴望逝去的黄金时代就是渴望回到"前俄狄浦斯"的心理完满的状态。母亲的身体被认为代表了一种存在的完满,一种原初和谐的幻觉意象,与成人意识中的疏离和缺失形成鲜明对比。虽然精神分析学说倾向于认为这类幻想是人的本质构成,但它本身的形成显然受到了更大历史变革的影响,这种变化主要是指家庭关系的象征性再现和物质构成。在心理上渴求成为理想化母性,渴求前文化时代,这本身就是西方文化中家庭私有化功能的体现,因为母亲变成了专职照顾孩子的人;另一个因素则是公共空间和私人空间的界限日益显著,在此语境下出现了自我的新规范,它将女性定义为自然和情感的生物。"女性的时间"(Women's time)并不是在线性的历史发展之外构成了一种基本的循环式时间性,而是与现代化进程息息相关,正是现代化带来了核心家庭的出现,并建立了母性的救赎之域。①

这种浪漫主义女性观在整个 19 世纪都深得人心,不仅在文学中被反复提及,而且在科学、人类学和历史学等各类文本中皆有体现,这些文本都试图去证明女性与前现代状态的紧密联系。在这种语境下,文明的发展和个体的发展(系统发育与个体发育)被不断地拿来作类比,这在很大程度上影响了 19 世纪文化中的性别再现模式。人们总是将女性和原始的前工业时代联系起来,与此相同的做

---

① 参见,例如 Lawrence Stone, *The Family, Sex, and Marriage in England*, 1500－1800 (London: Weidenfeld and Nicholson, 1977)。"女性的时间"这一概念取自克里斯蒂娃发表的同名文章,收录于 *The Kristeva Reader*, ed. Toril Moi (Oxford: Basil Blackwell, 1986)。

法则是借助女性的母亲角色,将之和没有自我意识、存在于这个世界但又尚未社会化的婴儿勾连在一起。将女人与自然和传统视为对等,这早已在早期现代思想中屡见不鲜,而达尔文主义进化发展观的流行又让这种观点大放光彩,促使进取型的、不安现状的男性气质与有机的、未分化的女性气质之间形成了鲜明对比。在19世纪后期,科学理论不断试图证明女性处于进化链上较低的位置,总是用儿童或是野蛮人的进化状态来与女性做比较。正如辛西娅·伊格尔·拉西特(Cynthia Eagle Russett)等女性主义历史学家所言,女人被定义为尚未发育完备的人,和男性相比,她们是一种低级生物体,未能从普通原始的胚胎形态中充分分化。① 因此,女性气质究竟是代表了发展受限的原始状态,还是代表了未被现代社会的断裂和矛盾所影响的伊甸园式有机整体,这取决于作者到底是看重进步话语,还是更相信堕落的神话。

因此,将女性排除在历史之外,这种观点本身就是特定时期历史思维方式的产物,这种思维方式用文化兴衰的哲学元叙事来解释文明的发展。② 这样的叙事,体现了对历史终极意义和历史目的不容置喙的自信。19世纪欧洲社会经历了迅猛且看似混乱的变化,这一切最终被解释为一种宏大的发展计划,而白人中产阶级男性就位于这个计划的中心位置。然而,关于遥远过去的田园意象反复出现,这说明人们对这些社会进程还抱有怀疑和矛盾的态度。如果说我们在体验现代性时感受到了强烈的创新、转瞬即逝和混乱的变化,那么它同时也滋生了对稳定性和延续性的各种渴望。怀旧是对理想化过去的一种悼念,因此它成为一个有持续影响力的现代性主

---

① Cynthia Eagle Russett, *Sexual Science: The Victorian Construction of Womanhood* (Cambridge: Harvard University Press, 1989), pp. 50-54.
② 参见,如 Peter J. Bowler, *The Invention of Progress: The Victorians and the Past* (Oxford: Basil Blackwell, 1989).

题：进步时代也是渴望的时代，人们渴望那个业已失去的想象中的伊甸园之境。

追溯"怀旧"的历史和词源，会带来一些有启发的洞见。该词最早作为一种疾病的名字出现在 17 世纪晚期，指的是瑞士雇佣兵特别容易患上的重度思乡病。其症状包括沮丧、忧郁、情绪不定、痛哭、厌食、全身消瘦、偶发的自杀倾向。① 迈克尔·罗斯指出，19 世纪出现了大量的科学著作来研究这一令人费解的疾病，它们对该病的时间意义和空间意义都做了缜密考察。医生们一致认为，病人急切地想要返乡，同时也表现出急切回到过去某个重要时刻的渴望。病人切断了与当下时间的一切联系，遁避到对家庭和出生地的美好回忆中，并哀悼那些已经失去的东西。"怀旧之人通过逃离现实世界，表达了对过去的'过度'依恋。这种逃离很微妙，病人们甚至没有注意到他们患了病，而只是默默地渴望回到过去，直至死亡。"②这种退行的毁灭欲望，是由现代社会的混乱所造成的，因为流动性的增强和人口的变化导致了大量人口离开家乡，失去了故土之根，从而也失去了与出生地和历史的自然延续性。

有些医生认为，女人不太容易产生怀旧情绪，因为她们的生活更静止，以家为主。换句话说，尽管女性作为母亲往往是怀旧的对象，但她们自己很少成为怀旧的主体。③ 她们不渴望回到过去，因为她们就是过去；她们属于家庭领域，很少有无家可归之感，也不太会渴望那些逝去之物。当然，现在怀旧已经不再是一种病症，但是

---

① Fred Davis, *Yearning for Yesterday: A Sociology of Nostalgia* (New York: The Free Press, 1979), pp. 1-2.
② Michael S. Roth, "The Time of Nostalgia: Medicine, History, and Normality in Nineteenth-Century France," *Time and Society*, 1, 2 (1992): 282. 另参见 Michael S. Roth, "Returning to Nostalgia," in *Home and Its Dislocations in Nineteenth-Century France*, ed. Suzanne Nash (Albany: State University of New York Press, 1993).
③ Roth, "The Time of Nostalgia," pp. 273-277.

异化的现在与美好的过去之间仍然有着一根时间分割线,它仍然被投射到公共空间和私人空间、男性空间和女性空间的分野中。女人之所以被认为不那么容易怀旧,是因为她们不像男人,她们的生活更为静好,具有时间上的延续性。① 相应地,母亲的家园对于那些逃离混乱、流动的现代生活的人来说,就是救赎的庇护所。女性气质继续成为一个能指,指向现代人不再拥有的整体性(wholeness)和自给自足的完整性(self-contained completeness)。因此,女人"自身就是家",而男人"家在自身之外",关于这一点我还会在对齐美尔的讨论中继续谈及;对于齐美尔而言,就像弗洛伊德所相信的那样,女性身体象征着本源的出生地,是一个让人熟悉的谜一般的家园,而男性主体已经永久地从这个家园被放逐了。②

无分化的女性气质

在1890年至1911年期间,齐美尔发表了约15篇关于女性文化、女性心理学、两性关系和德国女性运动的文章。在其中几篇文章中,他谈到了女性与现代之间关系的核心问题。齐美尔所描述的现代文化中男性为主导的结构,源自他对启蒙思想中盛行的身份逻辑的批判性审视。然而,当他重申现代性的逻辑在本质上是男性化的,而且这种男性化无处不在时,他实际上否认了女性参与现代社

---

① Davis, *Yearning for Yesterday*, pp. 54 - 56.
② Simmel, "The Problem of the Sexes," in *On Women, Sexuality, and Love*, p. 116. 弗洛伊德在此处的引用是为了论证母亲的身体是"所有人曾经的家园……它是我们每个人曾经的居所,也是最开始的居所。有一个笑话说,'爱就是一种对家的思念';每当一个人梦到一个地方或是一个国度,他就会在梦中说,'这个地方让我觉得熟悉,我来过这里',我们可以这样解释,这个地方就是他母亲的生殖器或是身体"。参见 Sigmund Freud, "The 'Uncanny,'" in *The Standard Edition of the Complete Psychological Works of Sigmund Freud*, vol. 17 (London: The Hogarth Press, 1955), p. 245.

会进程的可能性。他所提出的性别关系理论是基于"碎片对完满""间接性对直接性""异化对真实"这样的二元化本体论,从而对一些长期困扰当代女性主义思想的难题做出了奇特的预见。

多年来,齐美尔对现代性的这种理解在学界影响深远。就像他同代人的许多观点一样,他的这个观点暴露了社会学论述结构中一个反复出现的根本矛盾。齐美尔所借助的思想传统,是将历史理解为个人从传统生活的束缚中逐渐解放出来的过程。在这种范式下,现代性被视为一个分化的过程,一种从同质性向异质性的转变,以及一种从浸淫于传统小世界的常规生活,到积极投身于更大世界的变化,在这种大世界中可以获得多面向的参与和开放的可能性。[1]因此,现代经验是分化的,非延续性的。与此同时,这种新的自由又日益带来迷失感和异化感,这两种感受根源于客体文化对主体文化的支配。齐美尔的意思是,现代社会里的文化制品和机构在激增,以致无人能够一直理解和控制它们。文化似乎从人类活动中独立了出来,获得了自己的生命和意志,以致人们会感觉到他们被自身所创造的物所支配,与物产生了疏离。我们生活在一个日益复杂和多样化的世界中,它无法通过一个宏大的元价值(meta-value)或目的来获得意义。

齐美尔的观点明显与马克思主义提出的异化概念有相似之处,唯一不同之处就是,齐美尔认为专业化和分化的历史进程是现代社会复杂性的必然结果,即使如期待的那样回归社群主义的理想,这一点也无法超越。齐美尔的大多数论著都在探索现代生活的矛盾性,它一方面具有解放性,一方面又让我们失去个性。金钱作为交换的一般原则的制度化,以及现代城市带来的全新而不同的经验模式,这些都体现了现代生活的这一特点。在其名作《大都市与精神

---

[1] Coser, "Georg Simmel," p. 191.

生活》("The Metropolis and Mental Life")中,齐美尔探讨了现代城市文化如何在令人目眩的物和经验中带来了特有的精神与社会的混乱。人们被迫采取一种见怪不怪的态度,以钝化光怪陆离的城市生活对自己的过度刺激,哪怕货币经济的发展同时也在宣扬一种理性思维,它将质的差异简化为量的差异,提倡精打细算,忽视情感冲动。虽然在某些方面现代化促进了差异性和多样性,但悖论在于它也加剧了物和人的同质化和可互换性。①

然而,问题的关键在于,这种含混的文化辩证法在本质上具有性别色彩。齐美尔写道:"脱离男女性别谈文化是没有意义的。事实上,除了少数几个领域,我们的客体文化完全是男性的。正是男人创造了艺术和工业、科学和商业、国家和宗教。"②既然组成文化的结构和人工制品体现的都是男性观念和价值观,那么"文化的悲剧"实际上就是男性文化的悲剧。正是男人总是想通过表演行动来外化自我,也正是他们代表了现代精神中典型的知识、生成(becoming)和决断(volition)原则。男人被定义为界限的僭越者,总是在无休止地、过分努力地追求一种重大意义,这种重大意义从来不是唾手可得,而是永远触不可及。齐美尔将这种浮士德式的努力看作社会发展的最终动力,尽管它引发了多种变化,而这些变化本身获得了独立的意义。

因此,就生产而言,现代性也无疑是性别化的;齐美尔认为,人的天性要通过自我客体化来释放。于是,女性在创造客体文化上通常效果不佳,因为这种文化与她们独有而特殊的生活相抵触。与此

---

① Georg Simmel, "The Metropolis and Mental Life," in *Georg Simmel: On Individuality and Social Forms*, ed. and intro. Donald N. Levine (Chicago: University of Chicago Press, 1971).如齐美尔的社会学理论所示,现代性在解放的同时又异化,关于这一点的讨论,请参见 Daniel Miller, *Material Culture and Mass Consumption* (Oxford: Basil Blackwell, 1987), ch. 5.
② Simmel, "Female Culture," in *On Women, Sexuality, and Love*, p. 67.

同时,现代性带来了一种强大的理性思维,它弱化了情感依附和私人关系,使原本整体化的生活趋于分裂。现代生活变得日益区隔化,并受到劳动分工的制约。然而,这一过程与其说会损坏男性身份,还不如说是男性身份的功能。男性主体的自主性和超然性使他们能够参与各种专业化活动,而不会感到分裂的威胁,但女性心理则缺乏这种距离感,她们更渴望人与人的直接联系。齐美尔于是建立了一系列修辞上的比拟,认为男性心理将经验区隔化的能力,与发达社会结构上的复杂性非常相似,而这种发达社会恰恰要求其成员具备分离能力。现代性的社会化特征既反映了男性气质的心理特点,同时也体现于其中;当代文明正是按照与女性利益背道而驰的原则组织起来的。

齐美尔除了对现存社会机制中男性的统治地位进行了诊断,还进一步揭示了这种统治对于女性更为广泛的哲学影响。在这里,他论述的某些方面已经预见了当代后结构主义思想对二元论形而上学的批判,即"男性……在普遍意义上代表了人类"①。在一篇题为《两性问题的相对与绝对》("The Relative and the Absolute in Problem of the Sexes")的文章中,齐美尔指出在一对二元概念中,总是有一方获得突出地位,以此作为客观、绝对的象征。根据这个观点,齐美尔坚持认为主流文化中关于客观性和普遍性的规范都衍生于一种特定的男性存在模式。男性表达"具有规范性意义,因为它们代表了客观真理和正确性,并适用于所有人,无论男女"②;然而,这种论断在根本上是不现实的。这种说法本身是由权力结构决定的,它让主宰者用自己的利益来代表普遍利益,而不承认本身的特殊性。相比之下,被主宰者不得不面对她自己的差异性现实。齐美尔

---

① Simmel, "The Relative and the Absolute in the Problem of the Sexes," in *On Women, Sexuality, and Love*, p. 103.
② Ibid., p. 104.

写道:"毫无疑问,与男性和他们作为男性的存在相比,女性很少会忘记意识到自己作为女性的存在。很多时候,男性似乎纯粹从客观角度出发思考问题,仿佛男性气质没有在其认知中发挥任何作用。而另一方面,女性似乎时刻都会感受到自己作为女性的身份,尽管这种感受的程度会因人而异。"①

于是,在父权制社会里,男性心理上特有的优越感被转化为一种逻辑上的优越感,而男性价值观似乎具有了超越个体的有效性。因此,齐美尔总结道,女性的自主性无从表达,因为它总是必须以先在的男性原则为参照来定义。要么女性被纳入所谓的一般性客观规范中,而这些规范实际上来源于男性经验,要么女性被描述成另一类人,成为与男性相反的那一极。在这两种情况下,都是用伪装成普适价值观的男性规范来定义女性。因此,女性无法找到立足点来进行自我的评价。"几乎所有关于女性的讨论,都是在女性相对于男性的真实关系、理想关系或价值关系中展开。没有人去探究女性就其自身而言到底意味着什么……结论就是,对她们自己而言,女性什么都不是。"②

到目前为止,齐美尔的分析对女性主义者来说,似乎既熟悉又有说服力。他主要的关注之一,就是讨论普适的可通约性(universal commensurability)所具有的局限,这种可通约性认为不同的生命形式都可以用一种宏大的同一性逻辑概括。正如苏珊·赫克曼(Susan Hekman)所言:"齐美尔对启蒙运动的认识论的挑战,在于他认为经验是由多种独立的、不可简化的形式所定义和塑造的。"③这种对现代性强制同质化的批判,反过来又让齐美尔怀疑

---

① Simmel, "The Relative and the Absolute in the Problem of the Sexes," p. 103.
② Ibid., p. 113.
③ Susan J. Hekman, *Gender and Knowledge: Elements of a Postmodern Feminism* (Cambridge: Polity Press, 1990), p. 100.

德国女性运动为争取与男人政治平等所做的一些努力。在齐美尔看来,这种理想不可避免地会沦为基于男性经验的概念框架。相反,他坚持认为,必须允许女性有独立的存在,让女性保有独有的特殊性,而女性特有的心理和社会经验并不能被一般化的平等观念所涵盖。

那么,这种特殊性的本质是什么?我们如何想象女性生活方式的特定本质?有趣的是,齐美尔对这些问题的回答,预见了当下女性主义理论中的一些争论,这些女性主义理论期望超越现代的社会和象征结构的约束,以怀旧的方式譬喻女性气质的自治区域。齐美尔对两种不同的女性气质进行了重要区分,这是他讨论的基础。二元论的形而上学要么认为女性与男性相同,要么将之定义为男性互补的对立面;这是"传统意义上"的女性气质,它是以男性至上原则为导向的定义。相比之下,真正的女性气质必须存在于社会和象征等级之外,因为正是这些等级化的存在建构了相似性和差异性的范畴。女性不能被包含在男性思想的二元结构之内;对女性来说,主体与客体、男性气质与女性气质之间的区别并不存在。依照男性所定义的文化往往具有不连续性和层级性,与之相反,女性则体现了一种极端无分化(radical nondifferentiation)的状态。换句话说,女性气质处于社会结构和象征范畴之外,这其中包括——这一点看上去似乎自相矛盾——男性气质与女性气质的差别本身。

齐美尔的许多论述都暴露出他深受黑格尔性别身份概念的影响。如某位作家所言,对黑格尔来说,女人"异化程度比男人轻,只是因为女人更接近自然。她是自在的(an sich),而不是自为的(für sich),也就是说,女人不像比男人那样容易受到自我意识的积极或负面的影响,因此不像男人那样分裂,但同时理性反思的能力也就更弱"①。尽管黑格尔将女性的这些特点视为女性不适合社交和公共生活的标志,但齐美尔将之视为抵抗的场域,以对抗男性主导的分化和分离,现代性的社会经验正是通过这种分化和分离组织起来的,但同时也受其局限。因此,与男性所代表的生成相比,女性则代表着存在(being)本身;男性是动态的,而女性位于历史时间之外。女性存在的中心和外围被整合成一个和谐的综合体,成为独立充盈的典型例子。社会体制中异化的公共文化对女性身份不利,女性身份是无中介的(unmediated),直觉的,以进程为导向,而不是朝向生产。由于缺乏男性自我的超然能力,女性将整个自我都投入经验当中。她与世界的关系在各个方面都是亲密的,无中介的,个性化的。所以,齐美尔总结道:"在她们深入自我的过程中,女性与生命之根基融为一体。"②女性独特的存在和认知方式,使得她们更靠近神秘的形而上之物,以及存在的终极根基。因此,尽管男性气质与二元论相关,但女性气质是"绝对存在,它是人性整体的基础,正是依靠它,人性获得了本质的、静态的、独立的完整性,某种意义上,它先于主客体的分裂"③。

女性的非分化状态在性上表现得最为明显。对于男性来说,性只是另一个专门领域,而对于女性来说,性构成了她们全部的存在。然而一个悖论是,这种绝对的、自给自足的情欲充盈,使得女性对男性他者并不那么依赖。齐美尔写道:"女性活在最深刻的存在之中,活在对女性身份最深刻的认同中,活在被内在性所定义的性的绝对

---

① Elizabeth Boa, *The Sexual Circus*: *Wedekind's Theatre of Subversion* (Oxford: Basil Blackwell, 1987), p. 181.关于黑格尔和性别的讨论,另参阅 Patricia Jagentowicz Mills, *Woman, Nature, and Psyche* (New Haven: Yale University Press, 1987), p. 181.以及 Seyla Benhabib, "On Hegel, Women, and Irony" in *Situating the Self: Gender, Community, and Postmodernism in Contemporary Ethics* (Cambridge: Polity Press, 1992).
② Simmel, "The Problem of the Sexes," in *On Women, Sexuality, and Love*, p. 122.
③ Ibid., p. 132.

中,其本质特征是无须与另一性别发生联系。"①这种将女性本质视为情欲的想法,在当时比较普遍。例如奥托·魏宁格(Otto Weininger)在臭名昭著的《性与性格》(Sex and Character,1903)一书中就呼应了这一观点,该书对性与文明的关系做了颇具野心的思考,在当时影响广泛。虽然魏宁格承认所有人都具有双重性向,但他仍然坚持认为女性比男性更缺乏个性,女性更深入地沉浸在她们共同的本质中。更一般地说,女性气质的原则体现了一种未成熟的事态,是生物繁殖本能需求的体现。这种非理性、有机的、被动的存在模式,与个性化、一元论的男性气质形成了鲜明的对比。② 尽管魏宁格与齐美尔都认为女性气质是无分化的,但魏宁格最后得出了相反的历史结论。魏宁格并不认为现代化进程即意味着男性气质原则的独立统治,而是认为现代化等同于势不可挡的、岌岌可危的女性化进程。换句话说,虽然两人对性别关系的看法相似,但产生了两种截然不同的元叙事。

魏宁格认为女性的性征是无道德感的,具有破坏性,而齐美尔的观点则相反,他认为女性体现了一种自然的,甚至孩童般的虔诚,代表了道德与欲望的合理化统一。这是一种理想化的观点,将女性视为非分裂的、非矛盾的身份,取代了魏宁格对女性的妖魔化。女性身上冲突性的缺失,意味着女性不会像男性心灵那样饱受肉欲与心灵之间的斗争。用弗洛伊德的话说,她们缺少性的力比多冲动,超我也很软弱。因此,女性气质处于欲望和尝试满足欲望的辩证关系之外,是一种已经自足的存在状态。对女性心理的概念化,可以帮我们更好地理解历史进程的性别化。如果现代性的发展动力等于新的需求和欲望的无休止生产,那么齐美尔则将女性视为近乎植

---

① Simmel, "The Problem of the Sexes," p. 107.
② Otto Weininger, *Sex and Character* (London: Heinemann, 1906).

物一样的静态,这就是把女性置于社会历史进程之外,似乎她们的心理丝毫未受现代冲突和矛盾的影响。的确,如果主体与客体不可逆转的断裂开启了更多欲望的可能,那么女性所处的前二元论状态就必然排除了女性欲望或能动性。相反,齐美尔的阐释中最令人难忘的一句话就是:"在现代性的地带,女性就像是一块不动的史前巨石。"①

这一切都说明了为什么齐美尔的女性气质不可避免地与现代性对立。女人在创造客体文化上几乎不可避免地失败,因为她们"不会把自己的活动转化为独立于她活动之外的客观实体"②。生产源自一种缺乏感,源自局限性斗争并寻求超越的渴望。对于齐美尔和后来像拉康那样的理论家来说,女人没有缺乏感。因为她们本身已经完整,女人就没有欲望要通过文化生产,将自己的精神以永久的方式永远物化。相反,她们的自我表现是短暂且偶然的,取决于一时之需,以及居家的日常家务。女性的这种生育(reproduction)而非生产(production)倾向,证实了女性与现代文化之间的距离,因为现代文化的精神在于不断创新,无论是体现在迅猛的科技发展中,还是艺术形式和风格的创新上。现代观念与有冲击力的新事物成为同义词,也等同于一种强烈的即逝感和变化感,这些感觉源自资本主义对历史和传统的"创造性毁灭"。现代被描述成"不断解体和更新的大混乱",它受到一种时间性逻辑的驱使,该逻辑即"与过去猛烈的、彻底的、粗暴的决裂"。③ 相反,女性文化则遵循一种截然不同的重复与延续的逻辑:正如齐美尔所言,女性

---

① Lichtblau, "Eros and Culture," p. 93.
② Simmel, "Female Culture," p. 86.
③ Marshall Berman, *All That Is Solid Melts into Air: The Experience of Modernity* (London: Verso, 1983), p. 15, 以及 David Harvey, *The Condition of Postmodernity* (Oxford: Basil Blackwell, 1989), p. 104. 两本书的作者当然都借鉴了马克思的观点,将资本主义发展视为永无止境的更新和转变的过程。

文化处于历史与现代性之外,它的日常节奏并没有受到广阔的社会领域中时间性混乱的影响。因此,女性的心灵并不存在那种因为世事动荡而产生的痛苦和困惑。在齐美尔的作品中,女性是同质的、完整的,没有异化和矛盾,完全站在分裂主体的对立面。

换句话说,女人不需要创造艺术,因为她就是艺术。对于齐美尔而言,审美能带来个体的充盈,它体现了一种超越破碎化的现代经验的绝对存在,能够弥合主体文化和客体文化的分裂。"艺术作品,"他写道,"有其他东西无法穿越的疆界,从而和那些异质混乱的事物区分开来。"①他对女人的描述也是如此:女人远离了社会性,这使她能够体现为一种超验统一的救赎希望。因此,女性气质与审美一样,可以将部分与整体完美地结合,变成感官物质性的乌托邦式典型,抵制了来自抽象且片面的理性的专制。然而,结果是女性只有处于男性定义的客体文化之外,才能保持其独特性。正如克劳斯·利希特布劳(Klaus Lichtblau)在阅读齐美尔的作品所指出的,"真正的女性文化其实是一种乌托邦观念,具有纯粹的潜在性,为了其自身的完整性,必须阻止其实现"②。

齐美尔在此并不是说女性个体无法创作艺术作品,或无法参与公共生活。问题其实是,女人的这些成就是否会带来一种特殊的女性文化,它们是否只是复制现有的男性定义的生活形式。齐美尔承认,随着女人越来越多地参与公共世界,这种女人独有的文化可能会发展出来。然而,他对女性的诗学想象让人怀疑这一切到底能否真的发生。如果女性气质对中介化和分化的结构是有害的,那么从定义上它就无法变为现代的社会形式和象征形式。因此,对于齐美尔来说,客体的女性文化这一说法本身就自相矛盾。当女人参与现

---

① Simmel, "The Problem of the Sexes," p. 129.
② Lichtblau, "Eros and Culture," p. 96.

代生活时,她们就会被去女性化,并受到盛行的男性异化的影响。因此,在齐美尔的作品中,似乎不可能有一种独特的现代女性气质。

事实上,齐美尔认为唯一能展现女性存在模式的文化场域就是家庭。他写道:"如果家庭是平静、独立和完整的,家庭就能和女性的本质构成真实的象征性关系,这意味着她了不起的文化成就。"①他认为,家的特点取决于女性的特殊兴趣和能力,以及她们独有的节奏;家本身就是统一的,具体的,完整的。尽管这种对家庭的理想化特别适合19世纪公共领域和私人领域分离的风气,却与齐美尔其他著作的说法颇不一致,那些作品极具洞察力地描述了消费社会学,以及现代生活中大规模生产的商品和手工艺品对私人领域的入侵。② 齐美尔这种对家庭田园生活的蹩脚吁求,与他关于时尚和女性气质的评论相去甚远,后者虽然简短,但更具启发性。齐美尔认为时尚是趋同性和独特性、标准化和个体性的悖论组合,他将之视为现代文化的主要表达手段,并将它与女性心理的鲜明特征联系起来;然而,他承认这种心理本身是在特定的社会局限下形成的,因此它并非不容置疑的真实性场域。女性对时尚服饰的热衷,与她们在生活其他方面的局限性有关,这就又构成了一种含混的文化现象,它既可能是一种补偿形式,又可能是一种反抗。③ 齐美尔认为女性对时尚的兴趣是一种个性的(有限)表达,是追求革新和变化的象征性言说,他由此进一步确认了女性和现代情感之间的联系。但对这一点,他在其他地方又矢口否认。大多数时候,他想用一种神秘且理想化的绝对差异来定义女性气质,但这种做法强化了一种观点,即女性在社会和历史中必然是缺席的。尽管齐美尔很好地揭示了

---

① Simmel, "Female Culture," p. 94.
② 换言之,将家务活看作让女性获得真实自我的手工活动的观点忽视了现代家庭的商品化性质。齐美尔在别处也谈到,这种商品化让家务活也成了仪式性的拜物。参见 Simmel, *The Philosophy of Money* (London: Routledge, 1981), p. 460.
③ Georg Simmel, "Fashion," in *Georg Simmel: On Individuality and Social Forms*.

同一性抽象逻辑的局限性,但他又将一种本体论上的他者性归结到女性身上,这种做法确保了女性的真实性,同时也将女性排除在了现代性之外,而此种现代性仅仅等同于男性的个性化和能动性。女人似乎总是在别处,她难以言喻的他者性超越了语言和政治的再现。

古老的母亲

现在,我想将齐美尔关于女性气质的看法,放在欧洲世纪末的文化悲观主义的语境中。尽管将女性与怀旧联系起来的做法在历史上由来已久,而且原因错综复杂,但它正是在反现代情绪高涨的世纪末语境下得以进一步突显。这一潮流在欧洲很多国家都非常明显——英国耳熟能详的例子是威廉·莫里斯(William Morris)和"拉斐尔前派"——但在德国尤为突出,因为那里有持久的浪漫主义机体论(Romantic organicism)传统,同时又有相对较晚且较快的工业化经历,所以在面对现代性的所谓益处和价值观时,更容易产生复杂矛盾的心理。艺术家、作家和知识分子总是面向过去,通过对神秘、非理性事物的露骨膜拜,表达他们与实证主义世界观和愈发城市化、科技化的社会之间的疏离感。他们在各种各样的文本中——如历史的、人类学的、心理学的、文学的——不断调用亚当和夏娃"堕落"(Fall)的叙事,将过度文明、过度理性的当下和那个更原初、更真实的过去进行对比,从而凸显当下的缺陷。

在世纪末蔓延的对古老和本质的迷恋中,女性扮演了重要的角色,在女人那里藏着男人需要找回的遗落的真理。"永恒女性"的神话,在德语文化中获得了特别强烈的共鸣,甚至盖过了与之对立的启蒙运动中的人类平等理想。它的源头可以追溯到早期德国浪漫主义的文本,这个文化运动废弃了公共政治的世界和普遍规范的专制,取而代之的是揭示多面人格的美学和感官理想。在这种语境下,女性经验的完整性就成了理想的解放力量,它可以对抗男性对片面抽象的屈从。① 在世纪末的许多文化表达中,都能看到这种对女性的理想化,也就是用隐喻的方式,将女性与自然、古旧联系起来。从古斯塔夫·克里姆特(Gustav Klimt)的绘画作品,到露·安德烈亚斯-莎乐美(Lou Andreas-Salomé)的文学作品,女性形象都是以情色-神秘的形象出现,是本质和力比多力量的化身,不受理性和社会秩序的限制。在现代对前工业化世界的这种渴望中,女性体现了现代性所不具备的一切,鲜活地构成了城市男人反讽式自我异化的对立面。②

德国古典学者和神话研究者 J. J. 巴霍芬(J. J. Bachofen)的著作,对这种古旧女性气质观产生了巨大影响,他挑战了一般人的定见,即将父权制当作一种不可避免的、自然的社会形态。在《神话、宗教和母亲权利》(*Myth, Religion, and Mother Right*,1861)一书中,他提出了一种假说,认为母权制是所有文明的必经阶段,这种观点对19世纪晚期的许多思想家产生了深远影响,包括恩格斯、奥古斯特·倍倍尔(August Bebel)、尼采和弗洛伊德。巴霍芬详细地叙述了西方文明如何起源于古代地中海文化,描述了原始社会的母系基础,以及这种基础如何被古希腊父权制法律逐渐取代。伊丽莎白·菲(Elizabeth Fee)很好地总结了巴霍芬恢宏的历史论点。

> 巴霍芬将两性之间的持续斗争视为社会进化的中心主

---

① 参见 Ursula Vogel, "Rationalism and Romanticism: Two Strategies for Women's Liberation," in *Feminism and Political Theory*, ed. Judith Evans et al. (London: Sage, 1986).
② 参见 Nike Wagner 极具启发的讨论,*Geist und Geschlecht: Karl Kraus und die Erotik der Wiener Moderne* (Frankfurt am Main: Suhrkamp, 1982)。

题……他相信人类历史由三个主要阶段组成：杂婚制、母系制、父系制。在杂婚阶段，并不存在婚姻。性关系是不受管制的：女性任由男性满足欲望，滥交和性剥削盛行。然而，最终这些女性进行了反抗，开始了全世界范围内的亚马孙女战士起义。随着她们的军事胜利，人类历史的第二阶段，即母系阶段得以建立。妇女作为母亲，主导着社会和文化制度；女性性欲获胜，现在她们可以强迫男人接受婚姻和一夫一妻制。在最后一个阶段，男性也发起了反抗，并且获胜，以父权制取代了母权制。女性被推翻，男性的统治地位获得了认可。在母权阶段，女性的生殖原则得到了美化，而向父权制的过渡，则意味着男性从物质自然中获得了解放。①

学者对女性原则统治下的遥远时代做了如此的想象性描述，那些想摆脱自己时代的主流价值观、寻求完全另类生活的人对这个理论感到很受用。在巴霍芬的笔下，母权制等同于同质性、物质性、与自然和谐的状态，这种原始社会秩序体现了业已遗落的幸福。他明确地将史前母系社会与"哺育后代的母亲"联系起来；两者在社会发展链上位置相似，都体现了文化出现必然异化之前的自然化统治。文明的出现被理解为一种发展，即从古老的、地母的、未分化的女性整体世界，发展为一种"更高的精神法则"统治下的父权文化。②

在那个时代的许多进化叙事中，都可以找到与巴霍芬相似的起源论，这些叙事重复了类似的关系链，即将前现代性、无分化与女性

---

① Elizabeth Fee, "The Sexual Politics of Victorian Social Anthropology," in *Clio's Consciousness Raised: New Perspectives on the History of Women*, ed. Mary Hartman and Lois W. Banner (New York: Harper and Row, 1974), p. 90. 另请参阅 Gilles Deleuze, *Coldness and Cruelty*, in *Masochism* (New York: Zone, 1989), pp. 52 - 53.

② J. J. Bachofen, *Myth, Religion, and Mother Right* (Princeton: Princeton University Press, 1967).

气质联系起来。弗洛伊德对文化起源的心理史学就提出了相似的观点,即将女人视为原初的静态状态,它与文明进程的发展逻辑恰好相悖。例如,在《文明及其不满》(*Civilization and Its Discontents*)一书中,弗洛伊德认为女性对家庭利益和性生活太忠诚,这造成了一种针对文明需求的敌意,弗洛伊德将这种对抗一直追溯到了史前晚期。弗洛伊德认为,因为女人缺乏让本能达到升华(sublimation)状态的能力,所以她们就无法参与到高级文化形式的发展中。"因此,女人发现文明的主张逼迫她们退居次席,她们对文明怀有敌意。"[①]在他早期的《图腾与禁忌》(*Totem and Taboo*)一书中,正是儿子对父亲的反抗为宗教和道德的发展提供了神话基础;在这里,女性又一次被放在俄狄浦斯式欲望与权力的斗争之外,而恰恰是这种斗争推动了人类进步。

当然,弗洛伊德认为这个升华过程是文明发展必须付出的代价,它换来的是在法律、宗教、艺术和道德上的成就。父权原则集中体现了文化和现代性的得与失,即使这种得失是有问题的,也是必要的;相比之下,母权原则仅仅是一个古老的象征,让我们想起前文化的、无矛盾的逻辑。[②] 弗洛伊德的一些同事尽管对精神分析思想的基本原则有所共鸣,却不太相信父权原则大旗下的压抑是无可避免、让人向往的。因此,俄罗斯著名女性主义作家、精神分析学家露·安德烈亚斯-莎乐美对无意识的解读更具积极意义,她将之视为根植于未分化的原始经验的创造力之源。在题为《论"并非女性杀死了父亲"这一事实的后果》的文章中,她借用了弗洛伊德关于"文明诞生于父子冲突"这个成因论神话,认为女性没有象征性愧疚

[①] Sigmund Freud, *Civilization and Its Discontents* (London: The Hogarth Press, 1975), p. 41.

[②] Judith Van Herik, *Freud on Femininity and Faith* (Berkeley: University of California Press, 1982), p. 21. 另请参阅 John Brenkman, *Straight Male Modern: A Cultural Critique of Psychoanalysis* (New York: Routledge, 1993).

的心理负担,所以相比男性更少受到超我的压制。相反,对莎乐美而言,女性与前象征阶段的原初自恋状态关系更紧密。莎乐美反对弗洛伊德将自恋症视为压抑的观点,而是重新肯定了自恋的价值,认为它是女性本质统一性的标志,也象征着女性经验将自己与世界融合到一起。因此,自恋是女人优于男人的符号,因为后者被社会矛盾弄得支离破碎。①

在《女人代表人类》("The Human Being As a Woman", 1899)一文中,莎乐美对女性差异的描述与齐美尔的观点非常接近。女性是典型的基础双性恋,作为一个自主性的、未分化的存在,女性体内既有男性的一面,也有女性的一面。她写道:"[女性气质里]有着一种自足和平静,它与存在的最终意图性是一致的,如果有一种不安和骚动想推着它向前,急切地突破极限,并且为了服务于某个专门化的活动,而让它的力量日趋强烈且显著的分崩离析,那么它无法与这种不安和骚动达成妥协。"②莎美乐认为,男性特征是以目标为导向,追求专业化和个性化,和女性自给自足的特点相去甚远。她也认为,女性更容易和自我相处,较少承受现代性矛盾的撕裂,代表了男性已经失去的那种身体统一性和有根状态。这种统一性最典型的体现,是作为母亲的经验,它是带有救赎色彩的整体性的终极象征,能够让女性在自己身上结合男性与女性的冲动。于是,两位作家都参照了一种进化图式,认为母性是源头,代表着人类堕入文化之前真正和谐与统一的时刻。例如,齐美尔将女性定义为一种绝对性,"她最初的、未经中介的表达就是母性",母性是"男性和女

---

① 参见 Biddy Martin, *Women and Modernity: The (Life) styles of Lou Andreas-Salomé* (Ithaca: Cornell University Press, 1991), ch.7.
② "Der Mensch als Weib," in Lou Andreas-Salomé, *Die Erotik: Vier Aufsätze* (Munich: Ullstein, 1986), pp. 9 – 10. 此处,译文出自 Biddy Martin, *Woman and Modernity*, p. 151.

性关系的主要基础"。① 对于齐美尔和莎乐美而言,女人越是在本质的母体意义上体现为女性,那么相对而言(指的是按照男性的定义)这个女人的女性气质就越少。她体内是完整的,体现了一种本体论的绝对性。独立自主的女性气质的关键,就存在于母性领域之中,它的存在先于文化客体化和个性化的发生。

在齐美尔和莎乐美的著作中,我们可以看到他们的修辞策略是一模一样的。他们都拒绝接受男女互补的传统二元对立,取而代之的是更高层次的两极化,即以(男性气质所代表的)个体化和异化,区别于(母性和女性气质代表的)非分化、双性、不确定性。然而自相矛盾的是,女性的特别之处恰恰在于她对差异性的超越;另一个特别之处,则是女性先于性别区分的属性被性别化,并被称为女性气质。该模式显然与近年来法国女性主义的观点颇为相似,后者也反对基于西方形而上学主客体二元论的菲勒斯中心式女性气质观,而支持另一种准乌托邦式女性气质观,这种观点将女性气质置于范畴、区分、个体化和社会化的父权结构之外。女性和母亲的身体被认为是拒绝分类、模糊界限的,并能打破主体和客体之间的区分,无论这个身体是被理想化为非异化的充盈,还是被解释为恐怖和贱斥(abjection)的象征物。

法国女性主义理论与齐美尔、莎乐美的观点在概念上和隐喻上的这种相似在某种意义上不足为奇,因为齐美尔的社会学和拉康的心理学框架都深刻影响了法国女性主义,而这两种理论都建立在相似的文化和心理模型之上。安妮·麦克林托克(Anne McClintock)对拉康式理论做了颇有洞见的批判,她指出这种理论结合了弗洛伊德的观点和黑格尔的哲学框架,但又剥除了后者坚定的理性主义,从而在父权统治的符号下创造出了一种关于自我分裂和异化的悲

---

① Simmel, "The Problem of the Sexes," p. 128.

剧性的存在主义叙事。与此同时，麦克林托克写道："女性差异被指认为一种时间性的差异；我们所处的空间处于（男性）象征空间的线性历史时间之前……对拉康来说，女人并不真正地存在于历史中，我们和历史的关系是先于位置的。"①如麦克林托克和笔者所述，这样一种知识范式与其说揭示了人类普遍命运的本质和形式，不如说揭示了19世纪某些性别神话和性别叙事的影响。社会学和心理分析学差不多是在同一时期成型的；在1895至1915年之间，当现代社会学产生出了一些最重要的论著时，弗洛伊德也在此时提出了心理生物学发展的模型，这个理论模型为他未来的所有作品奠定了基础。②尽管关注点和侧重点有所不同，但这两个学科矩阵以独特的性别化修辞，揭示了一个惊人相似的关于人类命运的情节设计。这两个学科对个人进化和文化进化有着相似的见解，它们都认为女性永远听命并受制于——不管这种控制有多么不得人心——父权制度，而这种制度代表的就是文明化进程。由此，当我们在19世纪末清算社会进步的代价时，原始群落和母性领地就具有了一种唤起过去的力量，我们会将之视为可互换的符号，它们代表的是一个失落的黄金年代。

现代思想的怀旧范式

齐美尔对现代性的这些论述极具代表性，关于这一点，我希望

---

① Anne McClintock, "The Return of Female Fetishism and the Fiction of the Phallus," *New Formations*, 19 (1993): 7-10.

② Donald. N. Levine, *The Flight from Ambiguity: Essays in Social and Cultural Theory* (Chicago: University of Chicago Press, 1985), p. 180, 以及 Frank J. Sulloway, *Freud, Biologist of the Mind: Beyond the Psychoanalytical Legend* (London: Burnett, 1979), ch. 10.

自己已经解释清楚了。男性气质和女性气质之间的差异,不仅是心理学意义上的性别差异的核心,还决定了哲学和准形而上学是如何看待性别差异的,这种差异性影响了整个历史哲学。女人在双重意义上代表着自然:一是内在的性质,即女性身体的自我存在不受象征的束缚;二是外在的性质,即女性是一个有机的领域,它不受工业和科技力量的侵蚀。现代本体论认为,人类已疏离了原初的同一性,而女性被认为不像男人那样具有强烈的无家可归感,因而更接近起源的永恒原点。

在他们的新著中,格奥尔格·施陶特(Georg Stauth)和布赖恩·特纳(Bryan Turner)认为,尽管古典欧洲社会学在不同国家的发展有所差异,但基本上是由怀旧范式所主导,并涉及四个主题。他们认为这四个主题分别是:历史是一个从失落的黄金时代走向衰落的过程;整体性和道德确定性的缺席;简单性、自发性和真实性的丧失;个人自治和真实社会关系的崩溃。他们认为这些相互关联的母题给古典社会学和当代社会学提供了主要的隐喻和形而上学,从而将通常意义上互不相干的作品联系起来。"总而言之,怀旧式隐喻表明,我们生活在一个缺乏道德统一感的世界里,在这个世界里个人的自治受到中心化国家行政法规的压制,不再可能有直接的情感表达,因为随着泛滥的消费文化对人们的虚假需求的过度利用,人们的需求和欲望变得造作而肤浅。"[①]这种观点反过来又深刻地影响了20世纪批评理论从马丁·海德格尔到特奥多尔·阿多诺的发展;施陶特和特纳认为,随着将历史视为进步的叙事变得日益枯竭,它已经被怀旧的范式所取代。

---

① Georg Stauth and Bryan S. Turner, *Nietzsche's Dance: Resentment, Reciprocity, and Resistance in Social Life* (Oxford: Basil Blackwell, 1988), p. 32.另请参阅 Bryan S. Turner, "A Note on Nostalgia," *Theory, Culture, and Society*, 4, 1 (1987): 147 - 156,以及 Fritz Ringer, *The Decline of the German Mandarins: The German Academic Community, 1890 - 1933* (Cambridge: Harvard University Press, 1969).

虽然施陶特和特纳并没有涉及性别政治的问题,但毫无疑问,当社会学家将这种范式进行具体化书写时,女性是其中一个核心象征。在这一背景下,珍妮特·沃尔夫(Janet Wolff)批判性地探讨了依旧带有浓厚的韦伯色彩的社会学传统,这种学术传统总是把现代性放在工作的公共领域、科层制和市场中加以探讨,其结果是将女性直接或间接地置于现代性的框架之外。[1] 同样,马克思认为现代性的革命潜力在于劳动生产过程和生产模式的转型,这种观点也已经受到质疑,因为它同样暗示女性只是负责生育和家务劳动,与社会变革毫不相干。社会学中怀旧式的女性观还有第三个具体实例,那就是斐迪南·滕尼斯(Ferdinand Tönnies)的共同体和社会类型学。毫不奇怪,女性与家庭(Gemeinshaft)领域或共同体有关,女性被牢牢固定在家和亲密的家庭关系网之内,这就与人造的、机械的社会(Gesellshaft)形成了鲜明反差。女人的生活与前现代文化的模式颇为相似,因为它坚持宗教信仰、有机的生活方式,以及对他人的服务。值得注意的是,在德国工业化和城市化迅猛发展的时代,当大都市在女性主义和社会主义政治的语境下成为社会动荡之所时,女性总是被描述为免受这些各式各样社会变革影响的群体。[2]

罗伯特·尼斯比特(Robert Nisbet)也讨论了社会学思想中隐喻的和元理论的层面。他指出,社会学思想中大量使用了"增长"意象——这些意象所附带的联想一般是方向性、积累、不可逆性和目的性——试图传达出西方发展模式的历史必然性,而将其他另类的

---

[1] Janet Wolff, "The Invisible Flâneuse: Women and the Literature of Modernity," *Theory, Culture, and Society*, 2, 3 (1985): 37-46.

[2] Ferdinand Tönnies, *Community and Society* (New Brunswick: Transaction Books, 1986).对于涂尔干(Durkheim)、马克思,以及韦伯(Weber)的女性主义批判,请参见 R. A. Sydie, *Natural Women, Cultured Men: A Feminist Perspective on Sociological Theory* (Milton Keynes: Open University Press, 1987).

社会形式表现为过时的、古老的。① 这种将历史视为单一的、单向的增长过程的描述,反过来又从各种两极对立的关系中获得了强大的修辞力量。社会学思想的核心是传统与现代性的区分,这种区分进一步产生出了一系列二元论:均匀性对分化,停滞对变化,竞争性对共同体,等等。这些对立关系将前现代社会视为简单的、无分化的停滞状态,从而抹杀了前现代社会内部的复杂性、冲突和变化的证据。尽管这种民族中心论的观点将原始的所有痕迹从自己的场域中驱除出去,目的是将原始性放置在种族和文化他者性的外部区域中,但女性形象作为前现代密码反复出现在现代性的内部。通过在象征层面抹杀掉女性经验的复杂性和冲突性,女性得以被视为代表了幸福的非异化状态,与高贵的野蛮人并无二致。

虽然我在此评判、质疑了对女性气质的怀旧式再现,但我无意暗指这种观点纯系杜撰,与女性生活毫无关系。齐美尔认为女性气质位于客体文化之外,这种观点显然有其道理,它指出了历史上女人在许多体制化的公共活动中的缺席。同样,一些女性主义者也指出,诸如母亲哺育后代这样的经历,可能会提供象征意义上的满足感和情感上的充实,这些往往是那些基于韦伯式理性化或马克思异化思想的现代性理论视而不见的。社会学区分了情感关系的亲密私人领域和非人化市场,以及科层制国家控制的公共领域,这种区分从直觉上看似乎很贴合我们日常生活中对两性差异的理解。然而同样重要的是,我们必须坚持认为,母亲对后代的哺育既不构成一个私密的独立飞地,完全不受那些关于自我的社会话语和意识形态变化的影响,也不构成女性身份的本质或终点。诚然,从南希·

---

① Robert A. Nisbet, *Social Change and History: Aspects of the Western Theory of Development* (New York: Oxford University Press, 1969), pp. 202 - 203. 另请参阅 Levine, *The Flight from Ambiguity*, 和 Johannes Fabian, *Time and the Other: How Anthropology Makes Its Object* (New York: Columbia University Press, 1983).

阿姆斯特朗到雅克·东泽洛(Jacques Donzelot),再到弗里德里希·基特勒(Friedrich Kittler),许多作者揭示了女性情动(affectivity)和母性特质如何强烈地卷入现代权力机制的发展中,并深受其影响。① 怀旧的范式把女性气质视为存在于社会和象征中介之外的自给自足的充盈,所以无法解释女性是如何以复杂和多样化的方式参与到现代性文化的不同层面并与之进行协商的。

相反,这一范式存在大量的循环论证:它假设现代性在本质上是男性化现象,所以女性就必须永远在其之外。支撑这一逻辑的是工具性/表现性(instrumental/expressive)的二分法,它也是许多社会学思想的核心,这些思想将现代化等同于一个不可阻挡的理性化过程,而情感、激情和欲望则栖息于真正的内在领域,完全不受管制。认为社会是由理性的、自主的个体组成的,这显然是对启蒙运动世界观的继承,这种假设过分强调了平等化和工具性逻辑的影响,同时又低估了现代生活形式中诸如宗教、民族、地区等其他"非理性"身份的持续影响力。与此同时,我们还能看见浪漫主义的逆流,它体现在那种对逃离现代性铁笼、去往救赎之境的渴望,而女性形象在那里拥有独特的地位。因此,在社会学家看似冷静的凝视中,往往透露出怀旧的欲望,这种欲望与早期浪漫主义艺术家们很相似,他们很早就悲鸣于人类有机联系的毁坏,以及金钱对社会的主宰。②

因此,在讨论性别与现代性的关系时,工具性与表现性的两极区分与其说具有分析上的价值,还不如说它代表了一种症候。这是

---

① Nancy Armstrong, *Desire and Domestic Fiction: A Political History of the Novel* (Oxford: Oxford University Press, 1987); Jacques Donzelot, *The Policing of Families* (London: Hutchinson, 1980); Friedrich A. Kittler, *Discourse Networks, 1800/1900* (Stanford: Stanford University Press, 1990).

② 参见 Bruce Mazlish, *A New Science: The Breakdown of Connections and the Birth of Sociology* (New York: Oxford University Press, 1989).

对本体论上居前的情感或肉体整体性的诉求,它认为这种整体性后来被现代化进程扭曲了,然而这种诉求未能承认一点,即:浪漫主义者书写的那个真实的情感自我的神话,本身就有无法摆脱的社会属性。此外,仅仅关注公共世界的理性化特征,就会忽视那些充满了情欲和审美的再现在现代社会经验形成过程中的核心位置。情动和性(sexuality)不只局限于独立的私人领域,相反,它们弥漫于19世纪的社会空间里,并与商品化和理性化这些通常被视为本质上属于现代性的进程紧密交织。事实上,女性并没有被男性化的发展逻辑排除在外,世纪末文化以具体而多样的方式与女性发生了关联,诸如时尚、消费主义及百货商店等典型的现代性现象,它们的存在明显是针对女性的欲望主体。虽然齐美尔对现代性诸多矛盾维度的讨论知微见著,但他在论述女性气质时竟然将之视为静止不变的女性特质,这的确是咄咄怪事。

尽管如此,我们不能小觑这种对原初女性气质的理想化,将之视为男性专属的幻想,目的是在他者性中获得救赎。相反,它在再现的历史中具有重要地位,对女性作家的创作有着和对男性作家同样的影响。除了露·安德烈亚斯-莎乐美之外,许多其他女性作者也试图通过一种与充盈女性观相反的观点来批评男性主导的社会。例如,卡伦·霍尼(Karen Horney)明确地借鉴了齐美尔在20世纪40年代的作品,以此广泛地批判了精神分析领域的父权偏见。[1] 最近,一些当代女性主义者(尤其是在德国)采用了齐美尔的一些观点,倡导女人独一无二的特殊性和本体论上的他者性。事实上,齐美尔对女性的神话书写,与德国历史上妇女运动的发展有着重要的交集。与强调平权的英美女性主义者不同,德国女性主义者在历史

---

[1] Karen Horney, "The Flight from Womanhood: The Masculinity Complex in Women As Viewed by Men and by Women," in *Psychoanalysis and Women*, ed. Jean Baker Miller (Harmondsworth: Penguin, 1973), pp. 5 - 20.

上更看重女性极端的差异性,这种差异性的概念化往往借助于对母性的理想化,以及怀旧式的反现代主义的术语。在论及世纪末德国女性主义时,乌特·弗雷弗特(Ute Frevert)写道:

> 对于资产阶级的妇女运动来说,"现代之病"是……一种智力和精神的紊乱,其症状可以概括为机械化、物化、灵魂和个体的消亡。现代技术和工业化是男性原则的体现,是压制和压榨自然活力的理性体系,无视一切个性化和多样化,并使之服从于整齐划一的生产的机械法则。在这个由机器和科层制主导的客观世界里,女性就像是异族:男性化模式下的经济生活体现出的就是"可怜的非人化",这与"自然化的"女性利益和敏感性是格格不入的。①

因此,许多女人和男人一样,认为现代社会不适合女性。

所以,我认为怀旧政治可能是复杂多样的,绝非有些人设想的那样齐整。关于这一点,当代马克思主义者和后结构主义者罕见地达成了共识:后者倾向于认为,任何对原初整体性的诉求,都是保守的关于在场的形而上学的症状,而许多左翼人士也瞧不起怀旧的做法,认为怀旧是想要与历史和过去建立一种非真实的联系。类似地,在我们对后现代文化做出诊断时,每每提到怀旧都是一种谴责的姿态,仿佛对理想化过去的渴望必然就是可悲的政治缺陷,是当代时代精神缺乏道德厚度的体现。然而,这种观点的正确性并非不

---

① Ute Frevert, *Women in German History: From Bourgeois Emancipation to Sexual Liberation* (New York: Berg, 1989), p. 127. 另请参阅 Lieteke Van Vucht Tijssen, "Women between Modernity and Postmodernity," *Theories of Modernity and Postmodernity*, ed. Bryan S. Turner (London: Sage, 1990)中的简要讨论,以及 Harriet Anderson, *Utopian Feminism: Women's Movements in Fin-de-Siècle Vienna* (New Haven: Yale University Press, 1992).

言自明，或者说，为什么对现在或未来也有类似的理想化，偏偏要更多地苛责对于过去的理想化。之所以会存在这样的谴责，答案可能和我在本章探讨的怀旧话语中性别化的潜文本有关。如果说怀旧通常与女性气质、家庭和对母性充盈的渴望有关，那么不难想象，那些对怀旧大加批判的人其实就是对自己意识中强烈的当代感充满骄傲的人，他们免不了会鄙夷那种感伤的味道。

然而，仅仅将怀旧斥之为一股时代逆流，这显然是欠考虑的。这种做法意味着无视怀旧背后重要的洞见，即：人们在体验碎片化和混乱时，并非总是感受到了一种自由和解放，而是经常会产生一种逆反心理，希望能通过对过去的想象找到一种象征性力量，从而建立一种连续感和稳定感。在各种颇为不同的文本中，我们都可以找到这种怀旧的策略，这些文本与当下时代体现出了一种敌对关系，或对其抱有异见。例如，在我们自己所处的时代，对理想化过去的渴望促进了一些女性主义、生态主义和反帝主义运动，也激发了极具争议性的宗教激进主义，号召人们重返传统价值观。尽管一方面怀旧的欲望掩盖了过去时代的压迫性，但另一方面它也可能激起人们对当下时代的强烈谴责，因为当下与想象中伊甸园时代的天人和谐相去甚远。对过去的向往，可能会促使人们积极地去建构一个不同的未来，因此怀旧不是一种保守的立场，它其实具有批评的目的。[1]

从这个角度看，怀旧是一种含混的文化症候，它可能适用于广泛的政治立场，既与极左有关，也和极右有关。现代人对未来的塑造和怀旧有着密不可分的关系；两者都是人们经历社会变迁的见

---

[1] 关于怀旧的批判，请参见 James Clifford, "On Ethnographic Allegory," in *Writing Culture: The Poetics and Politics of Ethnography*, ed. James Clifford and George E. Marcus (Berkeley: University of California Press, 1986), p. 114.在此，Clifford 改述了雷蒙德·威廉姆斯(Raymond Williams)在《乡村与城市》(*The Country and the City*, London: The Hogarth Press, 1985)中对田园诗的讨论。

证,反过来它又滋生了人们对另一种居中的稳定性和意义的渴望。"怀旧是和乌托邦同时产生的。对未来的另一种想象,就是想象中的过去。"①对过去的渴望,不是无历史的、单一的恒定之事,而是随着社会和文化的变化而变化,它是特定的运动和变革经验的产物。从这个意义上说,正如基思·特斯特(Keith Tester)指出的,怀旧是对它试图超越的状态的再确认:"只有当我无家可归时,才渴望回家。"②从历史上讲,对女性气质的理想化,一直是男人和女人表达怀旧归家渴望的重要场域。只要女人依旧主要负责对孩子的抚养和照料,这种理想化就会持续存在,她们也将继续作为特殊的联想物,指向一个回溯中幻想出的过去。

---

① Malcolm Chase and Christopher Shaw, "The Dimensions of Nostalgia," in *The Imagined Past: History and Nostalgia*, ed. Malcolm Chase and Christopher Shaw (Manchester: Manchester University Press, 1989), p. 9.
② Keith Tester, "Nostalgia," in *The Life and Times of Post-Modernity* (London: Routledge, 1993), p. 66.

第三章

想象的快感:消费的情色和审美

> 现代性的文化逻辑并不仅仅是在计算和实验中体现的理性,它也关乎激情,是在渴望中诞生的创造性的幻梦。
>
> 科林·坎贝尔
> 《现代消费主义的浪漫主义伦理和精神》①

从消费而非生产的角度来看现代性,这种视角的转变能让我们重新审视一些习而不察的现象。与梦想世界和城市文化中光怪陆离的图像相对照,理性化的宏大叙事作为社会变革的综合论点就不那么有说服力了。② 享乐主义和含有性意味的再现在现代消费主

---

① Colin Campbell, *The Romantic Ethic and the Spirit of Modern Consumerism* (Oxford: Basil Blackwell, 1987), p. 227.
② "梦境"一词,取自 Rosalind Williams, *Dream Worlds: Mass Consumption in Late Nineteenth-Century France* (Berkeley: University of California Press, 1982). 瓦尔特·本雅明认为现代性体现了对社会的"复魅"而非"去魅","梦境"当然对这一理解十分重要。参见 Susan Buck-Morss, "Dream World of Mass Culture," *The Dialectics of Seeing: Walter Benjamin and the Arcades Project* (Cambridge: MIT Press, 1989). 从消费概念重新审视历史的近期作品,包括 Grant McCracken, *Culture and Consumption: New Approaches to the Symbolic Character of Consumer Goods and Activities* (Bloomington: Indiana University Press, 1990); Neil McKendrick, John Brewer, and J. H. Plumb, *The Birth of a Consumer Society: The Commercialization of Eighteenth-Century England* (Bloomington: Indiana University Press, 1982); 以及 Chandra Mukerji, *From Graven Images: Patterns of Modern Materialism* (New York: Columbia University Press, 1983).

义的兴起过程中扮演了重要角色,这就质疑了一种观点,即:西方历史通过社会中普遍的规训和自我约束压抑了性冲动。最重要的是,人们摈弃了那种认为是生产力逻辑推动了现代性的观点,取而代之的是一种对消费需求的认识:消费需求不仅是经济利益的消极反映,而且还受到各种相对独立的文化和意识形态因素的塑造,其中最重要的因素之一就是性别。

在19世纪后期,消费者经常被再现成一个女人。换句话说,消费这个范畴将女性气质作为现代的核心特征,而之前生产和理性化的话语并未这样做过。因此,消费超越了私人领域和公共领域的区分,而这种区分曾常常被拿来将女人贬谪到前现代的领域。不仅有百货商店专门为女性提供新型的城市公共空间,而且现代工业和商业通过对家庭的商品化,越来越强烈地侵犯了私人和家庭领域的神圣性。尽管中产阶级妇女看似置身于社会变革之外,因为她们只负责购买而不参与生产,但从另一个意义上说,她们作为消费者,非常熟悉快速变化的时尚和生活方式,而这两方面正是现代性经验的重要部分。消费文化的出现,促成了女性新的主体形式的塑造,女人私密的需求、欲望和自我认识被商品的公共再现及这些再现所承诺的满足感所影响。

然而,现代性的这种女性化在很大程度上等同于现代性的妖魔化。自19世纪中期以来,有很多激进和保守的知识分子撰文批评现代性,认为现代性的观念就等于一种悲观的看法,即女性气质是捉摸不定的,但又具有奇特的消极色彩,认为女性受到了日益兴起的五彩斑斓的消费文化的引诱。现代性不再代表朝向更理性社会的进步发展,而是体现了非理性主义的增长,体现了受压抑的天性以原始欲望形式的重返。如罗莎琳德·威廉姆斯(Rosalind Williams)所言:"在很大程度上,消费概念的贬义色彩就源于女性对身体需求的屈从。"①女性被描述成购物机器,她们无法控制自己的冲动,总是想要挥霍钱财去占有更多商品。还有一种至今依然盛行的陈词滥调,认为贪得无厌的女性购物者体现了经济过剩与主流女性形象中情欲过剩的密切关联。然而,这种非理性主义同时也可以被看作现代的,因为它是一种受管控的欲望,受控于一种计算和理性化的逻辑,所服务的是利益动机。女人容易情绪化,具有被动性,缺乏主见,这些特点使得她们成为消费意识形态的理想对象,而社会以享乐的商业化为前提,这种消费的意识形态于是无孔不入。

  这种思潮在 20 世纪对现代性和大众文化的看法中继续发挥着重要的作用。不仅女人仍然是典型的消费者,而且还出现了一种明显的焦虑,那就是随着愈发盛行的商品化所带来的阉割效应,男人也因此变得女性化。男性知识分子在描述市场营销对个体的摆布控制时,经常使用"受诱"这个字眼,该词总是让人想起被动性、共谋和享乐的混合体,他们认为这就是现代消费者的典型姿态。主体是去中心的,不再能控制自己的欲望,只能被蛊惑人心的宣传和图像产业所俘获。人们在控诉 20 世纪消费主义时,经常诉诸一种怀旧之情,追缅曾经强健的个体自我,而无处不在、光鲜动人的媒体仿像(simulations)文化已经侵蚀了这种个体自我并将之女性化。从法兰克福学派到让·鲍德里亚最近的著作,关于商品拜物教和符号暴政的理论话语揭示出了一个不断性别化的潜文本。

  很长时间以来,女性主义理论家都在采用并强化这种反乌托邦的观念,指出资本主义和父权制利益在建构现代女性气质时有着系统的一致性。女人被描述成消费主义意识形态的受害者,被困在物化图像的网中,她们于是与自己真实的身份相疏离。从时尚、化妆品、女性杂志,或者其他明显女性化的消费文化中产生出来的任何

---

① Williams, *Dream Worlds*, p. 308.

愉悦，都仅仅被解读为一种症候（symptom），是女性被体制化的父权控制机制所操纵。近年来，一些女性主义和文化研究领域的学者已经开始拒绝这种操纵论的观点，他们更倾向于认为在消费过程中可能存在积极的协商和意义的再语境化。人们已经开始批评传统的左派和女性主义者对消费文化的不满，认为这种不满背后其实是过度的清教主义和禁欲主义，认为这些人陷入了对于前现代真实主体的怀旧式迷思，他们对"真正需要"（real needs）的定义是站不住脚的，也是功利主义的。①

我现在不打算简单地为消费做出辩护；必须承认，有些人现在过于赞颂女性消费者具有抵抗力的能动性，将之变成新的正统观念，但这样做的危险是，他们常常忽视许多女性有限的选择，同时她们获取商品的渠道也被经济、种族和地缘政治的因素所左右。② 然而，女性主义理论显然需要对生产/消费的二分法保持怀疑态度，这种二分法总是将后者贬低为一种被动的、非理性的活动。我在本章主要的关注点就是这种二分法，我希望研究消费进行隐喻化的历史，因为它塑造了我们对经济与文本交换关系的理解。我认为，对购物和阅读的再现存在惊人的相似性，两者都以同样的方式去想象女性消费者的贪婪。

商品和女性欲望

在资本主义社会，那些用来描述女性地位的常见经济隐喻也许

---

① 尤当参见，Mica Nava, "Consumerism and Its Contradictions" 及 "Consumerism Reconsidered: Buying and Power," in Nava, *Changing Cultures: Feminism, Youth, and Consumerism* (London: Sage, 1992).
② 参见，如，Patricia Williams, *The Alchemy of Race and Rights* (Cambridge: Harvard University Press, 1991), ch. 3.

都和商品有关。正如玛丽·安·多恩(Mary Ann Doane)所言:"女人的客体化,她们对拜物、展示、盈亏、剩余价值生产的易感性,都让她们与商品形态相似。"①在资本主义经济中,女人被看作男人之间交易的对象,为了吸引男性买主的目光,她不得不尽可能增强自己的诱惑力。我已经指出,城市妓女是女性商品化在这方面最生动、最真实的体现。特别是在19世纪的法国,交际花成为情欲化的现代性的典型象征。

然而,如果女人可以被看作消费的对象,那么她们同样也可以成为消费的主体,因为随着大规模生产和现代零售战略的到来,人与物之间的日常社会关系发生了巨大改变。19世纪中叶出现的百货商店是一个最明显的例子,说明新兴的经济正在日益将销售面向女性。百货商店最初不过是大一点的布料店,后来这种商店迅速增加了所售商品的种类,目的是满足女性消费者及其家庭的潜在需求,而这种需求是通过琳琅满目的商品创造出来的。这种从商品到景观的转变,在19世纪晚期出现的大型博览会热潮中得到了进一步加强,这些博览会就是消费的丰碑,向好奇的游客们展示来自世界各地的各种稀奇物件。这里,女性形象再次成为一种象征;比如,在1900年的巴黎博览会上,在标志性的大门上方"是一个穿着紧身裙飞起来的塞壬,她头上是巴黎市的象征之船,一件仿貂皮的晚礼服披在她身上,俨然一个巴黎贵妇"②。罗莎琳德·威廉姆斯指出,这些女性化现代性的符号出现,正好顺应了万国博览会对自身功能

---

① Mary Ann Doane, *The Desire to Desire: The Woman's Film of the 1940s* (Bloomington: Indiana University Press, 1987), p. 22.
② Paul Morand,转引自 Williams, *Dream Worlds*, p. 60. 有关英法两国万国工业博览会的详述,请参见 Thomas Richards, *The Commodity Culture of Victorian England: Advertising and Spectacle, 1851–1914* (Stanford: Stanford University Press, 1990),以及 Deborah Silverman, *Art Nouveau in Fin-de-Siècle France: Politics, Psychology, and Style* (Berkeley: University of California Press, 1989).

的定位,即更强调快感和娱乐,而非道德教育。最后,广告在这个时候开始发展出越来越复杂的营销技巧,刺激消费者去追求商品所倡导的身份和生活方式。因为当时的社会分工将购物视为女性的工作,所以首先是女性通过女性形象的大规模生产而以这种方式遭到了质询,尽管中产阶级女性在经济上依赖男人,这让她们必须煞费苦心地考虑时尚着装和自我展现。

从女性主义的观点来看,消费膨胀最显著的特征之一,就是专注于女性的享乐。消费主义话语在很大程度上是关于女性欲望的话语。尽管在这个世纪女性性欲一直存在争议,它要么被否定,要么被投射为"红颜祸水"的危险形象,但女性对商品的欲望能被公众视为合法的需求,哪怕这种需求常常被认为是无足轻重的。19世纪晚期的零售商和市场营销部门总是通过饱含情欲的商品陈列和诱惑,急切地试图激发这样的欲望,而商业杂志和报纸都以赞许的口吻来谈论女人在抗拒广告诱惑上的无能,称赞女性注定无法逃脱琳琅满目的新产品的诱惑。在异性恋关系中,女人经常被描述为物,似乎只有当女性与其他客体产生联系时,她才能获得积极的主体性。欲望的回路是从男人流向女人,又从女人流向商品。

但是,假如女性对购物的快感并没有看上去的那么有害无益呢? 也许,一旦被唤醒,这种消费欲就会产生令人不安、不可预见的影响,从而破坏社会结构,破坏家庭内部的父权制的权威性。因此,人们在世纪末对女性消费这个新现象常常莫衷一是。一方面,消费被再现为必要的行为,是中产阶级妇女的家庭义务和公民责任,即便零售商也经常提到女性购物者的顺从,她们"像羊一样在软性商品标注的道路上走着"[1]。这些话语要么将女人视为资本主义迅猛

---

[1] Gail Reekie, *Temptations: Sex, Selling, and the Department Store* (Sydney: Allen and Unwin, 1993), p. 16.

发展的被动受益者,要么把她们看成这个进程的受害者,究竟选择哪种立场则因视角而异。另一方面,消费的增长被认为引发了一场道德革命,让下层阶级和女人的自我与嫉妒冲动得到了释放,这反过来又影响了现有社会等级的稳定。例如,一位美国作家指出,许多女性消费者的自我放纵达到了危险程度,"(女人)目无法纪,厌恶规矩,如果不加以抵抗,她们就任由自己的性子乱来"①。一种以自我满足为核心的新思潮正日益流行,很可能会对两性关系产生不良的、不可预见的影响。

因此,女性消费者的形象成了一个语义复杂的区域,关乎现代性中文化的想象和由此产生的对男女关系的影响。这一章我要讨论埃米尔·左拉的《妇女乐园》和《娜娜》,以及古斯塔夫·福楼拜的《包法利夫人》,这些作品都体现了这种女性形象的复杂多义性。②法国作家、社会评论家和其他知识分子对自然及大众消费重要性的关注,显然是源自19世纪末巴黎所象征的现代"消费革命"的显赫场域。③由于不同的意识形态和文化立场,他们的反应也各不相同;关于消费本身的性质和意义,当时并没有形成统一的立场。尽管如此,他们很多人普遍表现出了一种焦虑,担心大规模生产的奢侈品可能带来不良的社会和道德影响,而这些反应大多与主流的性别观念相关。本章将要讨论的小说集中体现了同时代人对性与资本之间关系的焦虑不安,对女性消费者的矛盾看法恰恰就证明了这一点。尽管被描绘成现代性的受害者,但女性也成了现代性的特权

---

① Elaine S. Abelson, *When Ladies Go A-Thieving: Middle-Class Shoplifters in the Victorian Department Store* (Oxford: Oxford University Press, 1989), p. 61.
② 引文选自以下译著:Gustave Flaubert, *Madame Bovary*, ed. and trans. Paul de Man (New York: Norton, 1965); Emile Zola, *Nana*, trans. George Holden (Harmondsworth: Penguin, 1972); 以及 Emile Zola, *The Ladies' Paradise* (Berkeley: University of California Press, 1992).
③ Williams, *Dream Worlds*, pp. 11-12.

行为人;专制的资本使女人臣服,但与此同时,新兴的物质主义和享乐主义又推动了社会的女性化。

关于女性消费者的各种意义含混不清,这说明父权结构和资本结构之间的相互关系可能比女性主义理论家认为的更加复杂。因为,如果消费文化只是强化了女性的客体性和软弱状态,就很难理解为什么这种现象受到了如此强烈的批评,被认为威胁到了男人对女人的权威性。如盖尔·里基(Gail Reekie)所言,如果"零售商、经理人和营销专家组成了男性同盟,他们因为都是男人而团结在一起,他们的主要目的是从女性消费者的顺从上获得利润",那为什么其他男人会对大众文化如此忧心忡忡,将之视为一种严重的去势现象?① 本章所讨论的小说将女性特质问题置于现代性的核心,审视了性别政治语境下消费文化的复杂性。通过将中产阶级女性嵌入欲望和交换的回路,大众消费的增长既是对男性身份和权威结构的强化,亦是对它们的威胁。

购物和性

在左拉的小说《妇女乐园》(*Au bonbeur des dames*, 1883)中,标题就是一家百货商店的名字,它以巴黎著名的乐蓬马歇百货商店(Le Bon Marché)为原型,这个商店成为读者心目中最难忘的角色。这家商店有时候被描述成一个高速运转的机器,有时候又被描述成童话般的梦幻宫殿,它的发展构成了文本的叙事动力。这个像人一样具有破坏性和诱惑性的"现代商业大教堂"在源源不断地将女性顾客引进大门时,又毁掉了附近的小店商铺,甚至将它们逼上

---

① Reekie, *Temptations*, p. xii.

绝路。在左拉的描述中,百货商店是社会进步的含混象征,性与资本之间的关系成了现代社会关系的核心。争夺权力的经济斗争总是与男女之间的情爱关系、女人与商品之间的关系相互交织,受其影响。

许多同时代的作家都促使人们关注到百货商店在塑造文化现代性方面的重要性。① 大商场(grand magasin)带来了一系列重大的营销创新:固定价格,这使讨价还价变得没有必要;"免费入场",这就让顾客在没有任何购买义务的情况下查看陈列的商品;以及同一地点在售商品范围和种类上的急剧扩大。于是,购物第一次被视为休闲活动;百货商店提供了一个精心设计的景观,以精致的商品展示,为购物者和路人提供了视觉愉悦。百货商店在商品审美化和生活方式营销方面具有重要的作用,这些变化既区分又模糊了阶级差别,鼓励所有人都向往过一种中产阶级的生活。百货商店不仅出售商品,也出售消费行为本身,将日常购物活动转变为让资产阶级大众获得感官享受的快乐体验。

正是百货商店的现代特质吸引了左拉,百货商店成为他笔下一个代表性的虚构场域,让他可以去探究资本主义对社会和两性关系的影响。他为这本小说的写作做了大量准备工作:多次长时间探访巴黎的商店,采访多位零售商和经理,仔细阅读大量关于购物、营销实践和员工工作条件的期刊及报纸文章。他为《妇女乐园》做的笔记非常详细;笔记多达数百页,内容包括购物目录的摘要、特色建筑

---

① 除了里基和埃布尔森(Abelson),也请参见 Elizabeth Wilson, *Adorned in Dreams: Fashion and Modernity* (Berkeley: University of California Press, 1985); Rachel Bowlby, *Just Looking: Consumer Culture in Dreiser, Gissing, and Zola* (New York: Methuen, 1985); Rémy G. Saisselin, *Bricabracomania: The Bourgeois and the Bibelot* (London: Thames and Hudson, 1985);以及 William R. Leach, "Transformations in a Culture of Consumption: Women and Department Stores, 1890-1925," *The Journal of American History*, 71, 2 (1984): 319-342.

物的草图,以及其他许多关于零售业运作机制的注释。① 这些丰富的记录最后变成了小说,细致刻画了商品拜物教。《妇女乐园》是消费的赞美诗,是一部以物质性为主导的小说,详尽言说了现代消费商品的多样性。就像它所描绘的百货商店一样,小说也向读者/消费者展现了商品,通过堆砌大量的商品,引诱他们或使他们变得麻木。一些段落用分类方法描述了花边类型、颜色、丝绸重量、地毯和垫子的样式,模仿了盘点存货的精确性和重复性。尽管小说批评了百货商店顾客的非理性和冲动性,但左拉的文字本身暴露出对消费文化中那些神奇物品的痴迷。

正如左拉小说的标题所暗示的那样,百货商店是一个被认为具有独特女性特征的公共空间,许诺为中产女性提供放纵、奢侈和幻想。这不仅是一个购物的地方,它还允许女性浏览商品、欣赏橱窗,它成为女性朋友聚会之所,还有各种设施让女性使用,如图书馆和茶室。伊丽莎白·威尔逊认为:"百货商店在真正意义上帮助中产阶级女性摆脱了家庭束缚。它成了女人可以安全舒适地会见女性朋友的地方,她们可以在这儿放松休息。"② 在另一个意义上,它还提供了一个平等的现代空间模式,它原则上(如果不是实际上)向所有人敞开大门。然而,这个公共领域同时又是对私人领域的延伸,它为顾客提供亲密和愉悦的体验,目的是带来资产阶级家庭的那种舒适感(当然,这是放大版的家庭)。因此,一位作家评论道:"她(顾客)有必要把大商场当作她的第二个家,这里更宽敞,更漂亮,更豪华。"③ 正如左拉的小说所指出的,这种公共领域的女性化带来了一

---

① 参见书中注释,"口袋书"丛书(Livre de Poche)版的 *Au bonheur des dames* (Paris: Fasquelle, 1984), p. 491.
② Wilson, *Adorned in Dreams*, p. 150.
③ Paul Dubuisso, 转引自 Michael Miller, *The Bon Marché: Bourgeois Culture and the Department Store*, 1869-1920 (Princeton: Princeton University Press, 1981), p. 229.

种独特的建筑和装饰风格,意在让女性消费者感到轻松自在。百货商店里陈列的女性物件——蕾丝、皮草、裙子、贴身内衣——很快就被光临的顾客们弄得凌乱不堪,这反而有助于加强那种"闺蜜式"的亲密感。因此,"妇女乐园"的顾客把百货商店既当作商业交易场所,又当作浪漫的约会场所。商店老板奥克塔夫·慕雷(Octave Mouret)苦笑地承认,她们实际上把这里当成了家。

当时的百货商店是新型城市公共空间的范例,它与政治共同体和理想辩论的理想并不相干,而是关乎感官体验和欲望的商业化。尽管很多人认为商业的发展是进步的标志,让消费者受益,也为国家的经济做出了贡献,但也有人认为这种发展存在阴暗面,它鼓励女性追求享乐、自我寻欢,这种诱惑本身就是让女性特别没有招架之力的。这时还出现了盗窃癖(kleptomania),它被认为是女性化和现代性的病症,这个惊人的例子说明,在消费文化的内核中存在与性有关的疾病。最让人不安的是,原本是无可指摘的、受人尊敬的中产阶级女性也遭到了商业的毒害,这也就打破了人们对中产阶级女性良好道德观的看法。当时的医生和心理学家为了理解这费解的新现象,就将女性、歇斯底里症和百货商店的危险自由地联系起来。人们当时普遍认为商店扒窃是偏执的体现,扒窃犯自己也认可这种诊断,这就滋长一种观点,即将中产阶级女性盗窃视为对诱惑无能为力,她们不是罪犯,而是在无法控制的非理性冲动驱使下才去扒窃的。与此同时,消费品层出不穷、随处可买,现代社会管理松懈、道德瓦解,这些都被认为是诱发盗窃的原因。①

左拉的小说还表达了对于现代化所导致的终极社会后果的不

---

① 有关行窃的论述,请参见 Abelson, *When Ladies Go A-Thieving*; Miller, *The Bon Marché*, pp. 197-205; Leslie Camhi, "Stealing Femininity: Department Store Kleptomania as Sexual Disorder," *Differences*, 5, 1 (1993): 26-50; 以及 Ann-Louise Shapiro, "Disorderly Bodies / Disorderly Acts: Medical Discourse and the Female Criminal in Nineteenth-Century Paris," *Genders*, 4 (1989): 68-86.

安,这种让人熟悉的不安感体现在他对生产的赞颂和对与之对立的消费的病态化。虽然小说描述了无节制的增长所带来的人力消耗,但商店老板奥克塔夫·慕雷对于经济扩张的热切信念,被视为一种值得称道的理性化理想,是资本主义发展释放的巨大辉煌的进步的体现。然而,慕雷那些同样迫不及待痴迷于消费的女顾客,却没有被赋予相同的英雄形象和世界-历史的尊严。她们不是代表进步,而是代表了现代性的倒退,其特征是发泄出了一种无节制欲望的婴儿般的非理性。走上歧路的商店扒手和受人尊敬的顾客之间的界限模糊了,因为她们都屈服于商品的诱惑。

情欲驱使下的女性消费天性为左拉的小说提供了主题。小说中对诱惑和引诱的描述比比皆是;书中百货商店里的顾客永远都是屏住呼吸,兴奋不已,欲望让她们满脸通红,仿佛是在迎接一个情人。她们在感官上极度兴奋,诱人的商品让她们眼花缭乱,她们完全沉溺于购物的快感,在小说中这种快感被露骨地描述为一种高涨的性激情。例如,左拉描述商店的一个常客,她和女儿站在蕾丝柜台边,"她把手深深地埋入堆积如山的蕾丝、马林网眼纱、瓦朗斯花边及尚蒂伊花边中,她的手指因为渴望而颤抖,她的脸逐渐红润,充满感官上的快感;她旁边的布兰奇也受到同一种激情的感染,脸色苍白,皮肤丰满而柔软"①。消费在此卸掉了所有以满足客观需要为由的理性伪装,女顾客不成熟的情感和感官冲动被描述成消费的主要动力。消费篡夺了宗教在女人生活中的地位,促使女人盲目崇拜于一种理想的女性美,在欣欣然中迷失了自我。

尽管这些场景证明了一种流行的观点,即认为女人天性崇尚直觉,渴望性爱,但这种情欲快感反过来又受零售商的营销策略的驱使。慕雷的成功秘诀是,他善于激发和控制女人的欲望。他引入一

---

① Zola, *The Ladies' Paradise*, p. 98.

种现代的营销术——大幅削减商品选择项,承诺向不满意的顾客立刻退款——这就消除了谨慎消费者的顾虑。他重新调整了商店的布局,让他的顾客们失去方向感,这样顾客们就会徜徉于消费迷宫,受到更多迷人商品的诱惑。但最主要的是,慕雷巧妙的商品陈设能够吸引顾客。完全用手套搭建起来的瑞士小屋,敞开摆放的精致雨伞,铺满异国情调地毯的"东方风格"房间,炫目的白色窗帘,举目四望全是床单和毛巾——这些奢华的、近乎超现实的展览让顾客兴奋不已。女性日常物件因数量众多和诡异的排列方式而让人耳目一新,难以忘却。在这些华丽的展示中,现代主义的陌生化和蒙太奇的美学技巧先发制人,它预示了在20世纪的消费文化中,风格化展示和美学景观将占有中心地位。

由此可见,视觉快感是刺激女性消费欲望的中心策略。如果"游荡者"是城市公共空间活动里自由活动的男性化象征,那么百货商店(本雅明将之描述为"游荡者"最不常去的地方)为女性提供了一个空间,让她们可以以相似的方式漫步和观察。如果说"游荡者体现了现代性的凝视,这种凝视既贪婪又色情"[1],那么这种凝视绝非仅限于男性,而是女性与商品之间偷窥关系的决定性特征。然而,游荡者的超然物外则可能被观察者和被观察者之间一种更亲密的关系所取代,它复杂地混杂了主动的欲望和图像、物品、生活风格对女性的成功诱惑。雷切尔·鲍尔比写道:"主体和客体、主动和被动、拥有者和被拥有者、独特和普遍之间的界限,被消费者和消费品之间无休止的反身性互动打破……引诱者和被引诱者、占有者和被占有者、女人和商品彼此炫耀,充满爱意,让年轻女孩在镜中顾影自怜这一经典画面得以延伸和强化。"[2]

---

[1] Griselda Pollock, *Vision and Difference: Feminism, Femininity, and the Histories of Art* (London: Routledge, 1988), p. 67.
[2] Bowlby, *Just Looking*, pp. 29-32.

在经济上，慕雷成功地管控了女人的这种自恋式快乐，这是毋庸置疑的；他是新型资产阶级企业家的代表，他大胆的创新暴露了传统的销售模式的局限性。"妇女乐园"不断扩大，吞并了周围的建筑，最终拥有了超过三千名雇员，它成了巴黎社会的微型王国，有着自己的等级制度和权力斗争。慕雷对企业的娴熟控制，反过来又与他对情爱的掌控联系在一起，表现为他以一人之力对一大群顺从女性的诱惑和支配。他从办公室望出去，可以俯视成群的女性购物者，他于是被刻画为一个掌控全局的主人，相信自己能够控制女性欲望的潮起潮落。他对婚姻却有一种迷信式的恐惧，这主要是因为他的情爱关系对象是他的女顾客，为了财源滚滚，他在对女顾客的控制和操纵中必然要投入情感。这里不是抽象理性和工具性计算占主导，反而是性权力和性统治的幻想充斥于生产者与消费者之间的经济关系中。

从某种意义上说，要想建立这种男性资本家和女性消费者之间的独特新型关系，就必须抛弃传统的父权权威模式。因此，慕雷往往被描述为一个雌雄同体的人物，"非男非女"；他富有想象力，能够预测女顾客的需求，并认同她们的欲望，他身上带有许多女性顾客的品质，反过来自己也被女性化了。现代商业的成功需要一种新的主体性，它完全有别于过去那种僵化的、威权的男性气质，而是一种流动的、敏感的身份，能对客户不断变化的需求快速应变。这种男性主体性的女性化，将成为19世纪晚期资本主义性别角色重新调整的一个重要主题。然而，慕雷甜言蜜语的奉承和对女人品位的直觉，都不过是他更有效地榨取女性的手段。共情是与潜在的施虐结合在一起的，殷勤有礼则伴随着对女人无法抗拒诱惑的隐秘轻视。"慕雷正是通过他的殷勤优雅，才体现出犹太人的冷酷无情，论斤出卖女人。他为女人建起一座神庙，和店员们联合起来对女人烧香膜拜，创造了一种新的宗教仪式，心念顾客，别无他想，不断去寻找更强大的诱惑;而背地里,当他掏空了她们的钱包,弄得她们精神崩溃时,他就暗暗嘲笑这些女人的愚蠢。"①为了满足每个女人捉摸不定的心思,商家可谓挖空心思,这也让女人的利益在公共领域受到了前所未有的重视,但与此同时又掩盖了这种作为女性气质现代崇拜基础的经济关系的压榨性。

因此,左拉的小说暗示,"资本主义的胜利",即小说宣称的主题,最终等于父权制的胜利;经济的大踏步前进让男人对女人欲望的控制日益增强。然而,小说也提出了两性权力关系的另一种观点,它比上述概括更为复杂。女性复仇的主题打破了男性主宰的单线叙事;用左拉自己的话说,"奥克塔夫剥削女人,继而被女人征服"②。小说的浪漫情节明显表达了这个主题;善于操控的慕雷最终拜倒在他的一个女雇员的石榴裙下,而这个娴静的年轻女人来自外省。黛妮丝·鲍狄(Denise Baudu)被表现为一个复仇者,她在情场征服这个男人,是为那些被他所害的姐妹报仇。根据这种原型式的罗曼司逻辑,男主人公因为爱上了女主人公而被女性化,而女主人公相对于男主人公占了上风,虽然优势有限。③ 然而,令人惊讶的是,左拉的这位女主人公虽然是商业进步的坚定拥护者,但完全没有消费的冲动,而其他所有的女性角色都受到消费的影响。进城找工作的姑娘们往往被认为很轻易就沦落到性乱,直至最后卖淫,因为她们一旦进入城市诱人的商品世界,对奢华生活的欲望就被激发出来,只能通过出卖肉体获得经济收入。大量报刊文章都把女性店员刻画成特别容易在这方面出事的群体,因为她们经常接触中产阶级的生活方式,而她们的阶级地位也不是非常明确,这就滋长了

---

① Zola, *The Ladies' Paradise*, pp. 69 - 70.
② 出自左拉先前的草稿,转引自对《妇女乐园》的评价,第 490 页。
③ 参见 Tania Modleski, *Loving with a Vengeance: Mass-Produced Fantasies for Women* (New York: Methuen, 1985), ch. 2, 以及 Jan Cohn, *Romance and the Erotics of Property* (Durham: Duke University Press, 1988).

她们的妒忌和不满。① 换句话说,对商品的欲望与道德沦丧和肉体沉沦紧密相关。在这一背景下,左拉的小说将一个好女人描绘成一个前现代的女性就不足为奇了,她没有城里人的矫揉造作和虚情假意,她仍然具有外省人的那种自然谦逊、勤俭持家和纯真无邪。

与之相反,沉迷消费的女性拒绝接受这种以纯洁的自我否定为模式的女性气质,她们代表的是那种未获满足的女性欲望所可能具有的威胁性和破坏性。这种威胁在左拉刻画的人群场景中暴露无遗,女性购物者蜂拥而至,呈现出一种邪恶甚至是魔鬼般的特质。慕雷的一个基本营销策略,就是制造购物人群,由此将消费者转化为景观和广告本身,从而吸引更多的购物者光顾。然而,左拉的这种描写还暗示了城市人群更为邪恶的内涵,这一点在古斯塔夫·勒庞(Gustave Le Bon)和加布里埃尔·塔尔德(Gabriel Tarde)这些当时的社会学家和社会心理学家那里也有所论述。正如当今一些评论家经常指出的那样,19世纪中产阶级对人群的再现,往往诉诸流动性和不稳定性的女性化隐喻;人群的匿名性体现了一种不稳定的、混乱的、未分化的力量,威胁到了自主的个人主义。② 如下文所述,一大群购物的妇女是理性失控的最典型例证。

> 女士们被人流挟裹,现在已无法回头。一群购物者涌入百货商店的门廊,就好像溪流将她们吸引到河谷中的隐秘水域,巴黎四周的过路者也被吸引过来。她们向前走着,速度缓慢,几乎要被挤死了,但周围紧贴的肩膀和肚子逼得她们只能直着

---

① 参见 Miller, *The Bon Marché*, pp. 194 - 198.
② 参见,如 Klaus Theweleit, *Male Fantasies, 1: Women, Floods, Bodies, History* (Minneapolis: University of Minnesota Press, 1987);关于法国的历史语境,参见 Susanna Barrows, *Distorting Mirrors: Visions of the Crowd in Late Nineteenth-Century France* (New Haven: Yale University Press, 1981);关于左拉的专门讨论,参见 Naomi Schor, *Zola's Crowds* (Baltimore: The Johns Hopkins University Press, 1978).

身子;她们被满足的欲望使她们在挤进大门时既痛苦又兴奋,这又进一步加剧了她们的好奇心。无论是穿着绫罗绸缎的上层贵妇,还是穿着普通的中产阶级妇女,或是没戴帽子的姑娘们,她们所有人都很兴奋,被同样的激情吸引。几个男人被淹没在这"波涛汹涌"中,带着焦虑的眼神看着这些女人。①

在对"妇女乐园"热闹的促销日的描述中,一大群无组织的女性肉身涌入商店,驱动她们的是一种强大的、不可遏制的消费欲望。人群具有不可抗拒的吸引力,它能吸引更多的女人加入,让自己被强大的人群之力推着向前。她们有着共同的购物冲动和激情,而原始的、充满欲望的女性气质又让她们联结在一起,这些都抹杀了她们之间的阶级差异。然而,如果说人群的混杂使阶级差异最小化,那么性别差异就会加剧;紧张、孤立的男性挤在兴奋的女性身体中间,他们无法感同身受,却又无法逃脱周遭那种令人窒息的狂喜。男性气质被女性的激情包围和弱化。这种对贪婪兴奋的女性人群的再现,引发了另一种可能的解读,即商业对欲望的刺激会带来意想不到的影响,会颠覆而非鼓励两性之间的正当关系。一旦消费主义的诱惑点燃了女人的欲望,她们在兽性冲动的驱使下,就可能去狂暴地主宰男人。成群的女顾客涌进商店,就像一群复仇女神,或一群入侵的蝗虫,她们掠夺商品,迫使筋疲力尽的男店员们服从她们的每个突发奇想。"在这最后时刻,在这热火朝天的气氛中,女人至高无上。她们席卷了百货商店,像入侵了一个国家一样,在货物堆里安营扎寨。嘈杂声震耳欲聋,推销员们一败涂地,完全沦为这些女独裁者言听计从的奴隶。"②百货商店是公共空间性别化的一

---

① Zola, *The Ladies' Paradise*, p. 214.
② Ibid., p. 236.

个典型例子,在这个公共空间里,许多男人觉得自己渺小,无助,格格不入。

全面消费的女性

女人和消费主义的结合可能削弱而不是仅仅巩固了特定形式的男性权威,左拉对商场熟客马蒂夫人(Mm. Marty)的描述就证明了这一点。由于抵抗不了慕雷商店的诱惑,她肆无忌惮地挥霍丈夫微薄的收入,购买越来越多的女性奢侈品。丈夫马蒂为人软弱无能,只能眼睁睁地看着妻子慢慢地把他推上破产之路;妻子每增加一条新蕾丝,他就离破产又近一步。消费文化深入私人领域并打破了私人领域的不可侵犯性,鼓励女人无视她们的丈夫、传统的道德和宗教的权威性,放纵她们的欲望。换句话说,兜售享乐主义虽然给个别男性资本家带来了巨大的经济利益,但是动摇了两性关系和父权制家庭结构的稳定性,具有潜在的破坏性。①

在《娜娜》这部小说里,因为女人的购物而毁掉爱人前程的母题被进一步放大,以末日论的想象来看待消费主义的尘嚣日上。这里,左拉刻画了一个贪婪女人如何造成毁灭的可怕图景。原本以勤俭、礼貌和财富积累为基础的社会分崩瓦解,这都归咎于祸国殃民、腐朽糜烂的欲望型女性气质。娜娜和她的贵族闺蜜萨比娜·德·米法伯爵夫人(Comtesse Sabine de Muffat),象征着一种纵欲享乐的新浪潮,它正在摧毁前代的价值观和传统。节俭和自我克制的精神已经消退,随之而来的是物质主义、充裕富足、铺张浪费的无情逻

---

① 如埃布尔森提到的,关于女性购物债台高筑而丈夫拒绝付账的讨论屡见报端。参见 *When Ladies Go A-Thieving*, p. 56.

辑,这即意味着消费资本主义的新理念。

从出身巴黎贫民窟的女孩儿,到著名的交际花和时尚女性,左拉在对娜娜如何发迹的这一描述中,深入探索了女性气质与现代性之间的关系。娜娜首先是城市的产物,她的阶级流动性是社会变化造成的,这让她能够利用城市文化中新出现的情色和审美类型来谋求个人发展。显然,娜娜就是现代性的产物,而不是与现代性无关;她是妓女、演员、狂热的消费者,她就处于金钱关系的中心,时尚、图像和广告塑造了她的社会身份和性别身份,她堕落的情色欲望与城市的堕落紧密联系在一起。娜娜在小说中首次出现,只是一个无名女演员的首秀,但是每个人都知道她的名字,这就是娴熟的公关宣传所制造的神秘性。用彼得·布鲁克斯(Peter Brooks)的话说,娜娜被刻画成"一种再现的再现,是有意识地创造出来的、自我创设的性对象"①。这种说法也适用于她后来的交际花和暗娼生涯,她的性魅力与公众对她外表形象的感知是分不开的。台上台下,娜娜都在扮演角色,她与她的观众是一种共生关系,她的情色气质是大众欲望的投射。

就像《妇女乐园》那样,因为阶级界限的消失,《娜娜》中的公共空间总让人担心它会带来道德污染和社会混乱。小说描绘的剧院中、赛马场上及舞会和晚会中,无名混杂的人群颠覆了社会的贫富差距;当不同个体为了追求快乐而密切交往时,等级制度在公共空间被弱化。小说中的某一处也将娜娜的卧房指称为"一个名副其实的公共场所,许多鞋子在门槛上蹭来蹭去"②。卧房和居住者的转喻性同一化很明显;娜娜本人就对阶级差异构成了极大的威胁,她身体成为公共亲密性的私人场域,工人、资产阶级和贵族的精液不

---

① Peter Brooks, "Storied Bodies, or Nana at Last Unveil'd," *Critical Inquiry*, 16, 1 (1989): 8.
② Zola, *Nana*, p. 439.

加区分地混入她的身体。在左拉的小说里,对女人身体和对现代城市的焦虑相互交融,难以区分,构成了社会不稳定性的双生区域,并通过欲望的独裁而产生道德败坏、违法乱纪的潜在危险。事实上,在现代主义文化中,大都市越来越多地被描绘成一个女人,一个妖魔化的红颜祸水,她既诱人又冷酷,体现了城市生活的快乐和可怖。①

大多数对《娜娜》的讨论,都集中在卖淫这一主题上,将卖淫视为法兰西第二帝国末期道德败坏的终极象征。然而,娜娜作为消费者的身份也同样关键,这包括她对金钱的挥霍和性欲的放纵。左拉女主人公无限的欲望,体现了女人购物激情的侵略性。除了经济上的意义,消费还让人联想到消耗、浪费和破坏,代表了否定物质和死亡的过程。② 左拉对娜娜挥霍无度的刻画,就体现了这些负面联想。

> 现在是娜娜的黄金时代,她的名字在巴黎无人不知。她在堕落的地平线上越升越高,她大肆炫耀奢侈生活,挥霍财富就如粪土一般,她以这样的方式征服了整个巴黎。在她的公馆里,仿佛有一座火光熊熊的熔炉,她无穷尽的欲望就像炉中的烈焰,她的嘴唇轻轻一吹,就把黄金顿时化成灰烬,随时被风席卷而去。如此疯狂地挥霍金钱,确实罕见。这座公馆仿佛建在一个深渊上,那些男人连同他们的财产、身躯乃至姓氏都在这里被吞噬了,连一点粉末的痕迹都没留下。③

---

① 参见 Patrice Petro, *Joyless Streets: Women and Melodramatic Representation in Weimar Germany* (Princeton: Princeton University Press, 1989).
② 有关英语中"消费"的词源,参见 Raymond Williams, *Keywords: A Vocabulary of Culture and Society* (London: Fontana, 1983),有关法语中"消费"的词源,参见 Rosalind Williams, *Dream Worlds*, pp. 5 - 7.
③ Zola, *Nana*, pp. 409 - 410.

第三章　想象的快感:消费的情色和审美

男人被凶猛的女性欲望吞噬和毁灭,这段深刻的描述指明了金钱、性和死亡之间的一套隐喻关系。娜娜无休止地花钱,这实际上促进了货币流通,但不管怎样,作者都将之描述成一种经济财富的流失,就像一个深不见底的洞穴,资本在洞里化为乌有。法语"消费"这个词,即 consommation,包含了经济消费和色情消费双重含义。可以看出,该词对"吞噬"和"合并"的这种指涉,明显表达了对毫无节制的女性性欲的不安。的确,在左拉对性别之战半神话式的描述中,消费作为钱货交易的经济和社会内涵,已经彻底被这个词在心理和性欲象征上的意义取代了。一种对"食肉的阴道"的恐惧,体现在左拉对娜娜摧毁性的口欲性(orality)的描述中;① 她是个食男人者(une mangeuse d'hommes),不断消耗男人,像食人族那样吞噬和摧毁那些想要她的男人。"在几个月内,娜娜就贪婪地把他们一个个吞噬掉,她的奢侈生活使她的需要不断增长,她的欲望变得毫无止境,她一口就能把一个男人吞掉。"② 小说反复提到嘴巴、饥饿和饮食,这强调了女人欲望的动物性和本能性。消费就是破坏,女人对商品的欲望不仅破坏了男人的权威,而且还带来了男人的毁灭,动摇了以男人为代表的文化根基。

在某种意义上,性和金钱在左拉小说中似乎代表着两种对立的原则;与女性同一化的力比多混乱破坏了经济理性原则极为看重的资本主义经济的正常运作,导致娜娜的情人贸然投资、破产甚至自杀。然而,性和金钱又能在隐喻机制中相互等价;正如布拉姆·戴克斯特拉(Bram Dijkstra)所指出的,在 19 世纪的社会想象中,女人对性和金钱的饥渴是紧密联系在一起的。③ 精神分析法让我们注

---

① 参见 Charles Bernheimer, *Figures of Ill-Repute: Representing Prostitution in Nineteenth-Century France* (Cambridge: Harvard University Press, 1989), p. 201.
② Zola, *Nana*, p. 434.
③ Bram Dijkstra, *Idols of Perversity: Fantasies of Feminine Evil in Fin-de-Siècle Culture* (New York: Oxford University Press, 1986), p. 366.

意到,金钱象征着男性性能力和权威,而无独有偶的是,娜娜贪得无厌正是因为她潜意识里想要阉割和摧毁男人的欲望。消费成了一种隐性的女人进攻手段;女人对丈夫和情人的经济剥削,并不总是让她们纵情享乐,也成为她们报复男性权威、改变自己公共领域无权势地位的主要方式。

然而,如果金钱具有潜在的精神和性内涵,那么反之亦然;19世纪的文学经常用经济来隐喻性行为。① 在一种力比多经济的语境下,娜娜的滥交体现了恣意挥霍和浪费,汇合成不可阻挡的金钱、精液和欲望之流——小说的某处就点明,金钱之河是从娜娜两腿之间流淌出来的。根据一种性能量的模型,性要满足养精蓄锐、传宗接代的要求,任何对生育无利的行为,都被认为是极大的浪费。娜娜的孩子体弱多病,有力地象征了性欲与生育和社会效用的分离,也象征着现代形式的性在生育方面的贫瘠。因此,在她的身上清晰地体现了一种象征性的关联,即在新出现的性学对各种变态性行为的定义中,总是伴随着近来受人关注的无节制消费所带来的愉悦和危险。

女性欲望最令人不安之处,是它缺少一个对象。娜娜几乎对追求她的所有男人都无动于衷;他们似乎仅仅是她获取渴望的金钱和商品的手段。然而,不久娜娜就明显开始对商品表现出了不屑一顾,这和她对那些供养她的男人的蔑视是如出一辙的;她只是为了花钱而花钱,不加选择地把金钱挥霍在豪华陈设和廉价小玩意上,她买回来这些东西就立刻"弃之如敝屣"。她的家就是"浪费之河";她情愿上佣人的当,买吃的就是为了扔掉,她的房子里乱七八糟地

---

① 参见,如 G. J. Barker-Benfield, "The Spermatic Economy: A Nineteenth Century View of Sexuality," in *The American Family in Social-Historical Perspective*, ed. Michael Gordon (New York: St Martin's Press, 1978), 以及 Lawrence Birken, *Consuming Desire: Sexual Science and the Emergence of a Culture of Abundance*, 1871–1914 (Ithaca: Cornell University Press, 1988), ch. 2.

堆砌着她冲动购物的成果,买回来就再也不多看一眼。正是她对金钱及其购买能力的漠视,体现了她对尊重繁荣和财富积累的资产阶级的不满。商品的物质性不再稳定,因为它被自由流动的女性欲望旋涡吞噬,而这种欲望总是从一种商品不断地移到另一种商品。娜娜非但没有将商品供奉起来,反而以亵渎商品为乐。"真滑稽可笑,有钱男人总以为有了钱,就什么都能得到……那么,如果我说不呢?……你的那些礼品,我全不在乎……至于说钱,可怜啊,我想要多少就有多少!我根本他妈的不在乎!我呸!"①她蔑视金钱,同时也蔑视以传统男性权威观为基础的整个文化价值体系。

尽管这种欲望的流动有悖于资产阶级节俭、自制的规范,但在这样一个以日益增长的消费需求为基础的社会里,欲望使娜娜成了理想的主体。正如科林·坎贝尔所指出的,现代消费主义的精神可以被定义为一种无目标的、永不满足的渴望,这种渴望被固定在一系列物品中,它们可以组成无穷无尽的序列。② 欲望的对象不是物品本身,而是让人浮想联翩的物品所带来的幻想满足。预期的快乐和体验到的快乐不可避免地脱节,于是又滋生了对新物品的幻想,对旧物品再提不起兴趣。在这种欲望逻辑中,物品本身是可以互换的,可以丢弃的;问题的关键不在于物品本身的特殊性,而在于物品作为商品所具有的关乎欲望性的象征意义和抽象光晕。所以,从定义上看,消费者不可能获得满足,因为这里并没有涉及客观需求;相反,商品代表了一种想象的成就感,而这种成就感必须让人求之不得。

显而易见,这种消费主义伦理对传统社会道德规范构成了威

---

① Zola, *Nana*, p. 298.
② Colin Campbell, *The Romantic Ethic and the Spirit of Modern Consumerism* (Oxford: Basil Blackwell, 1987), pp. 85 - 90. 尽管作者到了该书结尾才表明自己的分析具有性别内涵,但是该书是从女性主义视角分析消费的读本,非常值得推荐。

胁。如果放到两性关系的领域来说,充满欲望的女人不断地"消费"情人,而没有一个情人能让她无目标的欲望真正获得满足。对娜娜来说,经济和性的放纵源于一种抽象对等的逻辑,这让每个欲望的对象——不管是情人还是商品——都和无尽追求的下一个目标之间能够实现互换。我接下来要研究的爱玛·包法利也是如此。娜娜的"性变态"体现在她转向女同性恋和施虐-受虐的性行为上,而这进一步证实了个人自由主义的欲望的胜利,该欲望从社会道德约束中获得了解放。一方面,她的不知餍足是一个疯狂消费的原初女性欲望的自然流露;另一方面,它同时也说明了现代女人非自然的状态,她们变态的欲望恰恰是颓废的资本主义激发出来的。

读即食?

在小说的某一处,叙述者描述了娜娜的文学品味,这段描述意图明显,就要与左拉自己的美学观形成鲜明对比:

> 她在白天读了一本轰动一时的小说,小说写的是一个妓女,娜娜读完后很气愤,她说故事很不真实,而且对这种标榜描写现实生活的淫秽文学表示反感和愤慨——好像什么内容都可以写似的!好像小说写出来不是让人娱乐消遣似的!关于书籍和戏剧,娜娜有自己的特有的见解:她希望读到描写爱情的高雅作品,所写的内容能激发想象、升华灵魂。①

这里的讽刺显而易见。左拉对现代城市生活残酷现实的不懈

---

① Zola, *Nana*, p. 336.

探索,与女主人公陈腐的品味形成了鲜明对比。娜娜无法理解毫不妥协的现实主义要做什么,只能欣赏那种消遣娱乐、逃避现实和鼓吹道德的小说。作为文学作品的女主人公,娜娜是现代道德堕落和颓废的象征;作为一个读者,她却在左拉声称鄙视的浪漫理想主义中寻找慰藉。

这段简短的描写概括了女性和阅读的全部意识形态。正如内奥米·肖尔(Naomi Schor)所指出的,19世纪晚期唯心主义受到冷遇,乔治·桑(George Sand)等著名女作家也在法国文学正典中被边缘化。[1] 尽管男性知识分子还在激辩到底是自然主义还是现代主义更适合表现现代社会的复杂性,但他们基本上都一致蔑视唯心主义美学,认为它与过时的、令人生厌的女性感伤有关。当然,我们不能夸大现实主义在这段时期的主导地位;1857年对福楼拜和1888年对左拉的英国出版商维泽特利(Vizetelly)的审判说明,法国现实主义的许多作品仍然是公众争议和谴责的对象,这些作品多涉及不道德的话题,从而不见容于法院、国家审查机构、教会等机构所宣扬的官方审美意识形态。[2] 一个普遍接受的观点是,激进的艺术家与愚蠢的资产阶级道德进行了英勇斗争,我无意否认这一点,而仅仅是要展现这种斗争如何体现了艺术家与女性气质之间充满幻想、矛盾重重的关系,从而让前面的观点进一步复杂化。这一母题就是《包法利夫人》的核心主题,如安德烈亚斯·许森所言,福楼拜作为现代主义奠基人的地位,正是"建立在对爱玛·包法利阅读趣味毫不妥协的批判之上"[3]。

女性阅读习惯被认为缺乏批判性,过度情绪化,这种非难当然

---

[1] Naomi Schor, "Idealism and the Novel: Recanonizing Sand," *Yale French Studies*, 75 (1988): 56-73.

[2] 关于这一点,请参见 Dominick LaCapra, *Madame Bovary on Trial* (Ithaca: Cornell University Press, 1982).

[3] Huyssen, "Mass Culture As Woman," p. 45.

由来已久。18世纪就有过类似的情况,当时小说作为一种专写浪漫爱情的文类开始流行,这让人们很担心小说对容易受感染的女性读者造成的影响。然而,在19世纪下半叶,随着詹明信(Fredric Jameson)所描述的相互对立但又具有辩证联系的高雅文化和大众文化的出现,关于女性阅读的辩论变得更加激烈。[①] 大规模生产的技术变得日益低廉和高效,具有读写能力的人越来越多,阅读的公众群体不断扩大,这些都使得通俗小说越来越受欢迎。与此同时,艺术家和知识分子试图通过深奥的信念和创作实践,使自己尽量远离这种粗俗低下、哗众取宠的新型大众文化。精英文化和大众文化之间的划分,逐渐形成了明确的性别潜文本(subtext);"文化价值的再度男性化"就发生在19世纪晚期,这段时期出现了一批自然主义和早期现代主义作家,他们崇尚的是一种疏离的、不重感情的美学立场,它显然被认为比通俗小说中的女性感伤主义更加高级。[②]

爱玛·包法利对购物的疯狂,象征性地表现了她未获满足的欲望,虽然这显然与我之前的讨论相关,但现在我想稍微改变一下话题,思考一下消费和阅读之间的关系。从经济意义而言,两者之间的关系是显而易见的;与其他大规模生产的物品一样,文学也日益融入了商品文化,它的生产和流通不可避免地受到利润动机的驱使。但令人惊讶的是,文学消费总是从经济领域隐秘地转换到象征

[①] Fredric Jameson,"Reification and Utopia in Mass Culture," *Social Text*, 1 (1979): 130 - 148. 关于读小说的害处,参见 Peter de Bolla, *The Discourse of the Sublime: Readings in History, Aesthetics, and the Subject* (Oxford: Basil Blackwell, 1989), pp. 252 - 278, 以及 Campbell, *The Romantic Ethic*, pp. 26 - 27.

[②] 参见 Huyssen, "Mass Culture As Woman"; Kirsten Drotner, "Intensities of Feeling: Modernity, Melodrama, and Adolescence," *Theory, Culture, and Society*, 8, 1 (1991): 57 - 87; Terry Lovell, *Consuming Fiction* (London: Verso, 1987); Christine Gledhill, "The Melodramatic Field: An Investigation," in *Home Is Where the Heart Is: Studies in Melo-drama and the Woman's Film*, ed. Christine Gledhill (London: British Film Institute, 1987), p. 34.

领域,消费不仅仅是指买卖双方之间的经济交易,而且指向一系列关于大众读者的看法,将读者当成不加批判地消极接受文学作品的受众。换句话说,"消费"一词的贬义被运用到审美范畴内,以维护文学价值和文化权威的等级观。生产高于消费的二元论早已经存在,它被用来区分需要智力劳动的高雅艺术,以及追究盲目快乐和逃避主义的流行小说。

"消费"一本书到底是什么意思?我已经探究了一些关于消费的内涵,它们与嘴巴和性虐有关,涉及并入和毁灭的幻想。这些比喻反复出现在关于《包法利夫人》的评论中,如拉里·里格斯(Larry Riggs)的这句话:"从修道院里老佣人对冒险小说'大快朵颐'(她也鼓励女孩子们读),到爱玛对时尚杂志的'饕餮',再到她最后吞服的砒霜,这些事件就像是一次次宴席,可以说《包法利夫人》就是关于包法利式消费的个案研究。"[1]如此一来,文学被简化为食物之事;阅读成为一种饮食方式。这不是里格斯的一家之言,比如利奥·贝尔萨尼(Leo Bersani)也指出了爱玛对浪漫小说的"暴饮暴食"[2]。令人惊叹的是,口嘴比喻被如此频繁地用来描述阅读的过程,尽管有时候这些比喻可能只适用于某一类读者。如贾尼丝·拉德韦(Janice Radway)所指出的那样,经常使用这类比喻的主要是那些流行小说的批评者,他们从消化、归并、吸收这些生物过程中提取比喻,将非智性读者(特别是女性读者)的文化实践贬低为对本能需求

---

[1] Larry Riggs, "Bovarysme Reconsidered: Self-Promotion, Commercialized Print, and the Birth of a Consumer Culture," in *East Meets West: Homage to Edgar C. Knowlton, Jr.*, ed. Roger L. Hadlich and J. D. Ellsworth (Honolulu: University of Hawaii, Department of European Languages and Literature, 1988), p. 235.
[2] Leo Bersani, *A Future for Astyanax: Character and Desire in Literature* (Boston: Little, Brown and Co., 1976), p. 92.

的近乎机械式的满足。①

　　我引用的都是当代批评家对《包法利夫人》的批评,而不是对福楼拜本人的批评。然而,我并非要质疑这些言论的准确性——相反,它们很好地传达了爱玛对文学的感受——我要质疑的,其实是他们对福楼拜作品中嵌入的意识形态的不假思索的认可。人们对爱玛·包法利这个女人存在着一个批评的传统,除了个别真知灼见之外,大多数读者对她的反应是想拥有她,或者是鄙夷她,再或是让她去性别化,这些阐释说明了审美意识形态的持续影响力,人们习惯于将文学性定义为女性为代表的商品文化的反面。拉里·里格斯所说的爱玛"极度功利的浪漫主义",就很好地概括了这种审美的固有假设。这种说法看上去充满悖论:浪漫主义中唯心主义的、精神化的冲动似乎与讲究实际、崇尚使用价值的社会观念截然相反。然而,正是这种唯心主义和工具性的矛盾结合,以及这种渴望超验和市井卑见的结合,才使爱玛·包法利成为热爱阅读的女性的原型。

　　爱玛文学品味中的浪漫主义元素是显而易见的。跟娜娜一样,她喜欢文学中的乌托邦和理想主义,将之视为逃遁到美好世界的方式。作为一个外省医生的妻子,她寻求着那些与她平凡生活有着天壤之别的新奇场景,她渴望一种浪漫的崇高,渴望夸张的情感和过度的激情。福楼拜对她少女时期读的书做了一番冰冷的描述。"书里讲的总是恋爱的故事,多情的男女,逼得走投无路、在孤零零的亭子里晕倒的贵妇人,每到一个驿站都要遭到毒害的马车夫,每一页都疲于奔命的马匹,阴暗的树林,内心的骚动,发不完的誓言,剪不

---

① Janice Radway, "Reading Is Not Eating: Mass-Produced Literature and the Theoretical, Methodological, and Political Consequences of a Metaphor," *Book Research Quarterly*, 2, 3 (1986): 10‑11. 另参见, James Strachey, "Some Unconscious Factors in Reading," *International Journal of Psychoanalysis*, 11 (1930): 322‑331.

断的呜咽,流不尽的泪,亲不完的吻,月下的小船,林中的夜莺,情郎勇敢得像狮子,温柔得像羔羊,人品好得不能再好,衣着总是无懈可击,哭起来却又热泪盈眶。"①

这里,通俗罗曼司中的那些过度夸张的桥段被作者加以反讽,表现为一系列的常规故事的重复;通过将叙事变成一张张清单列表,叙事者显然将戏剧冲突和情节中那些诱人的元素削弱了,并使之变得荒诞。作者没有呈现一个有意义的有机整体,而是让碎片化的文本变成随意并置的语义单元,在各种不同地点无休止地重复讲述。这些充满异域感和逃离色彩的刻板情景,构成了成年爱玛的幻想基础,她试图将自己的人生经验转换成罗曼蒂克爱情的文学密码,从而使自己的生活获得意义。然而,爱玛忘记了这些故事根本就是屡见不鲜;对她而言,这些情节体现了绝对的、理想的充盈,衬托出现实的匮乏。"爱玛试着搞懂书中的至福、激情、狂喜这些词到底在生活中是什么意思,对她来说,它们在书本里显得是那么美妙。"②

虽然一些评论家认为,爱玛所选择的糟糕读物显然是现代大众市场上那些情爱小说的鼻祖,但也有评论家不那么武断地评价她的阅读,而是认为她对于超越的欲望其实并无别的释放渠道。因此,贝尔萨尼指出,爱玛的阅读是"她生命中唯一的精神化冲动",而埃里克·甘斯(Eric Gans)则指出,在福楼拜笔下那个无限平庸的世界里,"爱玛的渴望是唯一可能的超越形式,是唯一可能的宗教"③。这些观点与最近兴起的对大众文学的辩护一脉相承,批评家开始看到这些作品中的乌托邦元素,认为即使最平庸的作品也绝不仅仅是

---

① Flaubert, *Madame Bovary*, p. 26.
② Ibid., p. 24.
③ Bersani, *A Future for Astyanax*, p. 93; Eric Gans, *Madame Bovary: The End of Romance* (Boston: G. K. Hall, 1989), p. 44. 对于爱玛阅读的负面评价,参见 Sarah Webster Goodwin, "Libraries, Kitsch, and Gender in Madame Bovary," *L'Esprit Créateur*, 28, 1 (1988): 56 - 66.

对主流意识形态的附和,它们也可以是一种抵抗,表达了对现状的拒绝和对美好世界的向往。① 爱玛身陷贫瘠而狭隘的环境中,她的性别决定了她没有什么社会选择权,所以只能通过所阅读的文本来表达自己的不满。

正如罗斯玛丽·劳埃德(Rosemary Lloyd)所指出的,这些文本实际上比批评家想的更为多样化,它们包括巴尔扎克,沃尔特·司各特,欧仁·苏(Eugène Sue)的作品,还包括各种不知名的大众情爱小说、版画和女性杂志。② 然而,最关键的问题当然不是爱玛读了什么,而是她怎么读;她对文本的消费有效地消除了文本之间的一切美学差异。就这个意义而言,与其说《包法利夫人》是关于小说本身的负面影响的,不如说是关于特定阅读方式的危险的。正如前面引文所指出的,爱玛将小说提炼成一系列随机的场景,一连串不相关的形象和刻板印象,它们既是高度具体的——如潟湖、瑞士小屋、苏格兰小屋——也是充满暗示的。卡拉·彼得森(Carla Peterson)指出,她的阅读是一种不断分裂文本,使之碎片化的过程,文学作品被简化为孤立的情节碎片和可供模仿的范例。③ 通过将丰富的语义和神秘的充盈归结于一些去语境化的、自由漂浮的形象,爱玛不可思议地预见了20世纪大众传媒文化的样态和时尚生活的营销形式,它们和"景观社会"(the society of the spectacle)理论描述的如出一辙。

换言之,福楼拜不希望读者以爱玛的那种方式来读他写的小说。如果作者试图通过细腻的组合和精巧的晦涩风格来阻断读者的期待,爱玛反过来又通过否定文学形式的中介权威,将风格转化

---

① Jameson, "Reification and Utopia in Mass Culture."
② Rosemary Lloyd, *Madame Bovary* (London: Unwin Hyman, 1990), p. 93.
③ Carla L. Peterson, "*Madame Bovary*: Dionysian Rituals," in *Emma Bovary*, ed. Harold Bloom (New York: Chelsea House, 1994), pp. 124-127.

为内容。她只求字面意思,只考虑自己的兴趣,只寻找她能认同的奇特意象。审美价值被降格为情感的使用价值;文学仅仅是一种激发情感和情色的手段。爱玛不顾一切地想要摆脱外省无聊生活的束缚,于是去书中寻找那些描绘浪漫诱人的生活的文字,去找她的生活中极度缺乏的东西。"她订阅了一份妇女杂志《花篮》,还订了一份《沙龙仙女》,她如饥似渴、一字不落地读关于剧场首演、赛马、社交晚会的报道……她研究欧仁·苏描写的室内装饰;她读巴尔扎克和乔治·桑的小说,在幻想中寻求个人欲望的满足。"①

因此,爱玛对审美超越性的渴望在小说中只是相对的,因为它与女性情感和感官冲动之间是未经中介的关系;她向往的崇高是感伤化的,而非丰碑化的。当爱玛年轻时表现出对宗教象征物的兴趣时,这个母题就已经有明显体现了,其特点是不能区分复杂的精神渴望与肤浅的感官享乐。福楼拜写道:"她爱教堂是为了教堂的鲜花,爱音乐是为了浪漫的歌词,爱文学是为了文学迸发的激情,她用这种性格去对抗信仰的神秘性,因为这样就能对抗与她的秉性格格不入的清规戒律。"②功利性地利用文化形式去满足眼前的主观需求,这成了爱玛性格的标志:"她要求事物必须投其所好;凡是不能立刻满足她心灵需要的,她都认为没有用处——她多愁善感,而不倾心于艺术,她寻求的是主观的情,而不是客观的景。"③如纳撒尼尔·温(Nathaniel Wing)所言,爱玛不仅是"资产阶级情感"的象征,也是女性情感的象征,关于利润和功用的词汇常常和情动与感伤同时出现,这颇能说明问题。④ 因此,爱玛的浪漫被刻画成一种堕落的浪漫,根植于眼前的情感渴望和肉体欲望,没有实现精神层面自

---

① Flaubert, *Madame Bovary*, p. 41.
② Ibid., p. 28.
③ Ibid., p. 26.
④ Nathaniel Wing, "Emma's Stories: Narrative, Repetition, and Desire in *Madame Bovary*," in Bloom, *Emma Bovary*, p. 140.

我超越的动力。就像爱玛年轻时喜欢教堂是因为鲜花,她对文学的兴趣也仅仅因为它"迸发的激情"。

这里暗示的隐含评判标准,正是康德关于非功利性审美的理想,它将审美判断置于所有功利计算和感官冲动之外。艺术作品的价值在于它本身,与特定主体的偶然欲望和需要毫不相干。在福楼拜的文学理念中,可窥见康德的这一思想,福楼拜疯狂崇拜的是作家的冷静(impassibilité)、作品的清晰和风格的完美,他梦想有朝一日写出"一本关于空无的书"。这种将艺术与生活完全割裂的观点,当然一直颇受争议,因为艺术家和作家尝试恢复艺术在伦理和政治上的目的性。然而,福楼拜笔下独特的女性气质,其实是一种对使用价值的审美,它的基础是感官兴趣,而非认知。之所以要打破艺术与现实之间的界限,不是为了更好地理解社会和人性(尽管现实主义美学是这么想的),而是为了在文本提供的欢愉中进一步丢失自我。

在爱玛去鲁昂歌剧院看《拉美莫尔的露琪亚》(Lucia di Lammermoor)的那段描写中,作者想探究的是女人对情感认同的易感性,以及在激情中的自我放纵。爱玛立刻将自己与女主人的命运做了对比,这使她忧伤地反思自身存在的悲剧性和局限性。她试图保持超然冷静,但很快就被演出冲昏了头脑,她把男演员与他扮演的角色混为一谈,把她在情人身上未能获得满足的浪漫渴望都投射到男主角身上。"她真想扑到他的怀抱里,寻求他的力量保护,就像他是爱情的化身一样。她要对他说,要对他喊:'带我走!把我带走!让我们走吧!我朝思暮想的,都是你!'"[1]爱玛把自己投射到文本中,只是为了能在文本中放纵自己,让欲望之海淹埋身份的界限。她愈发疯狂的情色欲望,既是关于性爱的,又是关于文

---

[1] Flaubert, *Madame Bovary*, p. 163.

本的,体现了一种不成熟的渴望,渴望将自己与真实和虚构的他者融合在一起。①

这样的情节暗示女人对艺术的反应是出于自恋症:女人是典型的幼稚型读者,不具备区分文本和生活的能力。当时的法国知识分子普遍认同这一点,例如在龚古尔兄弟的杂志上有如下这段话:"今晚,公主说:'我只喜欢自己能成为女主角的小说。'这是个完美的例子,说明了女人是如何评价小说的。"②因为女性读者无法实现想象和思想的跨越去欣赏伟大的文学作品,所以她们把文本当成镜子,在镜子里她们同时发现并确认了自己的主体性。爱玛·包法利分不清现实和虚构,她成了那些梦想成为爱情故事女主角的现代读者的原型。女人渴望成为或者认同再现的对象,因而打破了真正的审美沉思应保持的与作品之间的距离感。③

当然,在把《包法利夫人》解读为一种特殊的女性意识形态的症候时,我也可能会受到一种指责,即我对小说的读法是和爱玛一样的,我在文学作品的复杂性和不确定性面前暴露出的,要么是故意

---

① 关于爱玛的自恋,参见 Michal Peled Ginsburg, *Flaubert Writing: A Study in Narrative Strategies* (Stanford: Stanford University Press, 1986), ch. 3;关于融合的母题,参见 Leo Bersani, "Flaubert and Madame Bovary: The Hazards of Literary Fusion," in *Gustave Flaubert's Madame Bovary*, ed. Harold Bloom (New York: Chelsea House, 1988).

② Pages from *Goncourt Journal*, ed. Robert Baldick (Harmondsworth: Penguin, 1984), p. 136.

③ 显然,这一观点已不适用于当今时代。比如,关于伍迪·艾伦 1985 年拍摄的电影《开罗紫玫瑰》(*The Purple Rose of Cairo*),玛丽·安·多恩写道:"在意义体系里,女人总是被指定为天真烂漫的人设——这是一种拒绝再现过程、打破符号(意象)和现实之间对立的倾向……是亲近,而不是疏远、消极、过分投入和过度认同……这是使女人们能够成为凝视'主体'的修辞。" (Doane, *The Desire to Desire*, pp. 1-2.)换言之,对于女性读者来说,美学已经简化为情色,是在情感上和肉体上对文本的回应;她无法从艺术作品本身出发去欣赏其形式特点和自觉性。

我最近最喜欢的相关主题的小说是斯蒂芬·金(Stephen King)的恐怖小说《危情十日》(*Misery*)。参见我的 "Kitsch, Romance Fiction, and Male Paranoia: Stephen King Meets the Frankfurt School," in *Feminist Cultural Studies*, ed. Terry Lovell (London: Edward Elgar, in press).

为之的盲目,要么是无意识的愚蠢。许多批评家认为,福楼拜的小说似乎在谴责爱玛的粗俗和自恋,但实际上它包含众多的镜渊(mises en abîme),消解了它所似乎宣称的主张。福楼拜对女性气质的认同是矛盾的,这可以从他的书信及叙述视角的不确定性上体现出来,这也进一步支持了前述观点。然而,认同(identification)并不是自动地否定施虐狂式的距离化(distantiation),而可能实际上加强了这种距离化,对此我会在下一章详细说明。尽管如多米尼克·拉卡普拉所言,福楼拜的小说中共情与反讽确实同时存在①,但一个女性主义读者可能更容易注意到反讽,而非共情,尤其是当小说中的叙述者对爱玛的阅读方式做出相对确凿的评价时。

此外,这些论点往往不只是在(无懈可击地)说文本具有多重含义。相反,它们反复强调《包法利夫人》拒绝屈从于任何一种可辨的意识形态立场,这又以可预见的方式物化了艺术作品的光晕。当然,这部小说的审美意识形态就是这么一种主张,即福楼拜的创作代表的是真正的现代性,而爱玛的阅读是幼稚的。有些评论家声称福楼拜的小说颠覆了这种差异性,因为作品承认了它与批判对象的共谋,但这样一来只是在更高层次上强化了这种对立;小说的这种自我意识本身现在成为一把真实文学性的标尺,用于区分《包法利夫人》和那些教条主义的、意义单一的文本。布鲁斯·罗宾斯(Bruce Robbins)认为,这些争论并不仅仅是关于所讨论的文本的,它们也是"在虔诚地实践学科的自证性,显示出文学批评这个学科有其独特性和自主性,因而具有存在的合理性"②。不断地把能指

---

① LaCapra, *Madame Bovary on Trial*, p. 59.
② Bruce Robbins, "Modernism and Literary Realism: Response," in *Realism and Representation*, ed. George Levine (Madison: University of Wisconsin Press, 1993), pp. 227 - 228. 乔纳森·卡勒也提到对《包法利夫人》的形式主义解读往往太过拘泥于小节,将书中无关轻重的小事看作对女性的歧视。参见 *Flaubert: The Uses of Uncertainty* (Ithaca: Cornell University Press, 1985), pp. 236 - 237.

提到所指之上，不断地把复杂的形式提到（女性化的）琐碎内容之上，这样就能为文学的专业化进行辩护，从而进一步巩固文学的正典和特定的阅读实践方式。

女性化消费美学的幽灵正是要否定文学行业的专业化地位。女性读者将文学作为自我陶醉和自我放纵的手段，否定了文学的自主性，打破了主体与客体、自我与文本之间的界限。对文本的象征式消费就好比对物品的实在享用，比如食物；文本也是为了满足食欲，它会融入人体，也会被耗尽。不加评判地吞食小说，是一种令人不安的危险现象，因为它否定了文学物品的自主性；因为女性缺少对作品艺术光晕的敬意，所以她们的欲望瓦解了既定文化形式之间的差异和分化，由此否定了审美的独特性及价值。因此，爱玛的阅读可能会破坏福楼拜本人的个人和社会身份的基础。

这种强迫性的阅读反过来会引起女性对现实世界的不满；女性读者受书上文字的诱惑，对自己的生活感到不满，因为她们无法去模仿她们甘之如饴的小说情节。因此，评论家们指出，爱玛的欲望越来越具有侵略性和"阳刚之气"，因为她想把她真正的爱人利昂改变成她梦想中的理想英雄。浪漫小说给女人灌输了夸张而不切实际的想法，她们因此可能去寻求将之付诸实现。于是，《包法利夫人》再次揶揄但同时加强了关于小说对女性危险影响的悠久传统。詹恩·马特洛克（Jann Matlock）最近对法国女性的阅读历史进行了深入调查。他发现："妻子对巴尔扎克、欧仁·苏、大仲马、苏利耶（Soulié）、乔治·桑小说中的激情描写和戏剧场景上了瘾，于是欲望开始折磨她——她又反过来折磨不能满足她的那个男人。长篇小说（roman-feuilleton）让她觉得生活了无生趣，厌恶女性职责，变得不切实际。她将变成'folle du logis'（火炉边的疯女人），'那种邪恶文学作品激情澎湃的浪漫主义夸张'让她冲昏了头脑。更糟糕的是,她开始按照她读的那些小说去生活。"①

人们认为女性气质具有"反分化"的冲动,这就解释了为什么总是把女性和现代大众文化联系在一起。"女人不能区分艺术和生活","她们混淆了美学和色情",这些说法在日益广泛的消费文化中得到了普及,而日常生活经验的方方面面现在都已浸淫在消费文化中,并被其文本化。女性无法保持审美距离,这在她们对小说的贪婪消费中得到了体现,从而使她们对市场营销传播的虚幻承诺和迷人形象毫无招架之力。最后,她们对浪漫爱情故事的阅读偏好,使她们成为消费文化的理想对象,因为消费文化的驱动力正是源自模糊的渴望和无法满足的欲望,源自不断缩小真实愉悦和想象性愉悦之间差异的努力。

因此,尽管女人的欲望是来自情感和身体的需要,但这种欲望并没有被看作社会规范之外真实的力比多欲望空间。相反,她们缺乏距离感和自律性,这只会让她们更容易接受商品文化中流通的那些间接形象;她们的渴望是不真实的,只是对他者欲望的复制。现代消费的经济逻辑鼓励人们将情感和情色投入商品中,以加强商品的救赎力量,而小说中大量复制的浪漫爱情意象又反过来进一步激发和强化了那种光鲜的富贵生活的诱惑力。所以,浪漫爱情与金钱、感情与经济看上去似乎截然不同,但在女性想象中它们具有密不可分的联系。福楼拜这样描述他的女主人公:"她被欲望冲昏了头脑,误以为感官的奢侈享受就是心灵的真正快乐,举止的高雅就是感情的细腻。"②《包法利夫人》暗示的是,女人读书的情景——这原本是女人私密自我的一般再现——实际上却象征着现代性中欲

---

① Jann Matlock, *Scenes of Seduction: Prostitution, Hysteria, and Reading Difference in Nineteenth-Century France* (New York: Columbia University Press, 1994), p. 252. 马特洛克引用了天主教记者阿尔弗雷德·内特芒特(Alfred Nettement)的话。

② Flaubert, *Madame Bovary*, p. 42.

望主体性的社会生产。这种归因于女人身上的浪漫化的感伤欲望,并不是历史上过时的情感结构的残余,而是现代消费文化运作中的关键要素。

复杂的消费

伊丽莎白·威尔逊在批评根深蒂固的时尚观和消费观时,这样描述其中的潜规则:"消费主义成了一种强迫性的行为方式,我们几乎无法有意识地控制消费。按照这种清教式的观念,我们受到了两面夹击,一面是市场的要求,另一面是无意识的涌动,而这种无意识的欲望是被我们的文化曲解和否定的。"[1]我的讨论探究了为什么女性作为消费者的形象在反乌托邦的现代观中有如此重要的作用。社会分工使女人成为受"市场要求"影响的主要群体,这一点从广告商和零售商的销售技巧就可以看出来。与此同时,长期以来人们将女人与自然和原始欲望联系在一起,这更加促使人们将消费与女性的冲动和非理性等同起来。考虑到资产阶级的男性气概往往与理性和自我克制画等号,作家主要是要通过对消费女性的再现,来批判资本主义发展所带来的庸俗物质主义。

然而,如果说女性形象是一种载体,它表达了人们对现代性带来的社会经济变革的矛盾态度,那么也可以说,对资本主义的批判确实也为表达厌女症的态度提供了借口。换句话说,对消费的性别化仍然是评价消费的社会文化意义的核心。尽管马克思主义倾向于把女性消费解读为以刺激消费需求为导向的资本主义经济的副

---

[1] Wilson, *Adorned in Dreams*, p. 245.

产品,但这种阐释并不能说明女性欲望被赋予的独特和矛盾的社会意义。① 然而,如果把这种欲望看作对基于父权制压迫的象征秩序的抵制,那就等于忽视了消费资本主义如何在其自身通过生产无限欲望的主体,来削弱这种压迫逻辑的父权制。功能主义以单一经济模式来解释文化实践,女性主义者则向往纯粹的抵抗空间,这两种倾向都不可取,真正应该做的是去反思资本主义与父权逻辑之间既互相矛盾又互相对应的地方。

在这个方面,中产阶级女性与消费结盟的政治后果是很复杂的。一些人认为,消费主义的兴起具有潜在的民自化效应,因为它确认了不同个体在消费者身份中的抽象平等。尽管这种看法显然没有考虑到(而且确实模糊了)消费群体之间实际上的经济不平等,但是消费文化确实帮助打破了那些看似自然的固有等级制度,这种等级制度通过控制个人的合法欲望,限定了群体的社会地位。② 这一观点回应了马克思主义对资本主义的理解,即认为资本主义以激进解放的方式,消解了传统和机体中的社会纽带。现代货币经济证明了这样一种抽象的等价逻辑,即社会不平等越来越被视为源自财富的量化程度,而不是源自一成不变的、上帝决定的等级差异。

这些观点也许能帮助我们理解女性消费主义。显然,在对物质商品的渴望和对经济政治权力的渴望之间,并没有什么清晰牢靠的界限。19世纪末对中产阶级女性消费者的询唤,毫无疑问与女性日益提高的期待和日益高涨的政治要求息息相关。的确,我们可以认为消费经济的增长与女性公共自由的提升是相辅相成的,哪怕19世纪的女性主义者经常通过建构另一种理性的女性消费者,来

---

① 这一点同样适用于更多近期的分析,如 Walter Benn Michaels, *The Gold Standard and the Logic of Naturalism: American Literature at the Turn of the Century* (Berkeley: University of California Press, 1987).

② 参见, Birken, *Consuming Desire*, ch. 6.

挑战本章所说的女性气质的形象。① 例如威廉·R.利奇(William R. Leach)考察了早期美国女性主义与消费文化兴起之间的关系。他写道：

> 在消费资本主义刚刚兴起的时候，一切都还令人欢欣鼓舞，百货商店在其中产生了巨大影响，许多女性认为她们发现了一种更令人兴奋、更吸引人的生活，这意味着由消费者母体重塑的自由。她们参与到消费体验当中，挑战且颠覆了传统上对女性气质的理解——依赖、被动、虔诚、顾家、贞洁、哺育。大众消费文化为女性带来了一种新的性别定义，它为与男人相似的个人表达开辟了空间，这种定义与过去继承的那种定义之间形成了张力。②

这种阐释有效地纠正了对消费主义的一般指责，它指出了消费主义可能带来的解放性力量，尽管它只是解放了少数女性。然而，它也过分强调了现代性的平等化逻辑，低估了非经济的社会分化形式所带来的持久影响，其中性别和种族是最鲜明的两个例子。③ 现代消费者的形象，在当时经济理论家的话语中往往是非实体的抽象范畴，但事实上它有多重象征意义，这些意义往往将性别差异重新自然化，而不是相反。

在这个方面，我所讨论的文本从女性主义角度来看具有模棱两可的意义。这些小说将消费中的审美、情色和经济维度凸显了出

---

① 参见，如 Williams, *Dream Worlds*, pp. 307 - 308, 以及 Reekie, *Temptations*, ch. 7。
② Leach, "Transformations in a Culture of Consumption," p. 342. 另请参阅 Martin Pumphrey, "The Flapper, the Housewife, and the Making of Modernity," *Cultural Studies*, 1, 2 (1987): 179 - 194.
③ 笔者并不认为种族与性别不会影响经济，而是说，不能单单用这些字眼来衡量它们的理据与意义。

来,暗示性地探讨了社会经济变化与新兴的性别化主体性之间的复杂关系。商品不仅被揭示为物质的客体,还成为复杂的象征性物件,其社会意义源自现代经验中特有的那种散漫的不满和模糊的渴望。然而,对消费型女性气质的文学再现也揭示了处于经济边缘的知识分子的焦虑,他们面对的是日益蔓延的商业主义和物质主义。将中产阶级女性指认为消费者,这导致了公共领域的女性气质符号获得了新的显著性,同时也强调了感官、奢侈和情感满足,使之成为现代生活的特征。公共领域的这种女性化显然对资产阶级男性构成了威胁,他们的精神与社会身份是通过自我克制的道德观和对女性情感的拒斥而获得的,他们的职业地位是建立在与市场多少有些矛盾的关系之上。因此,对不可控的女性欲望的恐惧,与"资本主义扩张导致过度享乐主义"这一悲观看法汇合到一起,形成了对全面消费的女性的反乌托邦想象。

这样的解释有助于我们理解为什么男人跟消费格格不入,而不是假设现代性的女性化以任何直接的方式给女性带来了解放。正如我所指出的,消费主义的兴起与19世纪后半期中产阶级妇女日益增长的公共自由有关;更宽泛地说,"奢侈品的民主化"使人们获得了新的体验、快乐和物品,而这些是前现代生活中绝大多数人无法想象到的。以资本主义为主导的消费主义提倡欲望的个体化,这使得女性能够不顾传统父权制的禁令,大胆表达自己的需求,即便百货商店在家庭之外提供了一个令人陶醉的新型公共空间。然而,这种相对的赋权是与加诸性别化身份的新限制相伴而生的。消费文化不仅让女性受到情色化女性气质的规范约束(这种女性气质鼓励女性不断地自我监控),而且还提供了一个渠道,让各种不同的欲望形式转换为一种购买更多商品的迫切之事。尽管现代性文化体现了对某些欲望型女性气质的传统束缚的松绑,但它也带来了新的社会控制网络,只是更隐晦罢了。

第四章

面具下的男性气概:女性化创作

> 既然女性气质意味着装扮,那么装扮——其比喻性、文本性等——看起来就是女性化的。如此依赖,女性气质就没什么可怖之处,它就好像魔尘,在文化的土壤上落定,并在此过程中改变了男性气质。
>
> 塔尼亚·莫德莱斯基
> 《没有女人的女性主义:"后女性主义"时代的文化和批评》[1]

并不是所有的男性艺术家和知识分子都不看好现代性的美学化和女性化前景。相反,对于许多疏离于主流中产阶级男性气质并对之感到不满的人,这样的现代性反而提供了另一种愿景,它能够彻底替代盛行的实证主义、进步意识形态和现实原则主宰的社会。因此,试图颠覆性规范和文本规范的文学先锋派,将对女性的想象性认同作为重要策略。对传统男性气质模式的拒绝,体现为一种自觉性的文本主义,它和现实主义再现中盛行的规范针锋相对,转向一种注重表面、风格和戏仿的颓废美学,它既被明确编码为"女性化

---

[1] Tania Modleski, *Feminism without Women: Culture and Criticism in a "Post-feminist" Age* (New York: Routledge, 1991), p. 101.

的",同时也是"现代的"。女性气质被从女人的身体中解脱出来,成为文学再现中关于世界末危机的主要隐喻,它与现代性的美学定义联系到一起,这种定义和尼采一样,强调语言的不确定性和模糊性,以及欲望的无处不在。

显然,我们不应夸大男性气质危机的程度。先锋派的越界姿态只限于小部分人,即便他们很有知名度和影响力,也绝对不能代表作家整体,更不用说广泛地代表有文化的公众了。然而,这群作家通过质疑主流的理想型男性气质,来攻击资产阶级自我理解模式的核心。公私领域的划分,譬如劳作的男性气质和哺育的女性气质之间的对立互补关系,成为主流价值体系的重要象征机制。女性化的男人打破了这种划分,成为当代价值危机和被大肆宣扬的现代生活颓废的象征。男性气质似乎不再被认为是一种稳定的、单一的、不言而喻的现实。①

男性先锋派作品的女性化,当然只是这一时期性别身份对抗的一种方式。19世纪末,欧洲各国的女性主义运动越来越强烈地要求允许女人进入公共领域。事实上,在这段时期的话语中,唯美主义者经常与"新女性"(New Woman)联系到一起,两者都体现了当代快速变化的性别角色所引发的焦虑。② 然而,如果认为早期现代主义者对女性气质的挪用一定是服务于女性主义目标的,这显然是不明智的。相反,我想说的是,他们对戏仿和表演美学的挪用,实际上进一步加强了那些被质疑的性别等级制度。至少,在早期现代主义的某些文本中,女性化计谋的抵抗力量主要是基于对女性"自然化"身体的彻底否认和离解。

---

① 参见,如 Jacques Le Rider, *Modernité viennoise et crises de l'identité* (Paris: Presses Universitaires de France, 1990),以及 Christine Buci-Glucksmann, *La raison baroque: de Baudelaire à Benjamin* (Paris: Editions Galilée, 1984).

② 参见 Elaine Showalter, *Sexual Anarchy: Gender and Culture at the Fin de Siècle* (New York: Viking Penguin, 1990),尤其是第1章和第9章。

第四章 面具下的男性气概：女性化创作

我将通过对那个时期三篇著名作品的对比，来探讨这一论点：J.-K.于斯曼(J.-K. Huysmans)的《逆流》(*Against the Grain*, 1884)，奥斯卡·王尔德的《道林·格雷的画像》(*Picture of Dorian Gray*, 1891)，以及利奥波德·范·萨克-马索克(Leopold von Sacher-Masoch)的《穿裘皮的维纳斯》(*Venus in Furs*, 1870)。① 将这些不同民族传统的作品放到一起，我的论证不可避免地会淡化影响这些作品创作和接受的重要文化差异。例如，维也纳的唯美主义在许多重要方面与巴黎和伦敦的大有不同；维也纳的文化政治在形式上更平静，更乌托邦化，与大张旗鼓的对抗性主张没有明显的联系。② 然而，我这一章的重点，是要考察欧洲世纪末审美、女性气质和现代性中反复出现的结构，而这种现象本身的出现正是因为文学具有跨越国界的相互感染和影响力。奥斯卡·王尔德对法国颓废派文本很感兴趣，并将之运用于自己的作品，这已广为人知；但是，萨克-马索克在19世纪七八十年代对法国文化的影响很少被文学史学者提及。事实上，长期以来萨克-马索克的作品都几乎完全被文学评论家所忽视，主要是作为受虐狂病态学的原初文本(Ur-text)被阅读，只具有临床意义。

最近，人们对萨克-马索克的兴趣高涨，这至少在一定程度上是由于吉尔·德勒兹(Gilles Deleuze)对《穿裘皮的维纳斯》的著名解读传播甚广，同时萨克-马索克被女性主义者(尤其是电影理论领域

---

① 文本引自以下版本：J. K. Huysmans, *Against the Grain* (New York: Dover, 1969); Leopold von Sacher-Masoch, *Venus in Furs*, in *Masochism* (New York: Zone Books, 1989); Oscar Wilde, *The Picture of Dorian Gray* (Harmondsworth: Penguin, 1985).

② 因而，正如卡尔·肖斯克(Carl Schorske)所提到的那样，"奥地利的美学家们既不像他们的法国知己那样远离社会，也没有像他们的英国知己那样投入社会"。参见 Carl E. Schorske, *Fin-de-Siècle Vienna: Politics and Culture* (Cambridge: Cambridge University Press, 1981), p. 304.

的女性主义者)挪用。① 受虐的、女性化的男性主体形象成为一些女性主义者关注的焦点,她们愈发感兴趣的是分析一种另类的、非阴茎的男性气质的建构;当然,在这方面,当代关于男同性恋主体性的理论与女性主义之间,既有生产性的互动关系,又有着批评性的紧张关系。从这个意义来说,我选择萨克-马索克、王尔德和于斯曼的作品,绝不是武断的决定,而是基于我对新女性主义聚焦的女性化男性(the feminized male)问题的兴趣,同时也是因为我对这种研究的隐忧。女性主义试图通过探索一种另类的、变态的男性气质表征,以打破统一性的、单一的男性气质,尽管我对此表示认同,但是女性主义对这种不正常的男性气质往往肯定得过于急切,以致从心理领域转换到政治领域,却没有很好地描述社会文化决定论中那些居中的、充满历史偶然性的区域。换句话说,如果认为男性认同了女性气质,就一定能颠覆父权制特权,这种想法可能太天真了。

正是在反对这种当代理论的背景下,我试图探讨女性化的男性气质和19世纪晚期欧洲文化的社会等级制度之间的历史和政治关系。我所讨论的文本见证了艺术家与主流社会结构和自身阶级身份的疏离感,它们以一种"反话语"(counter discourse)②表达了对主流资产阶级男性气质的象征性的反抗。但是,它们也解释了这种女性化的男性气质深陷于新兴的商品文化中,而商品文化又为它们风格化的、自觉的唯美主义策略提供了重要的前提条件。尽管这种女

---

① 此类挪用不胜枚举.参见,如 Gaylyn Studlar, *In the Realm of Pleasure: Von Sternberg, Dietrich, and the Masochistic Aesthetic* (Urbana: University of Illinois Press, 1988),以及 Kaja Silverman, "Masochism and Male Subjectivity," in *Male Subjectivity at the Margins* (New York: Routledge, 1992). 相关批评,请参见 Tania Modleski, *Feminism without Women: Culture and Criticism in a "Postfeminist" Age* (New York: Routledge, 1991).
② 关于"反话语"一词的起源,请参见 Richard Terdiman, *Discourse/Counter-Discourse: The Theory and Practice of Symbolic Resistance in Nineteenth-Century France* (Ithaca: Cornell University Press, 1985).

性化的反话语强调性别与性向的模糊性和变化性,但它们主要涉及世纪末同性恋的精英亚文化,鼓励公开再现同性恋身份和表达同性欲望。然而,我的解读将把这些早期现代主义文本的对抗性身份放到一个相对位置,揭示出那种自反性的、戏仿的美学其实非但不与厌女症相互龃龉,反而与其有着千丝万缕的联系。世纪末文化对艺术和艺术技巧的崇拜,指向了性别、阶级、性向和商品文化之间相互支撑又相互对立的关系网,这既促成了文本政治的抗争性,又对其加以限制。

女性化的男性

将男性艺术家想象为某种意义上的女性形象,这在早期浪漫主义的作品中就已有之。浪漫主义狂热崇拜天才,表达了对一种僭越性的男性气质的渴望,与此同时男性艺术家被赋予了敏感、直觉和共情等特质,这些通常被认为本是女性专有的特质。① 因此,就源自公私领域对立的性别象征而言,科学和艺术的分野日趋明显;审美领域被规定为女性气质的范畴,与之相反的科学世界观则具有所谓的客观性和理性。人们认为男性气质等同于中产阶级那种勤奋、理性和克己的规范,这意味着男性艺术家往往被看作雌雄同体,因为他们一直与感官和美密不可分。审美领域逐渐成了一个特权区域,用于探索性别认同的复杂性和模糊性。

然而,在世纪末各种运动(如象征主义、颓废和唯美主义)中,人

---

① 正如克里斯廷·巴特斯比(Christine Battersby)所言:"伟大的艺术家都是女性化的男性。"关于审美赞赏词汇与性别差异词汇之间关系的讨论,则要参见她的 *Gender and Genius: Towards a Feminist Aesthetic* (London: Women's Press, 1989). 另请参见 Alan Richardson, "Romanticism and the Colonization of the Feminine," in *Romanticism and Feminism*, ed. Anne K. Mellor (Bloomington: Indiana University Press, 1988).

们重提"女性化的艺术家"这一认识,在语域上却有重要的改变。虽然在感伤派和早期浪漫主义文学中,男性对女性特质的迷恋是一种表现情感的美学,为情感的酝酿和表达提供了载体,但后来这一母题的表现变得大为不同,强调的是戏仿、风格和技巧。这时,男性艺术家将女性气质挪用为现代性的特征,而不是与之对立。这种阐释的变化也带来了对女性气质的重新概念化,女性气质意味着技巧而非真实,意味着模拟和幻象,而非发自内心的真实声音。在新的伪装下,女性特质逐渐成为体现诗性语言本身自反(self-reflexivity)和自指(self-referentiality)的密码。

审美女性化的重要前提是对女性的美学化,它如前所述,体现于炫耀性的消费现象,以及对时尚、外表和展示的日益重视。精心的梳洗打扮、佩戴饰品、站姿坐姿和自我展示曾是属于贵族精英的做派,如今却逐渐成为现代女性气质的日常实践。例如,在波德莱尔的作品中,读者常常能看见一种对现代女性人为特征的迷恋,她们依靠化妆品、珠宝和服装来创造美的幻觉并滋生出欲望。[1] 当女性气质逐渐与这些常规化的符号结合时,她就从自然的身体中解放出来;当女性气质成为一系列符号的集合时,男性唯美主义者就可以挪用和模仿它。女性气质通过其本身的人为性,成为现代性别身份所具有的不稳定性和流动性的特权标志。

颓废修辞在女性化男性的文化形构中也起到了关键作用,它指涉一种普遍的疲惫感、一种末代感,以及一种将风格作为最高价值的特殊审美观。一方面,马克斯·诺尔道(Max Nordau)等人根据当代的医学和科学发现,提出了一种文化退化的著名论点,认为现代文明逐渐丧失了活力和力量。[2] 另一方面,文学先锋派挪用了许

---

[1] Charles Baudelaire, *The Painter of Modern Life and Other Essays*, trans. Jonathan Mayne (London: Phaidon Press, 1964), pp. 29-34.
[2] Max Nordau, *Degeneration* (London: Heinemann, 1913).

多同样的关于颓废和退化的隐喻,故意去膜拜变态和虚假之物,以强调他们对于资产阶级进步理想的不满。因此,正如19世纪关于进步、英雄主义和民族认同的理念等同于健康男性气质的躯体规范,女性化男性的主题则是对这些理想事物的断然拒绝。当时的评论家曾批评《道林·格雷的画像》缺乏阳刚之气,带有"女流之辈的轻浮"[1],自我认同的颓废派则习惯于认为"男人正变得更优雅,更女性化,更神圣"[2]。对于他们的支持者来说,唯美主义和颓废的现代性恰恰悖论式地宣告了现代性的穷竭,这种现代性通过公然拥护离经叛道之举,拒绝了自以为是的资产阶级理想化的理性、进步和劳作型男性气质。

在王尔德、于斯曼和萨克-马索克的作品中,这一艺术感受力尤为明显,他们笔下的主人公都体现出了对手法、过剩和一切有悖自然的事物的热爱。值得注意的是,每一部作品的主人公都是一个贵族,因此置身于资产阶级生产周期之外,也不受中产阶级事业心的道德观束缚,用《穿裘皮的维纳斯》的男主人公塞弗林的话说,他自己"只是个文学爱好者……生活中的业余爱好者"[3]。唯美主义者拒绝为现世的自我实现而积极奋斗,他们慵懒而被动,具有通常女人才有的一些特征,如虚荣、过度敏感、热衷时尚和矫饰。他们大部分时间都在室内,处于女性所属的私人空间,而不是以工作和政治为特色的公共空间。他们把时间都花在打造一种风格,欣赏生活之美,将生活视为一种美学现象。值得注意的是,无论是道林·格雷还是让·德塞森特(Jean des Esseintes)和塞弗林,都没把自己定义为一个艺术家;浪漫主义关于创造性天才的神话已经枯竭,审美快

---

[1] Regenia Gagnier, *Idylls of the Marketplace: Oscar Wilde and the Victorian Public* (Stanford: Stanford University Press, 1986), p. 59.
[2] George L. Mosse, *Nationalism and Sexuality: Middle-Class Morality and Sexual Norms in Modern Europe* (Madison: University of Wisconsin Press, 1985), p. 44.
[3] Sacher-Masoch, *Venus in Furs*, p. 152.

感现在通过收藏和享受美丽物品的品味来体现。之前我们谈过女性气质与消费的关系,强调消费的快感而不是生产的快感,这使得唯美主义者的女性化状态更为明显。唯美主义者对装饰艺术和"高雅"艺术的着迷也是如此;他的风格实践体现在对装饰和服饰细节的享受,精心装潢的室内房间和绚丽多姿的时尚,都在这三部作品中扮演了重要角色。当然,这种对装饰的关注本应该是中产阶级妇女的特点,她们因为无法创作伟大的艺术作品,就被鼓励将审美感全部用在对自己的装扮,以及对资产阶级家宅的私密内部空间的打造上。①

此处我们想到的人物原型,很显然是花花公子的形象,埃伦·默尔斯(Ellen Moers)将之描述为"一个致力于通过品味来使自己完美的人,他追求外在的完美,而对表面之下的东西全不在乎"②。花花公子的神秘感源于传奇人物博·布鲁梅尔(Beau Brummel)的低调优雅,但在世纪末颓废文化和故意追求"大于内容的形式"这一语境下,这个概念又被赋予了新的重要性。作为时尚的贵族,花花公子敏锐地意识到衣着和言行上微小细节所具有的符号意义。花花公子致力于将自我作为一种审美物进行生产,他是时尚的终极代表,体现了王尔德继波德莱尔所称的"美的绝对现代性"(absolute modernity of beauty)③。花花公子既像女人,又像艺术品,因此往往被认为一无是处;他把外表看得高于本质,将装饰性看得高于功能性,这是对功利主义和工具主义专制的抵抗。

---

① 参见 Rémy G. Saisselin, *Bricabracomania: The Bourgeois and the Bibelot* (London: Thames and Hudson, 1985).
② Ellen Moers, *The Dandy: Brummell to Beerbohm* (New York: Viking, 1960), p. 13. 另请参见 Marie-Christine Natta, *La grandeur sans convictions: essai sur le dandysme* (Paris: Editions du Félin, 1991), 以及 Jessica R. Feldman, *Gender on the Divide: The Dandy in Modernist Literature* (Ithaca: Cornell University Press, 1993).
③ Wilde, *Dorian Gray*, p. 160.

第四章 面具下的男性气概：女性化创作

因此，女性化男人的一个反复出现的特点是，他将日常生活转变为审美，他孜孜不倦地关注表演性生活方式的细微之处。例如，《逆流》详细描述了疲惫的贵族德塞森特的艺术实验，他是家族的最后一个子嗣，而这个家族的特点就是男丁越来越严重的"阴柔化"。于斯曼斯笔下的主人公抛弃了巴黎社交圈，去往一个与世隔绝、装潢精美的隐居之所，苦心孤诣地追求一种精致造作的愉悦。整个作品几乎都在描述主人公收藏的奇异玄妙的艺术品，描述他对色彩、材质和风格的挑剔，以及他对酒水和香水细致入微的感官体验。在《道林·格雷的画像》中，王尔德描述了英国上流社会优雅的唯美主义者，对于这些人而言，"生活本身就是首要的、最伟大的艺术"[1]，王尔德也和德塞森特一样，藐视资产阶级社会那些庸俗的规范。王尔德笔下的人物慵懒地待在伦敦的时髦客厅里，全身心地崇拜纯粹之美，一丝不苟地追求风格。道林的形象就生动地体现了花花公子如何将自己变成一件艺术作品，肖像画展现的正是道林的品质；他被锁在一个隐形的画框中，这让他和连续的历史相分离，被凝固在静态不变、美轮美奂的图像中。"过度发达的唯美主义"也是《穿裘皮的维纳斯》中主人公的典型特点[2]，它甚至驱使主人公逃离现代社会的平庸，全身心投入对专横的伯爵夫人旺达的理想化崇拜中。在塞弗林所扮演的奴隶角色中，他既像个女人，又像个婴儿；他被情妇鞭打和羞辱，必须听她反复嘲笑他"不是男人"。萨克-马索克的文本描述了一场仪式性演出，是精心导演和装扮的色情喜剧；生活通过一种高度风格化的主仆关系而转化为艺术，而这种故意显得与时代格格不入的关系本身就在不断地提醒我们，这是一场戏剧表演。

---

[1] Wilde, *Dorian Gray*, p. 160.
[2] Sacher-Masoch, *Venus in Furs*, p. 175.

商品美学和自恋的文本

女性化男人的自恋维度,在道林·格雷这个形象中得到了充分体现,他的红唇、金发和青春永驻不断提醒我们他雌雄同体的特质。如雷切尔·鲍尔比所言,道林渴望如肖像画一样完美无缺,永不凋败,如果说这种渴望神奇地预言了当代广告中梦幻世界里传递的自恋式幻想,那么这种渴望也强调了他的女性化特征,因为在商品文化里流通的主要是女性形象,这类形象是人们认同和欲望的对象。[1] 而且,道林痴迷于自己的肖像,这更像是再现领域中身份建构的寓言。当道林看到了友人艺术家巴兹尔·霍尔沃德(Basil Hallward)所画的理想化的自己时,才开始有了一种自我意识:"眸子里透出喜悦之情,好像第一次才认识自己似的……他感受到自己的美丽,就像是得到一种启示。"[2]埃德·科恩(Ed Cohen)对这一场景的解读含蓄地借鉴了拉康的镜像理论:"第一次看到完成的肖像画,道林遭遇了巴兹尔欲望的'魔镜'中折射的自我。这个图像将他对身体各部分零散的感知组合成一个明显独立的整体,重新定位了道林与自身身份和社会语境的关系。"[3]

重要的是,道林的自恋是"女性化"的,这体现在他对自己外表的迷恋,以及对他人欲望所生成的自我形象的迷恋,并更具一般性地展现了小说中身份被文本中介的过程。道林·格雷的形象实际上是各种文本相互作用的产物——巴兹尔的画作、"邪恶"的书及亨

---

[1] Rachel Bowlby, "Promoting Dorian Gray," *Oxford Literary Review*, 9, 1/2 (1987): 152.
[2] Wilde, *Dorian Gray*, p. 48.
[3] Ed Cohen, "Writing Gone Wilde: Homoerotic Desire in the Closet of Representation," *PMLA*, 102, 5 (1987): 808.

利·沃顿(Henry Wotton)的格言警句——王尔德的文本总是涉及原作和复制品的区别,即真正的道林和他的模仿品。王尔德揭示了身份是虚假的,也揭示了身份的不确定性和不稳定性,破坏了浪漫主义关于"真实的内在性"和"有机主体"的思想。"不真诚是件坏事吗?我认为不是。它只不过是一种方法,让我们可以具有多重性格。"①当《道林·格雷》质疑区分真品和仿品的意义时,德塞森特则渴望一种完全虚假的存在,在这样的存在中,经验可以转变成风格。在他与世隔离的居所里,家具和装饰的巧妙组合即可模仿出修道院的简朴之美,既不需要身体上的苦修,也无需宗教上的坚信。他用精挑细选的图像、气味和物件来布置餐厅,使他自己的餐厅复制出了邮轮之旅的种种感觉,真正的旅行反而没必要了。对于于斯曼的男主人公来说,深厚的审美和专业的技术就能制造出幻象和手法,这让自然本身反而成了过时之物。

所以,我所论述的文本中性别身份的模糊更进一步质疑了真实自我的问题,特别是当这种自我处于一种日益被技术复制和商品美学逻辑所影响的文化中时。一方面,唯美主义者想要独自沉浸于对神秘奇特之物的追求,由此将自己从现代社会的乏味平庸中分化出来。他对个人主义的极端崇拜,是通过一种贵族式的、乖张的个人风格来实现的,不惜为此放弃与公众和社会的交往。这一主题在德塞森特的唯我主义逃遁中得到了最充分的体现:现代性不再等同于公共空间的地形学概念,而是心理上和空间上的自我封闭,这为逃离陈腐的大众社会提供了避难所。游荡者原先探究的是外部世界,现在转变为收藏者的内部探索,在思想中跨越时空,对积攒的各色各样物品和艺术品进行沉思——瓦尔特·本雅明称之为"内在的幻

---

① Wilde, *Dorian Gray*, p. 174.

象"(phantasmagorias of the interior)①。然而,当唯美主义者占有了这些过去文化和异域传统的文本和物时,他们将之挪用为风格分化的标志,并由此彰显自己的独特性,这样的结果是让那些非共时的事物获得了共时性,导致空间和时间的差异被奇特地中和并去语境化了。

然而,这种对风格语义学的关注,也说明了唯美主义者虽然貌似与商品文化双峰对峙,但实则对它有着持续的依赖。他们不断寻找奇珍异货,是因为这些东西尚未被大规模复制而变得廉价,这其实与资本主义消费文化崇尚新奇的逻辑是一致的;最高贵的文化优越感,仍然摆脱不了粗俗的购买。② 正如罗莎琳德·威廉姆斯所指出的,精英消费者与普通的消费者一样,总是忙于购买;他不断寻找神奇物件,希望借此赋予自己期望的自我形象和地位,这说明他不断地在抵抗并回应大众市场带来的商品平庸化。因此,唯美主义者试图创作一种独特的个人风格,这表明他不可避免地要依靠他声称反对的价值评估标准。同样地,当他表现出对现代工业和技术进步的不屑时,正是这些进步成就了他追求卓尔不群的高级愉悦的前提条件,尽管对于这一点他常习而不察。

在更普遍的意义上,世纪末对风格和外观的痴迷,反映了日益广泛的日常生活的美学化,这种美学化是通过形象和商品消费来对经验进行中介,让所有关于真实自我的吁求变成了另一种虚构。正如亨利·沃顿那个令人信服的说法所言,"自然仅是一种姿态"③。换句话说,唯美主义者对身份人为性的认识,源自这样一种语境:大

---

① Walter Benjamin, *Charles Baudelaire: A Lyric Poet in the Era of High Capitalism* (London: Verso, 1983), p. 167. 另请参见 Susan Stewart, *On Longing: Narratives of the Miniature, the Gigantic, the Souvenir, the Collection* (Baltimore: The Johns Hopkins University Press, 1984), pp. 151–169.
② Rosalind Williams, *Dream Worlds: Mass Consumption in Late Nineteenth-Century France* (Berkeley: University of California Press, 1982), p. 119.
③ Wilde, *Dorian Gray*, p. 26.

规模生产的符号、物品和商品构成主体性和社会地位愈发重要的标识,但这个标识也越来越不稳定。因此,在19世纪晚期,美学领域不断加剧的自我分化不应该被解读为与纯粹的工具化、理性化世界的彻底决裂。相反,早期现代主义与更普遍的社会性的文本化之间有着某种延续性;艺术成了唯一体现自然的权威形式,现实也不过是一种模仿,就如日常生活日益具有想象式再现的特征。当世纪末的先锋派艺术家抨击新兴工业和消费文化的庸俗一面时,他们同时也痴迷于图像、文本、景观的新型力量,他们别具一格的创新式写作既肯定又质疑了这样一种力量。

因此,当文学试图去效仿绘画艺术时,作家们通过创作空间化的(而非时间的)形式结构,将社会历史现实扁平化为外表和意象的集合。事实上,绘画和镜子在这三部作品中都具有重要的主题意义,每部作品渴求的都是那种二维静止的典型范式。例如,吉尔·德勒兹这样描述《穿裘皮的维纳斯》的形式逻辑:"女性施虐者凝固成为一种姿态,如同雕塑、绘画或照片。她在挥起鞭子或脱下裘皮时停住了;她转身去看镜子的自己,动作也凝固了下来。"[1]基于一种梦幻般的联想逻辑——做梦事实上在文本中具有重要作用——《穿裘皮的维纳斯》在其插曲式的结构中不断模拟绘画和图像,图像被描述为暗恐的、幻想的,完全缺乏历史特征。地理和时间的模糊性说明,小说主要描述的是热爱幻想的主体的想象,这就导致了残忍女性的形象在文中反复出现,一成不变,这是一种仪式化的、自指性的重复。如在《逆流》中一样,这里的描述优先于叙述,情节发展让位于静止和非历史性,有时就像幽闭恐惧症的状态。唯美主义的地形学是框格化空间,它同时具有解放性和禁闭性,因为它既在一

---

[1] Gilles Deleuze, *Coldness and Cruelty*, in *Masochism* (New York: Zone Books, 1989), p. 33.

定程度上远离了社会,也将主人公锁在自恋式的自我冥思中。

唯美主义抛弃了有机的叙事和现实主义的美学特征,这就带来了它对语言表面意义自反性的关注,注重语言的纹理和机制。例如《逆流》可以被看作最早的现代小说之一,它饱受争议之处在于缺乏情节。尽管作者显得对商业文化不屑一顾,但整本书充斥着对艺术作品、室内饰品和装潢的拜物教式描写,颇有几分色情味道,这样的风格让人想到了商品目录上的诱人描述。于斯曼痴迷于语言的物质性,他有时将语言比作腐烂的尸体,有时又把语言比作贵重金属、珐琅和珠宝。他的这种语言癖好体现为一种有意为之的颓废风格,总是在语言中暗藏机锋,运用怪典,希望让语言变得和物体一样不透明。同样,萨克-马索克的风格也显得程式化,他大量使用刻板的语言素材,让语言变得固化和不真实,从而破坏了语言原有的指称维度。[①]《道林·格雷》最接近现实主义的传统叙事和维多利亚式情节剧,但也有非常明显的语言自觉性,这既体现在王尔德巨细无靡、繁复华丽的描写上,也体现在他对《逆流》和沃尔特·佩特(Walter Pater)的《文艺复兴史研究》(*Studies in the History of the Renaissance*)的戏仿和借用上,但最重要的一点体现,则是散见于文本中的警言和悖论,它们暗中颠覆了此书看似符合道德的结局。[②]语言本身成了时尚的标志,成了花花公子的能指;文学风格成了夸耀式展现的对象,这是为了炫耀而炫耀,并不服务于任何再现的功能。这三个文本在结构和风格上都重形式而轻内容,重风格而轻历史,这也符合它们主人公的特点。因此,这三部作品代表了一种关于戏仿、碎片化和美学自觉性的文本实践,从它们身上可以窥见未来出现的高峰现代主义(high modernism)文本的特征。

[①] Gertrud Lenzer, "On Masochism: A Contribution to the History of a Phantasy and Its Theory," *Signs*, 1, 2 (1975): 295.

[②] Bowlby, "Promoting Dorian Gray."

第四章 面具下的男性气概:女性化创作

文本性和同性恋

可以说,女性特质的传统主题在19世纪晚期唯美主义运动的反话语中起到了特殊的作用,它代表了在形式上和主题上对与资产阶级男性气质相关的一系列价值观和意识形态的拒绝:历史进步论的叙述,强调功能胜过形式,以及现实原则的至高无上。从反自然主义的立场来看,性别范畴是社会性和象征性组织的核心概念之一,为我们挑战主流的"真实"(the real)定义提供了一个重要场域。当男人染上了女性特质,女性特质就被陌生化了,被放入引号中,成为自由浮动的能指,而不是神赐的不变自然属性。通过在不适宜的语境中进行引用而产生的陌生化效果,当然是戏仿的典型特征,而戏仿与男人的女性气质是辩证的相互依存关系。如果主人公对风格、引用和语言游戏的喜好是源自其女性气质,那么反过来他对女性气质的滑稽模仿,则确认了戏仿型世界观的权威性。女性化的男性解构了现代资产阶级男性与家庭化自然女性的传统对立:他是男人,却不代表理性、功用和进步的男性价值观;他虽然呈现出女性化特征,但十分不自然。于是,他的女性气质代表不管是被赞誉为一种颠覆,或是被贬损为一种病态,都是对性别固定认知的颠覆,而同样的特质如果出现在女性身上,则只是证明了她们无法摆脱自然状态。例如,里夏德·冯·克拉夫特-埃宾(Richard von Krafft-Ebing)声称,受虐狂只是男性特有的变态行为,因为自然赋予了女人"自愿服从的本能"[1]。换句话说,因为男性唯美主义者的挪用,女性特质

---

[1] 转引自 Bram Dijkstra, *Idols of Perversity: Fantasies of Feminine Evil in Fin-de-Siècle Culture* (New York: Oxford University Press, 1986), p. 101.

的符号学意义从根本上发生了变化。

然而,在这些作品中不仅性别受到了质疑,就连自然化性向的概念也都受到了挑战,这里探究的是各种各样的性爱角色和选项:男性受虐狂、同性恋、异装癖、窥阴癖和拜物教。譬如,德塞森特恍惚中回忆起从前爱慕过的一位美国杂技演员,这个叫"乌拉尼亚小姐"的女人非常强壮,他对她的情欲来自对方身上潜在的男性气概。在这种欲望的控制下,"他很快得出了这样的结论:他自己越来越像女人";他愈发迷恋乌拉尼亚小姐,"对她的渴望,就像是一个纤弱的年轻姑娘对高大粗野的赫拉克勒斯的渴望一样,如果搂她入怀,他的臂膀就能将她压扁"。① 这种希望被强壮女人所控制的欲望,与他寻求变态的刺激、追求非自然的人为快感有关。在早期现代主义的后期作品中,浪漫派对直接的力比多愉悦感的渴望被大大削弱了;欲望不是被象征界(symbolic order)压制,而是被认为经由象征界来构成。这种色情的审美化在《穿裘皮的维纳斯》中表现得尤为明显,在这部小说中,性欲的产生和中介是通过文本性的各种形式:书信、契约、书籍、绘画、雕像和精心设计的戏剧化仪式。在解读萨克-马索克时,德勒兹找到了文本的形式逻辑与男性被动受虐主题之间的多重联系。该书对皮草和服饰的迷恋及静态情色场景的仪式化,表现了源自受虐幻想中悬疑、等待和拒绝的快感;德勒兹令人信服地指出,这种快感与施虐狂那种充满自我意识和沉思的唯美主义截然不同。

在此,我首要关注的是写作如何被赋予了女性气质,而不是写作与反常性行为的关系(关于这一点,我会在最后一章有更详细的讨论)。然而,应该指出的是,最近的同性恋研究让我们重新评价世纪末的风格政治,这一时期通常被认为是现代同性恋身份形成的关

---

① Huysmans, *Against the Grain*, p. 98.

键时期。大部分同性恋研究都质疑了马克思主义对于唯美主义的定见——即将之视为一种逃离社会的无政治立场——转而强调唯美主义在性别政治领域中潜在的反抗意义。美学和风格实践被重新定义为亚文化身份建构中具有反抗性的重要象征机制,而不是被解读为资本化进程中的副现象。比如,理查德·德拉莫拉(Richard Dellamora)细致地研究了唯美主义与男性同性恋在19世纪英国文学亚文化中的联系,他认为霍普金斯(Hopkins)和斯温伯恩(Swinburne)这样的作家"试图用诗歌来创作一个美学-文化空间,在这里男性可以挑战传统性别规范,颂扬男人之间的同性欲望"[1]。美学领域之所以如此具有吸引力,就是因为它允许表达特定形式的同性恋情感,尽管这种表达是间接和曲折的,但在别的地方,这类情感根本无法公开说出来。

从现在的视角来看,早期现代主义中具有自我意识的审美情感与现代同性恋的社会表达之间,似乎存在相当程度的关联和对应。唯美主义否定自然化的自我,因此也否定自然的性行为,这就为那些不遵循主流异性恋规范的人提供了一种有战略价值的反抗视角。唯美主义蔑视道德规范,不忌惮任何禁忌,这就潜在地抵制了日益严格的伦理和医学规范,因为这些条条框框总是试图去界定并管控所谓健康男性的性行为。此外,世纪末对美和外表的过分关注,使男性气质的情色化成为可能,男性气质被转化成一种景观,而这些在以前是不可能的。男性身体被重新定位为视觉快感的来源和欲望的对象,同时也被认为是高度编码的人工建构物。唯美主义的风格化和戏剧化,是通过活出一种"带引号"的生活来体现的,于是唯美主义成为"坎普"(camp)情感的关键特质,而"坎普"正是世纪末

---

[1] Richard Dellamora, *Masculine Desire: The Sexual Politics of Victorian Aestheticism* (Chapel Hill: University of North Carolina Press, 1990), p. 167.

城市精英的同性恋生活方式。①

当然,奥斯卡·王尔德是将花花公子和同性恋结合的典型代表;当他因同性恋行为而被定罪时,王尔德已经成为大众眼里代表性越界的标志人物。②尽管早期对《道林·格雷的画像》的同性恋解读试图在文本中发掘出社会造成的愧疚感和自责,但近年来的批评解读已经超出了心理自传的框架,而去探讨作品的审美自觉性如何表达了同性恋在当时的含混身份。因此,埃德·科恩认为:"在《道林·格雷的画像》中,王尔德质疑了再现本身,对抗了历史中将男同性恋视为'不敢说出名字的爱'的做法,从而创造了男子同性情色欲望的永恒符号。"③乔纳森·多利莫尔(Jonathan Dollimore)甚至认为王尔德就是一个尚未获得封号的后现代主义者,王尔德对表象和风格的反本质主义聚焦,让他能够探索流动的、边缘的身份和欲望,而在他的同时代人看来,这种文化是可耻的。对于多利莫尔而言,王尔德的"越界美学"与他的"越界性行为"有着紧密联系,是对真实自我和自然化自我的理想主义神话的彻底颠覆。④

多利莫尔重点关注的是王尔德戏仿美学所具有的解放性,但前者同时也认识到,这种美学与同性恋的被边缘化和被歧视的历史环境有关。模仿和伪装往往是19世纪晚期同性恋人士生存的必要手

---

① Susan Sontag, "Notes on 'Camp,'" in her *Against Interpretation and Other Essays* (New York: Octagon, 1978), pp. 275–292. 另可参见 Andrew Ross, "Uses of Camp," in his *No Respect: Intellectuals and Popular Culture* (New York: Routledge, 1989).

② Ed Cohen, *Talk on the Wilde Side: Towards a Genealogy of a Discourse on Male Homosexuality* (New York: Routledge, 1993), pp. 1–2.

③ Cohen, "Writing Gone Wilde," p. 811. 另请参见 Eve Kosofsky Sedgwick, *Epistemology of the Closet* (Berkeley: University of California Press, 1990), ch. 3. 早年间对王尔德小说的理解,请参见 Jeffrey Meyers, "Wilde: The Picture of Dorian Gray," in *Homosexuality and Literature, 1880–1930* (London: Athlone Press, 1977), pp. 20–31.

④ Jonathan Dollimore, "Differential Desires: Subjectivity and Transgression in Wilde and Gide," *Textual Practice*, 1, 1 (1987): 48–67. *Sexual Dissidence: Augustine to Wilde, Freud to Foucault* (Oxford: Oxford University Press, 1991)一书对该论点进行了拓展。

段，而不仅是为了遵循某种时髦的审美哲学。对于那些被迫采取手段掩饰被定义为不道德和具有非法性向的人来说，表演通常是每日必做之事，而不是为了取乐。从这个角度来看，王尔德对人造物品的赞美，以及对面具的喜爱，实际上是苦中作乐。尼尔·巴特利特（Neil Bartlett）写道："在1895年的伦敦，人们并不认为男人可以成为'天生的同性恋'。爱同性的男人只能被描述为错位的人，有什么东西颠倒了，或者就是变态、怪人、病人、受害者、变异者。"[①]同性恋唯美主义者接受了传统等级，然后将之倒置，这是有意识地使自己一直以来受谴责的特性合法化。

此外，尽管唯美主义和男同性恋有一定的关系，但是它们仍然是有交集的亚文化形式，而不是完全相同的领域。并非所有的唯美主义者都是同性恋；相反，阴柔的贵族花花公子只是同性恋在世纪末被再现及自我呈现的一种方式。例如，还有一种传统是呼唤新古典主义的理想英雄气概，以此来刻画男性同性恋欲望，这种传统也颇具影响力，但对男同性恋的描述就完全不同。因此，德国在世纪末出现了一些全部由男青年组成的社群，它们公开拒绝现代性的颓废之风，弘扬自然化的、充满情欲的男子气概，称颂那种健硕活跃的裸体之美。[②] 此外，性学为性"倒错"提供了一个主流的阐释框架，将同性恋解读为一种个人无法控制的先天不足。在这种语境下，如多利莫尔在讨论安德烈·纪德（André Gide）时所言，不可摆脱的先天性别身份成为人们解释同性欲望合法化的常用计策；在保护边缘身份这方面，本质主义和生物决定论可能起到了具有历史进步意义的作用。[③]

[①] Neil Bartlett, *Who Was That Man? A Present for Mr. Oscar Wilde* (London: Serpent's Tail, 1988), pp. 163-164.
[②] Mosse, *Nationalism and Sexuality*, pp. 45-65.
[③] Dollimore, *Sexual Dissidence*, ch. 3.

正如这几个例子所表明的那样,将反讽、唯美主义和乔装说成男性同性恋情感的根本特征,这种做法本身是有问题的,因为它把性偏好与一些历史主导的、因文化而异的实践活动混为一谈。这样的做法不过是强化了它试图削弱的那种真实性,因为它要求同性恋去遵守一种虚假和过度的"坎普"美学。① 将同性恋与表演和乔装的美学联系在一起,这本身就是由19世纪晚期的阶级特权所决定的;通过风格化的表演和迷人的生活方式来塑造自我,这不过是少数人的选择。因此,花花公子讽刺性地暴露了商品所具有的情色性和任意性,这本身就说明了他们购买的能力,也体现了他们以"富贵病"为标志的社会地位。② 换句话说,正如最近的理论家指出的,如果把唯美主义文化阐释为真正的同性恋自我的形成,这将是具有误导性的。我们真正应该做的,其实是去分析其历史的特殊性,展现19世纪晚期的文学对同性恋欲望的描写是如何利用并挑战了其他领域对于这种欲望的另类定义,譬如当时法律和医学话语中对同性恋的定义。③

可恶的女人

在探究了花花公子-唯美主义者的形象与现代主义文学所带来的语言再现危机的关系之后,我现在想把关注点转向构成这种关联

---

① 参见 Jack Babuscio, "Camp and the Gay Sensibility," *Gays and Film*, ed. Richard Dyer (London: British Film Institute, 1977), pp. 40-57. 这是这篇文章的问题之一,否则这篇文章中的讨论非常具有启发性。有关"同性恋情感"(gay sensibility)的批判性,请参见 Dollimore, *Sexual Dissidence*, pp. 308-313.

② Sontag, "Notes on Camp," p. 289. 另请参见 Bartlett, "Possessions," in *Who Was That Man?*

③ 参见 Cohen, *Talk on the Wilde Side*.

的"女人"和"女性气质"之间的关系,我认为这种关系是大有可疑的。我已经说过,在《穿裘皮的维纳斯》《逆流》和《道林·格雷的画像》中存在戏仿的技巧,以及对幻象、模仿和装扮的指涉,它们动摇和破坏了一系列对立关系,包括性别差异的基本二分法。然而,这种颠覆策略本身反过来可能会强有力地制造并维护新的边界,比如三部作品中都有相似的排他逻辑,这就是最好的证明。

在这里,庸俗的概念成为象征的中心,代表着唯美主义的反面。它的存在因为其具有的否定性而获得了凸显:例如,王尔德笔下有个无精打采的亨利·沃顿,此人充满倦意地反思"一个像我们当下这般局促和庸俗的时代",并表达了他自己对"文学中庸俗现实主义"的深恶痛绝。[1] 在《穿裘皮的维纳斯》中,塞弗林自己极度厌恶"一切不入流的丑陋之物"[2]。德塞森特谴责"庸俗的现实,平凡的事实"[3],并明确反对大众的粗俗品味,以此界定他的审美品味。在这些不同语境下,庸俗具有多样而复杂的相关意义;它指向物质的领域——自然、物质、残酷的事实——但也指向大众(非精英)文化,即普通人粗糙劣质的生活。这两种意义当然有关系;从唯美主义者的角度来看,大众的粗俗源于他们对世界基于感官的直接认识,以及他们天生的与身体的亲近。[4]

因此,唯美主义对那些习以为常的区别的颠覆,恰恰是基于并强化了雅士和庸人的区分,而后者按照定义,根本无法实践这种变幻反讽的情感。换句话说,这种元区别(meta-distinction)既是美学的,也是政治的;它肯定了某种特殊阐释模式(具有自我意识、反功利主义、反讽)的优越性,而这种模式反过来又受到阶级和性别利益

---

[1] Wilde, *Dorian Gray*, p. 60 and p. 231.
[2] Sacher-Masoch, *Venus in Furs*, p. 174.
[3] Huysmans, *Against the Grain*, p. 20.
[4] 关于下层阶级身体再现的历史变化,请参见 Peter Stallybrass and Allon White, *The Politics and Poetics of Transgression* (Ithaca: Cornell University Press, 1986).

的影响。唯美主义者可能被视为反对资产阶级文化虚伪和僵化的英雄,然而从另一个角度来看,这种否定表明了一种贵族式的不屑,针对的是不属于这种波希米亚精英的所有人。正如安德烈亚斯·许森所指出的那样,在男性现代主义的文本中,"所有人"在性别上通常都是女性化的;妇女和大众成为现代生活日益泛化的庸俗性的双重象征,构成了对艺术家脆弱地位和身份的威胁。[1]

因此,唯美主义者以玩笑的方式颠覆了性别规范,同时又效仿了女性气质,但一个悖论是,这样做使他们与女性愈发疏远,并由此强化了对女性的优越感,因为女人的天性使她们无法获得这种逍遥自在的符号流动性和精密复杂的审美。通过对消费风格的严格分化和区分,性别和阶级等级制度都得到了维护和巩固。雷切尔·鲍尔比认为,世纪末的唯美主义者预言了20世纪大众文化催生的女性化自恋主体将会取代资本主义早期禁欲的资产阶级个体。[2] 然而,与此同时,人们煞费苦心地去定义女性化的唯美主义者,将之与粗俗的女性消费者明确对立起来。比如,德塞森特就再也无法感受到某些物品(比如特定的花或珠宝)带来的快乐,原因是它们被中产阶级女性的品味玷污了。当于斯曼的主人公去消费文学时,他的"精神天生就深谙世故,不喜欢多愁善感"[3],因此不能容忍女性作家的作品,她们总是以一种令人作呕的庸俗手法表现那种"蹩脚的闲聊"[4]。如果美学家和花花公子跟女人一样都是消费者,那么他就必须表现出自己的品位更高,或者品位与众不同。正如A. E. 卡特(A. E. Carter)所指出的,颓废派与浪漫主义传统的根本区别,在

---

[1] Andreas Huyssen, "Mass Culture As Woman: Modernism's Other," in his *After the Great Divide: Modernism, Mass Culture, and Postmodernism* (Bloomington: Indiana University Press, 1986).
[2] Bowlby, "Promoting Dorian Gray."
[3] Huysmans, *Against the Grain*, p. 137.
[4] Ibid.

于前者是二元否定，不仅谴责俗气的现代城市文化，而且还抨击人们对未被改变的自然田园的怀念。①在这种悲观的观点中，女性代表了文化和自然中最令人鄙夷的方面，是现代资产阶级社会粗俗和空虚的例证，也代表了一种失控的激情和情感的泛滥，这正是阳春白雪的男性唯美主义者深恶痛绝的。

所以，当花花公子以自恋式的自我崇拜来追求独特性时，他们眼里的女人就代表了他们最厌恶的现代生活的趋同性和标准化。德塞森特以其特有的忧郁之心，回忆了他在拉丁区②遇到的妓女和吧女，说她们"就像是同时定在一个音调上的自动机器，以同样的口吻发出同样的邀请，卖着同样的笑，说着同样的蠢话，沉溺于同样荒诞的想法"③。这样的描述让我们想起前文提到的机械化女人；巴黎的妓女们挤在狭窄的城市街道，与路过的游荡者没什么区别，她们都是大规模生产的同一种机械玩偶，体现了系列复制的逻辑。浪漫和激情本身已经变得常规化，变成了被规训的女性身体自动表演的一系列标准化手势和表情。道林·格雷以类似的方式来表达他对西比尔·文（Sibyl Vane）的激情，将这个女演员的动人魅力与普通女性那种平凡简单、落入俗套的品质做了对比："她们受自己时代的局限。魅力也无法使她们脱胎换骨。她们的头脑像她们的帽子那样一目了然。你总是可以看得清清楚楚。里面没有任何秘密……她们的笑容一成不变，她们的举止非常时髦。她们很肤浅。"④在这两个例子中，女人的肤浅和雷同象征着抽象的同一性及同一化的经济，也象征着世界普遍的去魅，在这个世界里女性的性

---

① A. E. Carter, *The Idea of Decadence in French Literature: 1830－1900* (Toronto: University of Toronto Press, 1958).
② 拉丁区，位于巴黎塞纳河左岸，处于巴黎五区和六区之间，从圣日耳曼德佩区到卢森堡公园，是巴黎著名的学府区。——译注
③ Huysmans, *Against the Grain*, p. 162.
④ Wilde, *Dorian Gray*, p. 76.

征就像艺术那样被剥夺了救赎的光晕,被日常生活的理性化所污染。

尽管这些描述强调了现代女性气质的机械化、去个性化和无灵魂的特质,但花花公子同时也认为女性体现了她们性别中天生的愚蠢,认为她们重直觉,无理性,天生就情感泛滥。例如王尔德的亨利·沃顿和道林·格雷就经常嘲笑女人令人厌倦的多愁善感,嘲笑她们情感泛滥到无法自拔。"女人……靠她们的情感生活,一心只想着情感。"①王尔德的小说反复提到女人——这里的女人与"女性气质"正好相反——毫无节制地表达汹涌澎湃的爱。《穿裘皮的维纳斯》中的女主人公也体现了这一点,即女性等于天生的甚至返祖的情感:"尽管文明在进步,但是女人还是保持着上帝刚把她们造出来的那个样子……男人,即使是自私或邪恶的男人,总还是遵循原则,而女人只听命于自己的感情。"②塞弗林在回忆自己青年时代时,也将女性和情感泛滥联系起来,《穿裘皮的维纳斯》里随处可见这种文本逻辑:"当我开始思考爱情时,我这个初出茅庐的少年觉得爱情是那么粗俗;我尽量避免与女人接触。"③

因此,唯美主义者在定义自己的身份时,明确地将自己与女性本能的激情倾向相对立。例如道林·格雷下面的这段话,就表达了他渴望自给自足、情感自控:"一个独立的人能够轻而易举地了却悲伤,就像他能随意自得其乐一样。我不愿受自己情感的摆布。我要利用情感,享受情感,征服情感。"④唯美主义渴望通过自律来自治,这就明显地表明,唯美主义看似与理性主义和禁欲主义世界观划清界限,实际上却与之有潜在的相似之处。所以,亨利·沃顿以纯粹

---

① Wilde, *Dorian Gray*, p. 120.
② Sacher-Masoch, *Venus in Furs*, p. 192.
③ Ibid., p. 174.
④ Wilde, *Dorian Gray*, p. 138.

的审美看待生活,具有无功利性和超然性,这与科学的试验方法和外科医生的检视颇为相似。"他经常被自然科学的方法所吸引,却又觉得自然科学的一般论题太琐细,也太无意义。于是他先是解剖自己,末了又去解剖别人……又何必管它要付出多大的代价?为了得到一种新的感觉,再高的代价也是值得的。"[1]这里,唯美主义与自然主义紧密相关,因为两者都依赖于实验这个整体性譬喻。同样的,德塞森特也将自己视为反讽冷静的观察者,不仅观察自己的内心活动,也观察别人的生活;通过他疲倦的细查,人们发现生活不过是情节拙劣、陈词滥调的艺术作品。

于是,波德莱尔声称,艺术家"只源于自己"[2],这种断言表达了一种理想化的自给自足的个人主义,而在唯美主义者的超然情感中,这种个人主义获得了激进的确认。在自我塑造的过程中,花花公子否认依赖于他人,特别是依赖于母亲形象,这是他们最憎恨和害怕的女性形象。[3] 他们害怕情感纽带,觉得这对他们的独立自我构成了潜在的威胁,这种担心同时也伴随着他们对性和身体的焦虑;他们幻想超越平凡肉身的束缚,这明显体现了一种升华冲动(sublimating impulse)。唯美主义者否认一个现实,即自己被生物性和生理性所决定,他们试图超越肉体的低级欲望。这一主题在《逆流》中十分明显,如鲁道夫·加谢(Rodolphe Gasché)所言,德塞森特以反自然的方式生活,并借此超越自然,是"为了获得脱离感官的纯粹,因此,过上一种纯粹的精神生活,仅仅关注自然的拟像,其形式为人造物品、记忆或本质"[4]。道林·格雷也有一种逃离肉身局限的欲望,这体现在他对自己的美学化过程中,也体现在将自己

---

[1] Wilde, *Dorian Gray*, pp. 82-83.
[2] 转引自 Marshall Berman, *All That Is Solid Melts into Air: The Experience of Modernity* (London: Verso, 1983), p. 156.
[3] Natta, *La grandeur sans convictions*, p. 152.
[4] Rodolphe Gasché, "The Falls of History: Huysmans's *A Rebours*," *Yale French Studies*, 74 (1988): 195.

转变成一个完美无瑕的偶像,以对抗——哪怕只是暂时的——"衰老的丑恶"和自己凡人肉身的现实。萨克-马索克的文本看似充满色情意味,却也十分关注禁欲主义,追求的理想是将感官精神化并超越肉体。三部作品中都体现了对宗教仪式饰物的痴迷,这反映了他们对基督教观念深层次的忠诚,这种观念认为自然在本质上是低级和腐败的,而艺术现在可以代替宗教去实现升华。[1]

在这种背景下,女性身体成了他们的一个主要象征之域,用来对抗和控制狂野自然的威胁。如果花花公子-唯美主义者代表着对精神理念的追求,那么根据19世纪的二元论思想,女人代表了物质性和肉体性,或者说代表了"物质大于意识"[2]。女性主义者认为,所谓中立的科学话语其实往往充满了隐喻,它们指向对女性化自然的征服;对世界进行无功利的沉思,将之视为一种审美现象,这种做法明显也包含了相似的潜文本,关乎被压抑的暴力和报复。一位评论家将德塞森特的美学主义生动地描述为"对自然的侵犯",认为这里有一种强烈的欲望,想要"挫败、惩罚并最终羞辱自然",这个看法暗示了一种精神上的性侵犯,它暗藏在19世纪末将女性与自然不断关联的书写中。[3] 查尔斯·伯恩海默认为,于斯曼作品的核心是对女性身体的过度恐惧,这暴露了一种深刻的阉割焦虑,这种焦虑来源于人们总是将女性性欲和蔓延的腐败堕落联系起来。于斯曼在写作风格和内容上对技巧的关注,反过来又与这种焦虑相关;对拟像的创造和控制提供了一种控制的幻觉,通过否定女性身体的有机性(即物质化身体)而获得一种升华。[4]

---

[1] 当然,这一主题明显体现在波德莱尔对虚假的赞赏中,因为虚假正说明了可以通过超越自然来追求理想。参见 The Painter of Modern Life,尤其是 pp. 31-34.
[2] Wilde, *Dorian Gray*, p. 72.
[3] Matei Calinescu, *Five Faces of Modernity: Modernism, Avant-Garde, Decadence, Kitsch, Postmodernism* (Durham: Duke University Press, 1987), p. 172.
[4] Charles Bernheimer, "Huysmans: Writing against (Female) Nature," in *The Female Body in Western Culture*, ed. Susan Suleiman (Cambridge: Harvard University Press, 1987), pp. 373-386.

第四章 面具下的男性气概:女性化创作

此处,我们可以注意到反复出现的拜物教冲动,它解释了唯美主义对于女性身体的文本化。又是在波德莱尔的作品中,我们首次清楚地看到服饰、珠宝和化妆品的重要性,它们可以遮挡、掩盖恐怖的女性裸体。借用瓦尔特·本雅明的妙语,《穿裘皮的维纳斯》中的拜物教就证明了"无机物的性吸引"[1];女性裸体的物质性被抹去,情色刺激被转移到鞭子、裘皮和精美华服上。对"冷酷无情的爱人"的理想化,需要对其去肉身化,因为她是个神圣律法的象征。《穿裘皮的维纳斯》开篇引用了一段《圣经》铭文,"上主借着一个妇人的手击杀了他"[2],明确地表明了在男人通过殉道来获得超越的过程中,冷酷女人所扮演的角色。在萨克-马索克梦境般的文本结构中,虐恋女主人的身体通常被模糊成大理石或是石头做成的白色雕像,这个例子清晰地证明了克里斯蒂娜·比西-格卢克斯曼的观点,即"男性渴望将女性身体静止化、石化"[3]。

因此,在萨克-马索克的作品中,明显体现了投射和否认并存的双重策略。首先,女人代表原始的、不可控的自然力量:"她们保持着野蛮的天性,时而忠诚,时而不忠,时而宽容,时而冷酷,这取决于那一刻什么样的念头在驱使着她。"[4]女人只是身体性的,象征着一种过度的、无意识的、无纪律的主体性。然而,与此同时,女性被审美化,自然被转化成艺术,从而祛除自然的威胁;女性身体被转化为一场能带来视觉愉悦的演出,展现的是外观和质地,接受男性凝视目光的审看。《穿裘皮的维纳斯》将女人凝固成一幅画或一尊雕像,道林·格雷和亨利·沃顿则将女演员西比尔·文文本化,使之被简

---

[1] Benjamin, *Charles Baudelaire*, p. 166.
[2] Sacher-Masoch, *Venus in Furs*, p. 143.(语出天主教和东正教《圣经·友第德传》的第13章,英文为:"The Lord hath smitten him by the hand of a woman."——译注)
[3] Christine Buci-Glucksmann, "Catastrophic Utopia: The Feminine as Allegory of the Modern," *Representations*, 14 (1986): 224.
[4] Sacher-Masoch, *Venus in Furs*, p. 192.

化为一些戏剧表演和角色,它们反而比演员本身更真实。因此,沃尔顿平静地总结道:"这个女孩在现实生活中并不存在,所以她也并没有真的死去。"①

客观而言,在现代主义大力推崇技巧和伪装的背景下,出现这种审美化其实并不稀奇。女人被描绘成女演员、图像和艺术作品,她们就像花花公子一样,体现了对现代身体的普遍文本化。然而,关键的区别是,女人不像花花公子那样能用自身的存在,去激发他者的反讽化自我意识。她们是技巧的化身,但停留在幼稚层面,无法上升到哲学思考:按照沃顿的总结,女人"虽有几分魅力,但虚假做作,毫无艺术感可言"②。小说中有一段插曲,就强调了女性主体的幼稚审美。道林·格雷在看过女演员西比尔·文的演出之后,对她非常着迷,他隐约感觉到自身的激情是因为西比尔的表演具有双性的魅力,而不是出于对她自身背景和身份的兴趣。与之相反,当西比尔得知格雷对她的崇拜之后,就对表演失去了兴趣,她现在反过来谴责表演是虚假的幻象,并转向浪漫爱情的感性审美,天真地以为爱情应该基于真实的主体。结果可以想象,她的吸引力瞬间消失了,道林抛弃了她,而她的自杀恰恰成了戏剧性的结局。同样,德塞森特曾希望与身体健硕的乌拉尼亚小姐搞变态的性爱实验,但也以失败告终,因为她不像男性唯美主义者,无法超越自身性别的界限。"他曾将这位漂亮的美国运动员描绘成像运动场上的壮汉一样冷酷无情,但她是那么愚笨,唉!这纯粹是女人的天性……她暴露出了孩子般的软弱;她喜欢喋喋不休,喜欢华丽服饰,这意味着性爱变成了鸡毛蒜皮的小事儿;想在这个女人身上灌输进男性气概,这看来纯属异想天开。"③

---

① Wilde, *Dorian Gray*, p. 133.
② Ibid., p. 131.
③ Huysmans, *Against the Grain*, p. 99.

女人虽然擅长表演,但无法致力于或去理解戏仿式的想象;用王尔德的话说,女人是"没有秘密的斯芬克斯",她们神秘的光环纯粹是表象,代表了缺乏审美自我意识的陈规俗套。《穿裘皮的维纳斯》中的旺达是最接近于获得唯美主义者那种超然反讽的女人,她扮演残忍的情妇角色,满足了塞弗林渴望被一个女人"冷静而清醒地"征服的欲望。[1] 然而,她也总是偏离自己的角色,需要由他引导和教育,才能满足他的要求。因此,尽管小说表面上让男人处于从属地位,充当受害者,但如德勒兹所言,正是他的欲望控制了幻想的结构;那个残酷的女人就像是他的替身或是影子,只能说他想听到的话。[2]《穿裘皮的维纳斯》在想象中重构了情色权力,这毫无疑问是对传统父权制规范的嘲弄;然而,它对女性化的受虐主体的再现,最终肯定了一种男性中心主义的世界观,以及既有的性别等级制度。作者看似崇拜离经叛道的专制女人,却否定了她在理想化过程中的能动性和自我意识;女人只是男性主体的他者,刺激他去追求自己的理想。

反自然?

波德莱尔写过一段臭名昭著的话:"女人是自然化的,也就是说,她们很可恶。而且,她们总是俗不可耐,也就是说,正好与花花公子相反。"[3]我曾指出,在早期现代主义的某些重要作品中,女性气质总是作为喻体出现,不断再现了这种对女性的普遍憎恨。唯美

---

[1] Sacher-Masoch, *Venus in Furs*, p. 163.
[2] Deleuze, *Coldness and Cruelty*, p. 22. 对萨克-马索克的生平与作品的探讨请参见 Albrecht Koschorke, *Leopold von Sacher-Masoch: die Inszenierung einer Perversion* (Munich: Piper, 1988),此书提供的信息大有用处。
[3] 转引自 Natta, *La grandeur sans convictions*, p. 153.

主义者对性别规范的戏仿式颠覆,恰恰说明他们将一直认为女性是粗俗的、自然化的,只能听命于自己的身体,唯美主义正是通过站在这些特征的对立面,才建构了自己的身份。唯美主义者对女性特质的表演,被视为真正具有现代特征的现象,因为他们有意识地去突破肉身和自然性别的限制,而女性仍在其禁锢之中。因此,唯美主义的狂热追随者虽然挑战了那种阳刚的、统一的和被压抑的男性气质,但又有厌女症的层面,这种厌女症与反再现主义和反自然主义关系紧密,而不是被它们消解。

在这一背景下,启蒙的现代性和审美的现代主义之间虽然看似矛盾,但两者有着重要的关联。启蒙运动的叙事是通过工具理性和征服自然,来让人类日益摆脱物质决定论的束缚。它天真地笃信理性和科学的救赎力量,在当代理论中,这种信仰通常被视为文本主义模式的对立面,后者认为身份是语言建构出来的。然而,我认为早期现代主义中具有文本自觉性的作品与现代理性主义的意识形态有重要相似之处,因为两者都试图超越生理决定论的束缚,消解性别差异的权力。唯美主义像科学一样,将身体贬低为流动的符号和代码,把自己定位为反(女性)自然。①

查尔斯·伯恩海默最近的一本书就探讨了性别与早期现代主义的关系问题。他认为:"从19世纪中期到20世纪早期,现代主义狂热而急迫地试图表现自己的创新欲望,其手段就是将女性身体碎片化和分解破坏,这集中体现在男性对妓女的幻想上。"②伯恩海默的观点跟我的相似,他指出,现代主义者转向自我意识的文本性,通常被认为在美学和政治上具有颠覆性,但实际上这是基于对女性/

---

① 关于现代主义与现代化的辩证关系的相关讨论,参见 Huyssen, "Mass Culture As Woman," pp. 55 - 58.
② Charles Bernheimer, *Figures of Ill-Repute: Representing Prostitution in Nineteenth-Century France* (Cambridge: Harvard University Press, 1989), p. 266.

自然/有机体的共同压制。在19世纪唯美主义作家和早期现代主义作家的作品中,性别差异被简化为纯粹的修辞能指;他们看似将性别"从本质主义的简单生物决定论中解脱出来",但这种做法同样可疑地否定和替换了女性性别化的身体。[1]

早期现代主义的性别政治也许并不像伯恩海默所说的那样只有消极的一面;这里还需要考虑别的情况,比如说,世纪末女性自己对异装和表演美学的挪用,我将在该书的最后一章谈这个问题。此外,在我们的时代,自然属性的不稳定和对性别二元论的颠覆,是许多女性作家和男性作家都密切关注的问题,各种形式的女性主义-后结构主义的涌现就说明了这一点。早期现代主义作品中关于性别可塑性和模糊性的许多观点,现在正在被讨论、阐述和重新定义,转为女性主义理论内部所说的表演性(the performative)。换句话说,反自然主义并不就意味着是反女性主义,虽然就其阐释和分析能力而言,一些更具文本主义倾向的当代女性主义理论并不完全令人信服。

然而,鉴于现在人们已经习惯去提及女性文本性所具有的颠覆力量,提出一种女性主义的"怀疑阐释学"(hermeneutics of suspicion)也许是合时宜的。近年里,这种对女性文本性的使用已经渗透到哲学和文学领域,人们反复使用"生成女人"(becoming woman)来作为西方哲学思想危机的隐喻。罗萨·布拉伊多蒂(Rosa Braidotti)尖锐地批判了雅克·德里达、德勒兹和瓜塔里的这一思想策略,她认为将女性气质神秘化为不确定的摇摆,或是戴着面具和拟像的戏剧,这种做法是大有问题的,它否认了性别差异的

---

[1] Charles Bernheimer, *Figures of Ill-Repute: Representing Prostitution in Nineteenth-Century France*, p. 273.

现实，并与女性主义公然为敌。① 我想指出的是，这一姿态与其说实际上是在否认性别差异，还不如说是在等级关系上再度强化了性别差异。男性理论家对"生成女人"的这种幻想，其实是为了坚决批驳女性主义推动社会变革的幼稚斗争；真正的女人要么被指责为庸俗的本质主义，要么被指责为与菲勒斯同一化，不可能真正地"生成女人"。

我并不想夸大不同思想和政治语境之间的相似性，但我们也许会注意到，这种策略实际上与花花公子的做法有异曲同工之处，后者正是以牺牲女性为代价，而获得了"女性化"的符号性和性别流动性。鉴于许多当代法国理论受到了现代主义文学的影响，这种相似性或许不足为奇。查尔斯·伯恩海默近年来谈到了这些问题，他指出德里达和花花公子的性别手法有重大相似性，前者将女性再现为不确定的力量，后者崇尚譬喻之物，贬低自然，认为含混胜过所指。塔尼亚·莫德莱斯基提出了一个更具一般性的警告，她认为女性主义者对男性挪用女性气质并将之文本化这件事显得过度热情，她认为与这种象征世界结盟的做法可能会导致对女性公然的焦虑和敌意。② 用文本性的整体化力量来让"自然性"去物质化，这也许将附和（而非挑战）一种顽固的审美传统，正是这种传统通过否认和擦除女性身体以寻求超越。

---

① Rosa Braidotti, "The Becoming-Woman of Philosophy," in her *Patterns of Dissonance: A Study of Women in Contemporary Philosophy* (Cambridge: Polity Press, 1991).
② Charles Bernheimer, "The Politics of Aversion in Theory," in *Men Writing the Feminine*, ed. Thais Morgan (Albany: State University of New York Press, 1994); Modleski, *Feminism without Women*, pp. 99-103. 让·鲍德里亚毫不掩饰地挪用女性特质，他的直白是厌女症式的，这一点很难被推翻。参见，如 *Cool Memories* (London: Verso, 1990), p. 7, 在该书中鲍德里亚写道："并不是革命把我变成了女人。这件事发生了，是因为我到处——满怀激情地——拥护女性气质。现如今，对女性主义者而言，这是不可宽恕的。因为，这一立场所赞誉的高贵女性气质，迄今为止连女人也无法企及。"

第五章

爱情、上帝和东方:解读大众化的崇高

"当然,女人与多愁善感之间有某种特殊的(或者说致命的)关系。现代主义文学认为多愁善感已经过时,这种倾向应该在当下受到鄙视。这种谴责显然带有性别色彩;女性作家纠结于情感……即使是最好的女性作家,也不能完全摆脱对情感和崇高的沉湎。"

苏珊娜·克拉克
《感伤的现代主义:女作家与文字革命》[①]

英国女作家玛丽·科雷利被誉为"畅销书女王",据说她是那个时代最著名、收入最高的小说家。《撒旦的悲伤》)(*The Sorrows of Satan*)第一次出版的销量超过了之前任何一本英文小说,她很多别的作品销量也达到了几十万本,轻而易举地超过了当时其他流行作家的作品销量。科雷利在英国出版史上是独一无二的人物:从前的小说家没有谁获得过如此庞大的读者群和如此大的力量。她的一位传记作家写道:"维多利亚女王在世时,科雷利小姐是世界上

---

① Suzanne Clark, *Sentimental Modernism: Women Writers and the Revolution of the Word* (Bloomington: Indiana University Press, 1991), p. 2.

第二著名的英国女人；女王去世后，无人能与她的声名匹敌。"[1]这么说虽然有点夸张，但也不无道理。她的小说摒弃了现实主义文学的风格，制造了逃避和变形的幻想，描绘了神秘诱人的幻想世界，与读者日常生活相去甚远。她巧妙地将罗曼司、宗教感和异域情调结合在一起，满足了不同阶级广大读者的需求和愿望。科雷利的忠实读者包括格莱斯顿[2]、丁尼生和维多利亚女王等知名人士，当然还有成千上万的普通读者，每次科雷利在公众场合露面，他们都蜂拥而至，热切地等待着每一本新书的出版。科雷利本人很会利用宣传，打造了神秘作者的形象，这进一步点燃了读者的热情，使她成为重要的国际名人。大众文学的成功越来越多地取决于巧妙的营销策略和有魅力的公众形象。

然而，科雷利获得的赞誉并没有在专业评论家和书评人那里得到共鸣。相反，她的小说受到差评，以致最后她拒绝向媒体寄送书评用书，但这也没有影响销量。19世纪末，严肃文学和通俗文学之间的差距越来越小，科雷利的成功就是最鲜明的例子。当然，科雷利并不是第一个在没受到评论家好评的情况下仍然获得商业成功的作家，但是资本上的收益与文化资本回报之间从未有过如此明显

---

[1] Brian Masters, *Now Barabbas Was a Rotter: The Extraordinary Life of Marie Corelli* (London: Hamish Hamilton, 1978), p. 6. 马斯特斯(Masters)是科雷利最近的传记作家，也是最明目张胆地表达出厌女症的传记作者；他曾不经意地引用道，"她诱使正常情况下理智的男人突然失去理智"(p. 8)，这一点反倒在他自己的作品中体现地最为明显。然而，若是能够忍受他那傲慢的性别歧视，人们就会发现他的作品中也不乏精华。同样具有启发意义的论著还有，Eileen Bigland, *Marie Corelli: The Woman and the Legend* (London: Jarrolds, 1953); George Bullock, *Marie Corelli: The Life and Death of a Best-Seller* (London: Constable, 1940); 以及 William Stuart Scott, *Marie Corelli: The Story of a Friendship* (London: Hutchinson, 1955). 相比之下，T. F. G. Coates and R. S. Warren Bell' *Marie Corelli: The Writer and the Woman* (Philadelphia: G. W. Jacobs, 1903) 和 Bertha Vyver, *Memoirs of Marie Corelli* (London: A. Rivers, 1930) 则如同圣人语录一般完美。

[2] 应指威廉·格莱斯顿(William Ewart Gladstone, 1809—1898)，英国自由党政治家，曾四次出任首相，以善于理财著称。——译注

第五章　爱情、上帝和东方：解读大众化的崇高

的差异。她卖出的书越多，就越受到文学媒体的诋毁。一些书评人不情愿地承认她的作品是"大众文学的最高典范"，但其他人甚至指责她歇斯底里，伤风败俗，认为她对社会构成了威胁。① 科雷利似乎有很多缺点：粗俗、哗众取宠、自吹自擂、想象力过剩、缺乏节制，但最重要的是，她的头脑极其平庸。《旁观者》(The Spectator)杂志上有一段话用挖苦的口吻，总结了科雷利身前身后评论界对她的总体批评："玛丽·科雷利天赋有限，她自认为是天才，而大众也认为她是天才，这是因为她的作品以迷人的背景和尺度，充分满足了大众的感伤和偏见。"②

在文学知识分子的价值观与中下阶层的品味产生冲突时，不要认为科雷利只是个沉默的旁观者。恰恰相反，她一再表示自己是天才作家，天生就与英国人的心灵和灵魂有所感应，因此她漠视那些势利的知识分子的嫉妒之心。然而，与此同时，她又对任何贬低她本人或其作品的声音非常敏感，总是威胁要起诉那些与她观点相左的人。这种公开而尖刻的回应让她作为公众人物的恶名流传更广，因此阅读科雷利的小说总是会牵扯到她的名声及上面的光环。她的作品极具知名度，个人生活扑朔迷离，她总是拒绝采访或拍照，这都让她逐渐成为一个传奇。③

在这场文化趣味的激烈冲突中，性别问题占据了重要位置，因为评论家和书评人总是以贬损的口吻提到科雷利的性别。很多维多利亚文学作品仍然强调道德观念，现实主义文学的技巧需要服务于总体的理想主义和道德说教，这种说教往往体现了中产阶级女性

---

① 转引自 Masters, *Now Barabbas Was a Rotter*, p. 142 and p. 222.
② 转引自 Scott, *Marie Corelli*, p. 30. 与之相似，《每日快报》(*Daily Express*)总结道："她是个矮胖的小女人，伪造自己的血统，公开的年龄比实际的年龄小十岁，写了一系列小说，为了自命不凡和胡思乱想，这些小说被批评家们批得粉身碎骨，却赢得了一国十分之九的普通读者。"亦转引自 Scott, *Marie Corelli*, p. 25.
③ Masters, *Now Barabbas Was a Rotter*, p. 74.

气质的价值观。① 然而,到了19世纪末,自然主义的原则逐渐站稳脚跟,在毫不妥协地记录社会现实污点的现代现实主义面前,人们不再那么相信艺术所具有的精神和道德功能。与此同时,之前原本价值中立的字眼,如"感伤的""情节剧的"和"浪漫的"等词汇,被越来越多地赋予了"女性化的""过时的"等负面内涵,成为那些想通过美丽幻想和夸张情感来逃避现实批判的作品的标签。因此,尽管女性在文学市场上占据了重要地位,但与女性气质相关的美学品质则遭到了贬低和淡化。"情感和感情在很大程度上被简化为'感伤'和夸张,家庭细节则被视为琐事,重情节的乌托邦主义被视为逃避现实的幻想,因为它们都与女性化的流行文化相关,所以都被贬低了。"②

在这一章里,我希望能探讨一组主题——逃避、幻想、情节剧、感伤——将之作为女性通俗小说和更宽泛的现代文化的一个重要方面。通常这些小说都被归为现实主义小说,因为它们并不想颠覆文学传统,显然不属于现代派,但这些小说试图超越世俗现实的约束,所以这种划分显然有失公允,无法对小说中频繁出现的乌托邦和想要超越现实的愿望做出公平的评价。科雷利的小说为我的讨论提供了一个理想的基础,因为它的中心题旨——包括主题和形式——是对别处的召唤,是要对"更高级"世界做出一种夸张的想象性再现。她也正是因为这一点而饱受非议,有些评论家只看到了她作品中平庸的不真实和装腔作势,进而就大加鞭挞。例如,Q. D. 利维斯(Q. D. Leavis)认为科雷利的小说

---

① 关于维多利亚小说中现实主义与理想主义关系的讨论,请参见 John R. Reed, *Victorian Conventions* (Athens: Ohio University Press, 1975), ch. 1.

② Christine Gledhill, "The Melodramatic Field: An Investigation," in *Home Is Where the Heart Is: Studies in Melodrama and the Woman's Film*, ed. Christine Gledhill (London: British Film Institute, 1987), p. 34.

第五章 爱情、上帝和东方:解读大众化的崇高

让读者心中汹涌澎湃,它们激起了普通人的情感活动,但这些情感活动脱离了生活本身。这些小说都善于利用情感关键词,这些词汇会激发宗教般的温暖情感,或这种情感的代替物——如生、死、爱、善、恶、罪、家、母亲、高贵、勇敢、纯洁、光荣。这些情绪如此轻易地被激发出来,这是很危险的——因为每个有自知之明的人都会发现,只有在青春期就克服这种情感才能走向成熟——而显然大众从这种情感方式中获得了极大快乐。畅销书喜欢使用这些词汇不足为奇;它就如同周日做礼拜穿的正式衣服,给人一种高贵感;它让人觉得获得了帮助,觉得自己接触到了伟大理想。①

在科雷利的小说里,正是这种理想和情感的泛滥让利维斯语气傲慢起来,而我希望将之作为某个更大问题的一部分进行深入的探讨,这个问题就是性别、大众文化和现代性的关系。

当然,批评理论中有一个现成的词用来指代现代通俗小说的浪漫主义和逃避主义。"媚俗"(kitsch)一词最早出现在19世纪70年代,用来指涉廉价、速成的艺术品,现在则成为大众文化的通用标签。媚俗在美学上具有一种典型的缺陷,一方面它想要努力达到一种超然的宗教理想和美学理想,而另一方面又是一种廉价的大规模生产的现代商品形式。媚俗最终极的表达,就是让人作呕的大规模生产的蒙娜·丽莎烟灰缸或圣母玛利亚的荧光雕像,它们充分体现了媚俗的"快餐式魅力"(short-order charisma)和"以微型物去象征巨大之物"②。媚俗通常也是感伤的同义词,它鼓励人们沉溺于甜

---

① Q. D. Leavis, *Fiction and the Reading Public* (London: Chatto and Windus, 1965), pp. 64-65.
② Thomas Richards, *The Commodity Culture of Victorian England: Advertising and Spectacle, 1851—1914* (Stanford: Stanford University Press, 1990), p. 88.

美的浪漫主义和毫无节制的情感当中，这与先锋派的反讽和批判立场是截然对立的。因此，媚俗被明确地"女性化"，让人想到大众文化中任何对情感的虚假肤浅的诉求，例如女性爱情小说总是被评论界批评为一种文学媚俗。① 此外，媚俗还被指认为过时和倒退，因为它想唤起的是浪漫主义和宗教的理想，规避了现代性的新奇，希望获得的是"堕落的浪漫主义"，以保守主义的态度渴求回到过去的传统和美学规范。根据赫尔曼·布洛赫(Hermann Broch)的说法，媚俗只不过是"逃遁到历史的田园，陈规旧俗在那里仍然发挥着作用……媚俗是抚慰这种怀旧之情的最简单、最直接的方式"②。因此，虽然就技术复制这一点而言，媚俗是现代的，但它在美学上属于保守主义，呼唤"旧式"情感，食古不化，所以它又是反现代的。最后，媚俗在个人和历史意义上都被视为一种倒退，迎合的是一种逃离复杂现实的幼稚欲望，它帮人们逃离到一个熟悉的幻想世界，在那里任何愿望都可以立刻获得满足。在这种语境下，当人们讨论流行文化的心理结构时，往往会谈到观众不可避免的天真和幼稚的情感。

既然这些观点在对科雷利作品的批判式接受中也很突出，用媚俗的概念来审视她的小说就合情合理。然而，"媚俗"这个词本身明显有问题，因为它对大规模生产的现代物品和文本粗暴地一概而论，认为它们的廉价性和易得性必然就等于不真实和不道德。对理想事物的追求，如果是出现在现代高雅艺术或前工业时代有机的民

---

① 对女性与媚俗之间关系的更详尽的讨论，请参见 Rita Felski, "Kitsch, Romance, and Male Paranoia: Stephen King Meets the Frankfurt School," in *Feminist Cultural Studies*, ed. Terry Lovell (London: Edward Elgar, in press). 另请参见 Robert C. Solomon, "On Kitsch and Sentimentality," *The Journal of Aesthetics and Art Criticism*, 49, 1 (1991): 1-14.

② Hermann Broch, "Notes on the Problem of Kitsch," in *Kitsch: The World of Bad Taste*, ed. Gillo Dorfles (New York: Universe Books, 1969), p. 73.

第五章 爱情、上帝和东方:解读大众化的崇高

间文化中,就会得到评论家的热捧,但如果它是出现在大众文学中,就会被重新定义为虚假、自欺和平庸的逃避主义。这些概括性的评价非常值得怀疑,因为它们将因社会而异的文化品位不假思索地盖棺定论。我们谈论那些被认为是媚俗必有的美学缺陷时,应该考虑批评家本人在文化鉴赏中受到的特殊训练,而不是将之认定为客体本身不言自明的特征。①

换句话说,"媚俗"这个词包含了太多的贬义,因此在我们审视女性流行小说时起不到任何作用。相反,我选择了另一种表达——"大众化的崇高"(popular sublime)——来分析同样的问题,这样就避免了先入为主的定见。现代大众文化的核心动力,就是要获得超验的、擢升的和美妙的体验,我之所以选这个词,就是想强调这种尝试具有重要的意义。当然,"崇高"这个范畴本身有固定的内涵,我在当下使用这个词似乎十分反常。首先,崇高一直被视为男性特质的形式(与女性领域的美感正好相对);此外,在我们的时代,崇高通常被认为代表了先锋派对再现的批评,而不是大众市场的传统形式。崇高是让-弗朗索瓦·利奥塔(Jean-François Lyotard)美学和政治中的核心,这体现了当代思想家对崇高概念的痴迷,他们认为崇高是反再现性的,位于流行话语、陈规和意义体系之外。② 因此,我在研究女性通俗小说时重新使用这个词,是想从这两个层面挑战这个词的通用意义。

尽管如此,我的旧词新用并不是随意的,因为回溯崇高的历史,我们可以发现该词与女性情感存在诸多联系,只是这些联系被伯克(Burke)和康德关于崇高的经典著作所掩盖了。例如,崇高代表的

---

① 参见 Pierre Bourdieu, *Distinction: A Social Critique of the Judgement of Taste* (Cambridge: Harvard University Press, 1984).

② 尤其应参见,Jean-François Lyotard, "The Sublime and the Avant-Garde," in his *The Inhuman* (Stanford: Stanford University Press, 1991).

恐惧和恐怖，实际上只是该词各种历史的一部分；它在别的时候是与更普遍的情绪化、狂喜和自我迷失联系在一起的，而这些特征在历史上一直被认为是女性特质，而不是男性特质。我这么说倒不一定是为了附和帕特里夏·耶格尔(Patricia Yaeger)对女性自主的崇高的吁求，而仅仅是为了指出文学在再现关于无限、超越和无边界的渴望时可以有多种形式，远比文学批评家所承认的更为多样化。① 例如，崇高的母题就可能出现在罗曼司和情节剧这样通常被认为女性化的文类中，因为它们描述的是过度激烈的狂暴情感，相比之下自我显得无足轻重。的确，正如安·茨韦科维奇(Ann Cvetkovich)所言，崇高实际上可能只是被文化所推崇的一种情感结构，这种结构同样可能出现在情节剧、感伤书写和煽情小说中。②

此外，从浪漫主义诗歌到 20 世纪先锋派，高雅文化传统内部对崇高的批评使用，遮蔽了现代大众文化中频繁出现的崇高意象和崇高词汇。例如，像西部小说和科幻小说这样的通俗文类，在很大程度上依赖的是一种崇高原型，里面讲述的是孤独主体如何与神秘无尽的自然进行对抗，而在通俗罗曼司这一文类中，则频繁地使用狂喜的激情和不可征服的大海，用这类词汇来表达一种渴望超越的崇高情感。我使用"大众化的崇高"这个概念，正是为了说明在崇高的

---

① Patricia Yaeger, "Toward a Female Sublime," in *Gender and Theory: Dialogues on Feminist Criticism*, ed. Linda Kauffman (Oxford: Basil Blackwell, 1989). 例如，萨缪尔·蒙克(Samuel Monk)的崇高史，讨论了一些 18 世纪的女作家，贬低她们的"原始情感主义"(crude emotionalism)，将她们与之后哲学思想更成熟的人物——如华兹华斯(Wordsworth)——相对比。参见 *The Sublime* (Ann Arbor: University of Michigan Press, 1960).

② Ann Cvetkovich, *Mixed Feelings: Feminism, Mass Culture, and Victorian Sensationalism* (New Brunswick: Rutgers University Press, 1992), p. 35. 在提出大众化的崇高(popular sublime)这一概念后不久，我偶然读到了 James Donald, *Sentimental Education: Schooling, Popular Culture, and the Regulation of Liberty* (London: Verso, 1992). 唐纳德(Donald)在第 5 章对于"庸俗崇高"(the vulgar sublime)的论述中，指出了当代大众文化中崇高的核心性，这一提法与我的提法相似，尽管他更强调庸俗崇高卑鄙、神秘的层面。

第五章 爱情、上帝和东方:解读大众化的崇高

无法言说性(the ineffable)和流行化再现之间,存在这一种自相矛盾的悖论关系。塞莱斯特·奥拉尔奎亚加(Celeste Olalquiaga)在讨论宗教媚俗时写道,这些通俗文学试图让无法把握的东西日常化,将超验变成具体之物,由此建立一个充满张力的场域,对立的一方是它们激发的彼岸意识,另一方则是用熟悉的套路对彼岸世界做出的描述。①

因此,我使用的"崇高"包括所有的再现方式,包括某些涉及"人类心灵对无限的渴望"②的形式,这些形式让人感知不可言说之物和彼岸世界,让人感到意乱神迷、自我超越。在科雷利的小说中,这种效果是通过一种形式和主题的结合来实现的,在形式上她运用了情节剧的强烈风格,在主题上则聚焦于对日常现实和物质世界的超越。通俗小说普遍采用了这种理想主义和乌托邦母题,它进一步削弱了那种"现代性会不断导致去魅"的说法,让人们注意到那些逃避现实的幻想和对理想的渴望也具有强大的力量。这种对不可言说性的浪漫渴望,并非如那些讨论媚俗的作家所言,代表了保守和不合时宜的倒退,而是现代性的关键元素,也帮助我们理解大众文化对女性气质的询唤(interpellation)。

此外,逃避主义的文本形式具有比许多评论家所想的更为复杂的政治性,因为这类对日常生活的否定,对那些无权势的群体有很大吸引力。内奥米·肖尔认为,理想主义可能会为现实中的弱势群体提供一种有意义的再现模式,这些人不享有主体性特权,因此拒绝去模仿现存的社会秩序。③ 这一说法对于我们理解科雷利颇有价值,在科雷利的花哨想象中,总是能读到那些遥远的过去、具有异

---

① Celeste Olalquiaga, *Megalopolis: Contemporary Cultural Sensibilities* (Minneapolis: University of Minnesota Press, 1992), ch. 3.
② Monk, *The Sublime*, p. 232.
③ Naomi Schor, "Idealism in the Novel: Recanonizing Sand," *Yale French Studies*, 75 (1988): 73.

域情调的东方和神秘的精神世界。这并不是说她的小说应该被解读为直接的抵抗和反对,相反,我希望指出的是,将通俗与越界简单等同起来,这其实是有问题的。尽管如此,为了解释为什么她获得了巨大成功,我们有必要剔除对诸如"感伤""浪漫主义"和"逃避主义"等词语的贬义理解,以便对其意义和功能进行更细致入微的研究。

情节剧和现代性

现实主义美学和现代主义美学的批评术语显然不足以抓住科雷利小说的鲜明特征。她的作品既不追求忠实模仿和表达的准确性,也不涉及自反式和戏谑式的反讽手法。实际上,科雷利在定义自己的作品时,明确表示自己的作品与左拉和自然主义流派的作品截然相反,她认为这些作品才是导致当代社会道德问题的原因和症状。与这些作家的唯物主义和科学主义不同,她提倡自己的唯心主义:文学的目的并不是要呈现事物的本来面目,而是要呈现它们应该有的面目,用"优雅的语言来表达美好的思想"。她的美学兼具感伤性、道德性和说教性,试图捕捉情感强度和精神实质,而不是记录当时社会生活的偶然细节。

彼得·布鲁克斯对情节剧的讨论,为我们理解这种文学再现模式提供了有益的框架。情节剧起源于18世纪,最初是一种结合了音乐和诗歌的通俗戏剧形式,后来逐渐发展成为各种戏剧和小说形式,它们的特征是以二分法看待道德,而且情节离奇,修辞夸张。因此,情节剧的定义与其说是独特的叙事或主题逻辑,不如说是一种美学呈现形式,它广泛存在于不同的文本中。布鲁克斯将其典型特征定义为:"沉溺于强烈的情感主义;道德两极化和模式化;极端的存在、情境和行为;坏人流于表面,好人受到迫害,但最终美德获得回报,表达总是夸大其词;情节黑暗,悬念重重,曲折惊悚。"①换句话说,情节剧的修辞是极端夸张的,总是哗众取宠。

这段描述十分契合科雷利小说的特征。对她的小说最恰当的描述应该是道德寓言,小说对意义和事件的组织,是为了展示一种道德指导原则的无处不在和绝对胜利。小说的重点是伦理和情感冲突的戏剧化,而不是特殊的社会关系;行动和人物的设计总是依照一个整体性的摩尼教②善恶二元论。科雷利的小说结构一般都依赖于一系列激烈对抗、命运跌宕、离奇巧合和异域场景,总是以充满悬念的结局告终。小说中的人物往往是寓言式的象征,代表了人性的本质,而不是具有个性心理的人物。肉身要么反映了灵魂,要么在某种情况下狡猾地隐藏了灵魂,无论是哪种情况,角色的道德定位对于读者来说都是一目了然的。为了达到这个目的,小说中的人物经常大声地宣布他们的本质,就像《撒旦的悲伤》中的交际花一样:"我是个被玷污了的人,在这个道德败坏、文学淫秽的时代被训练得尽善尽美。"③正如布鲁克斯所指出的,这种自我界定的做法,在情节剧的想象中十分重要,因为人物明确表达了他们对自己、他人和世界的道德判断。"他们对彼此和我们解释自己的灵魂构造,毫不尴尬地说出永恒的确凿之言。这种理解不需要任何遮掩,一切都摆在明面上。"④

科雷利的第一部成功作品《撒旦的悲伤》就是这种美学表现形

---

① Peter Brooks, *The Melodramatic Imagination: Balzac, Henry James, and the Mode of Excess* (New York: Columbia University Press, 1984), pp. 11-12.
② 摩尼教,又称作牟尼教、明教,为公元3世纪中叶波斯先知摩尼所创立。这是一种将琐罗亚斯德教与基督教、佛教混合而成的哲学体系,属于典型的波斯体系诺斯底二元论。——译注
③ Marie Corelli, *The Sorrows of Satan* (Philadephia: J. P. Lippincott, 1896), p. 198.
④ Brooks, *The Melodramatic Imagination*, p. 41.

式的典型例证。小说的叙述者叫杰弗瑞·坦皮斯特(Geoffrey Tempest),此人是一个理想主义的穷作家,因为继承了神秘遗产而一夜暴富。他跟魅力超群、神秘莫测的里曼内斯王子(Prince Rimanez)结为好友,当坦皮斯特开始富贵生活时,里曼内斯就帮他结交名流。从一开始,读者就知道里曼内斯就是撒旦,他想通过英国统治阶级的物质主义、犬儒主义和虚伪,来腐蚀坦皮斯特的灵魂。主人公的道路上充满了一系列的道德二元论:他选择懒惰而非工作,选择名利而非正直,选择金钱而非艺术,选择性欲而非性灵,逐渐深陷邪恶的泥潭。里曼内斯最终暴露了丑恶嘴脸,指控坦皮斯特是这个时代的罪人,这个罪就是"感官利己主义"。坦皮斯特最终悔悟,获得了救赎,开始自我节制,迈入新的生活,但小说的结尾带有讽刺和悲观的基调,因为里曼内斯与一位著名的政客携手进入了议会。

根据这样的情节梗概,小说作为现代版《天路历程》的说教意义已显而易见了。它对社会的批判,完全是通过绝对的道德和精神来表达的;统治阶级之所以受到攻讦,不是因为他们在经济或政治上剥削他人,而是因为他们代表了极端的罪孽。科雷利尖锐地将上流社会描绘成人间地狱,说它是现代颓废、淫乱和腐败的象征,里面充斥着恶棍和伪君子。然而,读者也会惊讶于作者对她所攻击的奢华生活的迷恋。这本书的大部分内容,都在细致描述奢侈的装饰、昂贵的服装和奢华的享乐,巨细无遗地详述了小说口口声声要加以谴责的生活方式。正如她的其他作品那样,作者虽然宣称自己笃信朴素生活的道德优越性,但明显在小说中缺乏描述这种生活的兴趣。

于是,科雷利的小说与盛极一时的家庭情节剧传统分道扬镳,后者往往被视为19世纪典型的女性化文类,预示了迷人的处所和炫耀式消费在20世纪通俗文化中的核心地位。虽然家庭小说往往聚焦于家庭私人领域日常生活的细节,宣扬女性谦卑克制的价值观,但科雷利将小说中设置在拥有异域情调和奢靡之风的地方。这些作品典型地揭示了一种冲突,即传统小资产阶级自律克己、"有自知之明"的精神,与维多利亚时代晚期追求奢靡享受的消费社会新景象之间的冲突。作为白手起家的中下阶层妇女,科雷利的童年因背负了私生子的耻辱身份而伤痕累累,这种独特的经历让她在面对英国上流社会时,总是感觉到各种纠结的愤懑①、欲望,以及一种痛苦的被排斥感。这是她所有的传记作家都关注的主题,他们发现她对自己的阶级地位有着强烈的自卑感。她把自己的名字从明妮·麦凯(Minnie Mackay)改为"玛丽·科雷利",就是想制造一个神秘的异国贵族血统,以求进入英国的上层社会,但她终其一生的追求基本上以失败而告终。②

对英国上层阶级生活方式既心怀渴望,又抱有敌意,这形成了科雷利作品的一贯主题。布莱恩·马斯特斯指出,妒忌在她小说中占有中心位置,并评论道:"她所有的小说都洋溢着无权势者的苦楚。"③虽然这句话很有见地,但马斯特斯对他的研究对象颇为不喜,这影响了该论断的客观性。卡罗琳·斯蒂德曼(Carolyn Steedman)关于"嫉妒政治"的讨论,能更好地帮我们理解大众幻想中阶级政治和性别政治的复杂交集。斯蒂德曼试图去理解(而不是批评)自己工人阶级出身的母亲对光鲜亮丽的物质生活——一栋房子、一件时髦的大衣——的渴望,她把这种渴望解读为一种普适的"情感结构",一种欲望的象征性表达,它所渴望的就是超越困顿生活的束缚。她写道:"我们应该从政治角度理解这种嫉妒,穷人想要得到财富,它不应该被视为市场上人们可鄙和愚蠢的贪婪,而应该

---

① 愤懑(ressentiment)是尼采著作中的一个关键概念,来自一个法语词汇,指经济上处于低水平的阶层对经济上处于高水平的阶层普遍抱有的一种积怨,或因自卑、压抑而引起的一种愤慨。——译注
② 参见,如 Bullock, *Marie Corelli*, pp. 54-59.
③ Masters, *Now Barabbas Was a Rotter*, p. 110.

被看成一种试图改变世界的愿望,因为正是这个世界让他们欲望未达。"① 我前面已经讨论过消费主义带来的愉悦对女人具有特殊的吸引力,因为从历史上看,女性改变自我的幻想一直就与商品的迷人力量密切相关。在阶级关系的语境中,我们可以进一步推测,科雷利的小说对其工人阶级和中下阶层读者而言,具有一系列复杂的心理和社会功能。一方面,通过阅读小说,他们可以间接地徜徉于那些奢侈的商品、迷人的环境和贵族的生活中,以想象的方式参与体验奢靡与愉悦,而这些东西都是他们从别的地方无法获得的。另一方面,以道德谴责的修辞来形塑这些描写,这是对他们自己阶级地位的一种认可,让他们从自己朴素的生活方式中获得安慰,从而认为自己在道德上优于那些懒惰和堕落的富人。

作为对社会的现实主义描述,这类小说显然描述得不够充分,但同样清楚的是,它们的主要文学和伦理关注点并不在此。彼得·布鲁克斯指出,我们应该将情节剧视为一种特别的现代文学,它在缺乏整体神性概念的情况下,试图对精神意义做出戏剧化描述:"在后神性时代,情节剧成为揭示、展示和实践基本道德的主要模式。"② 情节剧拒绝接受世界不再具有超越性的现实,将精神重新定位于个人层面,将光晕意义赋予个人的道德纯粹物。情节剧通过夸张的表现和情感,将特殊之物转换为普遍之物;这种形式努力超越物质世界的局限,不断昭示着前方不可言说的意义之境。

情节剧的语言依靠夸张、夸大和重复手法,见证了对形而上的充盈的渴望。布鲁克斯指出:"情节剧的一个基本特征,就是想要表达一切。"③ 科雷利小说中明显带有这种欲望,它们总是竭力表达不

---

① Carolyn Steedman, *Landscape for a Good Woman: A Story of Two Lives* (London: Virago, 1986), p. 123.
② Brooks, *The Melodramatic Imagination*, p. 15.
③ Ibid., p. 4.

可表达的东西。她的主要技巧是夸张,堆砌形容词和比喻,努力起到崇高的宏大效果。她的小说常使用感叹号、斜体字、破折号和特殊排印方法,以表达词语的无力,并把更强烈的情感效果传达给读者。科雷利故意采用古旧的词语,希望能让作品获得《圣经》或史诗的感觉,她不断指涉上帝、真理、爱和天堂,即使是最不起眼的描述或叙事,也具有复杂的象征意义。通过这样的修辞效果,科雷利试图告诉我们,令人敬畏的"绝对"是存在的,哪怕她过度堆砌辞藻恰恰表明,这种存在并不像她所期望的那么显而易见。

这种过于华丽的语言风格,被《泰晤士报》描述为"女性化的形容词堆砌",记者和评论家也经常以此为证据,批评科雷利的小说缺乏文学内涵。[①] 她的罪过在于,她写得太多,把过多的情感肆无忌惮地倾注到纸张上。令人震惊的是,人们在评价作者及其作品时,总是用同样的措辞:歇斯底里的、无节制的、幼稚的、情绪不稳的、缺乏逻辑的、青春期的、多愁善感的。德斯蒙德·麦卡锡(Desmond MacCarthy)在《周日泰晤士报》上评价道:"无论她写什么,都好像是从她那燃烧的欲望迸发出来的。"[②] 同样的,在科雷利最新的传记中,作者也认为她的创造是靠近似本能和潜意识的创造力:

> 这是一种烦冗、松散的风格,大量使用夸张,堆砌修饰词,带有异国情调,内容丰富多彩。修饰语一个接着一个,不加区分。作者给人的印象是,仿佛她从来没改过一行字,而是在已经拥挤不堪的画板上继续堆积细节。她不去删减,不去甄别,不去修改;她的热情像决堤的水坝。她歇斯底里,亦无所畏惧地喊叫出来。"多多益善"这个警句再适合她不过了。她一直

---

① 转引自 Masters, *Now Barabbas Was a Rotter*, p. 102.
② 转引自 Scott, *Marie Corelli*, p. 33.

都开足马力地写作,就好像她的小说都要印成大写字母。她没有分寸感,没有节制感。①

在这些评论中,科雷利的小说被认为是一个歇斯底里的女性主体完全失控和非理性的表达。她的创作遵循快乐原则,而非现实原则,她受控于一种退行的情感主义,完全不考虑理性和艺术。

然而,并不是那些厌恶情节剧的人才会看到情节剧与强大的潜意识情感之间的直接联系。例如,布鲁克斯就声称,情节剧是对情感压抑的胜利,是对审查制度的反抗,因为欲望的力量冲破了现实原则的限制。他认为,情节剧中的过度情感是纯粹的本能,具有压倒性力量,让我们想起与婴儿自恋症有关的浮夸情感状态。② 电影理论也有类似的观点,即认为情节剧之所以钟情于情感强度和浮夸风格,是与母性和前俄狄浦斯的状态有关,它们是被压抑的女性声音的表达,反抗的是现实主义叙事的条条框框。③ 然而,如果我们将情节剧这样的通俗文学形式定义为一种对抗形式,认为它解放了之前受到压抑的欲望,就会忽视大众文化中的幻想式再现对这种欲望的影响。对现实主义的拒斥,也同样容易沦为保守主义的意识形态,成为强化女性气质理想形式的帮凶;如苏珊娜·克拉克所言,在感伤文学和情节剧的领域内,越界不一定就意味着摆脱平庸。④

---

① Masters, *Now Barabbas Was a Rotter*, pp. 12 - 13.
② 参见 Brooks, *The Melodramatic Imagination*, pp. 41, 42.
③ 关于这一传统的批评研究,请参见 Gledhill, "The Melodramatic Field: An Investigation",以及 E. Ann Kaplan, *Motherhood and Representation: The Mother in Popular Culture and Melodrama* (London: Routledge, 1992), ch. 4.
④ Suzanne Clarke, *Sentimental Modernism: Women Writers and the Revolution of the Word* (Bloomington: Indiana University Press, 1991), p. 8.

爱和理想

科雷利小说的一个显著特点，就是就对浪漫爱情的痴迷。我们可以将她的小说描述为对激情的超越性力量的颂歌，这种激情被视为历史和社会进程的原动力和终极原因。科雷利并没有把情感局限于家庭，而是将其扩大、提升到了世界-历史的高度。具有反讽意味的是，她的小说颠倒了男性定义的等级制度，政治和公共事物变成了个人和情感的附属品，而个人和情感则被定义为现实的主要层面。通过浪漫爱情的力量，个人被提升到了无法言喻的充盈这个精神层面，超越了人类历史的牵绊。

科雷利的《世俗权力》(*Temporal Power*，1902)是一本看似更具政治色彩的小说，它很清楚地阐明了这一主题。这部小说以虚构的国家为背景，主人公是一位无能的君主，他不善统治，纵容腐败，从而导致了政治动荡。故事事件不断在宫廷和附近城镇之间切换，一个秘密社团正密谋暗杀国王并推翻政府。然而，在阴谋的关键时刻，人们发现一个叛乱首领竟然是乔装的国王，他为了了解人民的真实想法，推动社会改革，打入了革命组织。当发现政治敌人居然是私人密友，社会主义革命家也失去了对手，通过悄然确认皇室利益和公众利益的一致性，政治风波获得了平息。"我同时扮演了两个角色——革命者和国王！但是这两个角色只是同一本性的两面。"①

小说出版后，一些评论家认为该书是关于当下个人和时事的政治寓言。然而，小说的社会政治立场——即君权制和准封建制——

---

① Marie Corelli, *Temporal Power* (New York: Dodd, Mead and Co., 1902), p. 461.

实际上在故事中处于次要地位,这在很大程度上是因为情节剧惯用的手法:不可思议的乔装打扮、秘密团体、忠诚的随从、从大海拯救出来的弃儿,等等。事实上,这本书的大部分内容都是关于各种浪漫主义的子情节,包括乔装的国王和一个神秘而有魅力的女革命家洛蒂丝(Lotys)的不了情。小说要表达的终极主题,是政治冲突和世俗权力在爱情伟大力量面前的无足轻重。虽然小说中的社会矛盾很容易地获得了解决,但浪漫的爱情引发了激烈的冲突和强烈的绝望,最终让故事以洛蒂丝和国王之死这种悲剧来收场。因此,小说的结尾是将渺小的政治与永恒的爱及死亡对立起来。"帝国的荣耀——主权的荣耀——世俗权力的骄傲和华服!与势不可挡的强大爱情相比,这一切显得多么微不足道啊!"①

　　表达浪漫激情所具有的崇高性,这同时也再度确认了它鲜明的女性特质。科雷利的小说借鉴了人们对维多利亚时代女性气质的许多传统理解,她经常将男人低级的性欲望,与女性的道德美德及女性不受低级的肉体冲动控制的品质进行对比。因此,女性的浪漫总是与她们崇高的精神境界和她们对理想的追求相关联;在无私之爱的巨大作用下,她们超越了物质世界,而男人仍然深陷其中。科雷利在她的一部小说中明确指出了这一点:

　　　　因为通常来说,男人不懂得爱情。他们懂得欲望,而欲望有时候就等于对不可企及之物的无情贪念——这是男人的最主要的自然特征,但是爱——爱能默默无闻地、忠贞不渝地历经艰难,历经岁月,爱是为所爱的人牺牲一切,永不改变,永不退缩——这是一种神圣的激情,但这种激情很少或者从未感染男人的生活。女人不像男人那么低级,她们的爱情是从理想中

---

① Marie Corelli, *Temporal Power*, p. 554.

迸发出来的,而非肉体欲望,如果女人的爱之后发展成为肉欲,那也是只是受到了男人下作的勾引。①

这种男性气质与女性气质完全不相容的观点,是科雷利小说中反复出现的主题;男人和女人像来自不同世界的人,有着完全不同的需求和欲望。她的小说摒弃了任何性别平等或认同的观念,而是将女性的道德纯洁和坐怀不乱加以神圣化,用以说明她们在精神层面优于男性。因此这些小说实际上是在与主流意识形态进行商榷,就像贾尼丝·拉德韦对当今通俗爱情小说的评价一样。为人熟知的公共和私人、性与爱的二元对立,并没有受到挑战,但是在这个总体结构之内,对女性的贬低被逆转了,目的是让女性和她们的利益可以宣称获胜。②

然而,跟现如今的爱情小说一样,科雷利的小说文本只认可一种女性气质。那些没能禁受住贞洁和道德考验的女性会被强烈地谴责,这是一种将女性美德和邪恶对立起来的二元论策略。例如,在《撒旦的悲伤》中,两个女人象征着主人公面临的道德选择。一边是迷人的西比尔·埃尔顿(Sibyl Elton),她代表了上流社会的堕落和腐败;另一边则是天真无邪的作家梅维斯·克莱尔(Mavis Clare):"一个是肉欲的,一个是精神的———一个充满卑鄙邪恶的欲望,一个纯洁且有崇高理想。"③在科雷利对英国社会道德沦丧的批评谴责中,这种带有价值评判色彩的并置是很常见的。她愤怒的对象主要集中于追求性解放和成熟世故的新女性,从吸烟到低胸礼

---

① Marie Corelli, *Ziska: The Problem of a Wicked Soul* (London: Methuen, 1960), pp. 172-173.
② 参见 Janice Radway, "Reading Is Not Eating: Mass-Produced Literature and the Theoretical, Political, and Methodological Consequences of a Metaphor," *Book Research Quarterly*, 2, 3 (1986): 17.
③ Corelli, *Sorrows of Satan*, p. 311.

服,再到阅读法国小说,现代女性气质的各个方面都受到了科雷利的强烈谴责。人们认为新的性自由主义会使女人丧失女性气质;在进入现代社会时,她们必须放弃道德上的优势,才能变成男人那样的人。与此相反,科雷利坚持认为女人只有通过拒绝这些言行,并尽可能与男人保持不同,才能保持她们特殊的地位和高贵的本性。①

这种对女性道德使命的看法,源于对女性主义运动诸多观点的公然反对;科雷利经常被归于19世纪反女性主义的一类作家。她和其他反对妇女参政的著名人士,譬如汉弗莱·沃德夫人(Mrs. Humphry Ward)和伊莱扎·林恩·林顿(Eliza Lynn Linton)一样,相信女人的主要力量隐藏于幕后,即在于她们左右男人的思想和心灵的能力。

> 被诅咒的夏娃要选票有什么用呢?如果她那么愁苦,那么丑陋,那么让人恶心,没有头脑,行为不当,以致她不能影响任何男性,无论是父亲、兄弟、叔舅、堂兄弟、情人、丈夫还是朋友——这样一个人的想法还有人在乎吗?她的选票有什么价值呢?……作为一个女人,就我个人而言,我没有政治,也不想要政治。我只希望大英帝国在任何事情上都居于前列。②

科雷利的这段话充满争议,而且明显自相矛盾,她认为女人只能通过与男人建立的家庭关系和性关系来定义自己,而不应该有任何政治身份。她反对妇女参政运动,因为她将女人在家庭中的影响力高度理想化,认为在权力背后隐藏着神秘的女性力量。在她的许

---

① Marie Corelli, *Free Opinions Freely Expressed* (London: Archibald Constable, 1905), p. 182.
② Ibid., p. 156.

多随笔中,她坚持捍卫贤惠的妻子和母亲,反对当时对性别角色的挑战和动摇;科雷利与妇女参政论者几乎没有任何瓜葛,因为她认为,妇女参政论者的行为违反了女性高贵的品质和传统的气质。的确,她自己的公众形象在很大程度上就是一个"女人化"的女人,经常采用夸张的女性化扮演。①

然而,在科雷利小说中,性别关系远比上面说的要矛盾而复杂。她自己的小说不仅对描写田园般的家庭生活不感兴趣,而且她笔下的女性角色经常猛烈攻击男性权威和婚姻暴政,而不是默默接受她们天生的女性角色。例如,在《世俗权力》中,王后宣称:"所有女人都必须服从男人制定的法律——至少在我看来是这样——我不能期望自己摆脱女人的宿命……我从来没有爱过任何男人,因为从我童年起,我就憎恨和惧怕所有男人。"②类似的段落不断出现在科雷利的小说中,其中有大量例子讲述了坚强、愤怒和沮丧的女性如何抱怨男性的利己主义,以及他们对女性能力和成就的无视。在涉及性别关系时,她的小说表现出一种深刻的情感矛盾,一面是反复强调对男人的愤怒、沮丧和怨恨,一面又渴望消解自我及与男人灵魂结合的喜悦,她的作品总是在两者之间摇摆不定。

此外,尽管科雷利公开宣称自己在道德上是纯洁的,她的书却因其所谓的粗俗和煽情而被许多图书馆查禁。虽然她尽量避免具体提及性爱,但她对浪漫爱情的夸张描绘,显然给了读者太多暗示。她笔下的人物没有个性可言,而是受强烈的渴望和巨大的激情所驱使的文本符号。她们的思想和感情都被蚀刻在身体上,通过身体的原初肉体官能表现出来:四肢僵硬、血液静止、嘴唇颤抖、头晕目眩。安·茨韦科维奇认为,19世纪中叶的母爱题材情节剧《伊斯特·林

---

① 因而科雷利的一位好友兼传记作家写道:"她可能是唯一一位强大的女作家,没有人敢将'男人的大脑'强加给她。"参见 Scott, *Marie Corelli*, p. 151.
② Corelli, *Temporal Power*, p. 17.

恩》(*East Lynne*)既能制造情感,又能调节情感,因为它区分了资产阶级女性适度自律的情绪,以及贵族阶级的歇斯底里和情感泛滥。① 在科雷利的小说中,这种区分就不那么明显,在她的小说中,男人和女人都受到了无法控制的强烈情感的冲击。小说中的宗教和道德框架并不是用来调节情感,而是用来加强激情狂想,她在《巴拉巴斯》(*Barabbas*)中对耶稣之死的刻意描述就证明了这一点。

在这种语境下,布莱恩·马斯特斯提出了一个有趣的观点,他将科雷利对女性的刻画概括为"普遍的肉欲",与之相对的则是她描述男人时的简单和敷衍,他认为这是作家对"女人全面的赞颂"②。事实上,科雷利一生中最亲密的关系是同另一个女人结下的,即她的同居伴侣和忠实的朋友伯莎·维弗(Bertha Vyver)。在传记作家那里,这段关系要么被彻底忽视,要么被轻描淡写,传记中的科雷利总是被呈现为一个性欲得不到满足的孤独老处女。这并不是说科雷利自我认同为女同性恋;鉴于她对各种各样的性和道德问题的公开表态,她很可能会愤怒地拒绝这种说法。尽管如此,考虑到存在这种亲密的女性友谊,她之所以会精心描绘慵懒的发丝、闪亮的宝球和隆起的胸部,这其中可能包含更复杂、更多样的意义,突出了她的作品对女性气质普遍而强烈的浪漫化。科雷利在小说中频繁地选择男性主人公和男性视角,如果不是这样,她不会有这么大的叙事空间去探索女性之美的诱人之处。

此外,与一般的异性恋爱情故事不同,科雷利的小说往往以悲剧和死亡告终。她抛弃了"爱情必胜"的小说套路,取而代之的是一种悲观和宿命论的观点,认为两性之间永远存在对立和误解。她的女主人公很少融入家庭,或是母亲代表的田园生活;她们在自己所

---

① Cvetkovich, *Mixed Feelings*, p. 111.
② Masters, *Now Barabbas Was a Rotter*, pp. 277-278.

第五章 爱情、上帝和东方:解读大众化的崇高

处的社会结构中仍然是异常的、边缘的,无所适从的。我指出这一点,并不是想揭示科雷利作品中隐藏的原型女性主义(protofeminist)痕迹,而仅仅是要表明:它们既是在召唤异性恋的爱情理想,又是在表达对这种理想的不满,这种不满可能不够成熟,却非常坚定。

科雷利的小说对浪漫爱情既迷恋又不满,与之相对应的,则是她作品中以其他途径追寻的自我超越。我已经说过,她对奢华生活和商品有巨细无遗的描摹,认为这种东西会帮助女人在想象中逃离家庭生活的世俗束缚。她的其他小说更明显地通过对另一个世界的想象,来唤起宗教和异域的崇高。在本章的后半部分,我将讨论唯心主义和东方主义这两个主题,它们在19世纪末通俗小说中相互交织,具有重要意义。然而一个悖论是,这些小说之所以具有鲜明的现代感,是因为它们具有明显的反现代主义文学的特质,它们创造了刺激诱人的梦幻世界,摆脱了历史偶然性的单一束缚。然而,"魔幻小说"的浪漫幻想与其说抛弃了世俗化和去魅的现代性,还不如说体现了现代性另一个常见的维度。[①] 不安和不满似乎是现代经验的中心意识,因此救赎总是在别处。

走出当下世界

在今天的读者看来,科雷利的小说最吸引人之处,在于它将超自然和精神力量作为一种手段,来改变和超越那种堕落的社会现实和物质生活。她的许多小说都充满了来自其他世界的神秘使

---

① Bridget Fowler, *The Alienated Reader: Women and Popular Romantic Literature in the Twentieth Century* (Brighton: Harvester, 1991), p.1.

者——天使、精神导师和魔鬼——他们作为一种戏剧性的提醒而存在,让我们看见在经验性的现实背后,隐藏着神圣的神秘力量。她将东正基督教的常用词汇和象征,与东方转世和灵魂迁移的教义融合在一起,并辅之以 19 世纪后期的科学修辞,从而创造出了一种独特的现代宇宙观。这种形而上的想象绝不是科雷利作品特有的;相反,19 世纪晚期对实证主义世界观局限性的反应,就体现在对神秘力量的广泛迷恋,以及文学向超自然和奇幻的转向。[①] 读者们大量充满溢美之词的来信,证明了科雷利的成功,她将科学知识和宗教神秘主义结合起来,形成了一种具有大众吸引力的当代艺术。

彼得·布鲁克斯指出,情节剧的产生是因为神圣无可挽回地遗落了,情节剧"急切地想要重新神圣化,但同时又不可能在个人层面之外实现这种神圣化"[②],但是他的观点忽视了一个事实,即从 19 世纪到 20 世纪,人们为了弥补这种失落而试图建立新的形而上学的不断尝试。对现代性的主流评价,总是将之描述为一个普遍世俗化和幻灭的时代,却低估了一直持续存在的传统信仰,以及为应对宗教危机而新出现的精神和宗教意义上的宇宙论。如果认为 19 世纪少数知识分子的无神论和美学论代表了现代意识,那就忽视了大多数普通人所持有的更为矛盾的态度,对于后者来说,灵性(spirituality)仍然是一个紧迫的当代问题,它并未过时。世俗化的影响和后果其实是不均的,也充满了矛盾,不能一概而论。因此,对许多人来说,他们既能接受现代科学和理性——无论多么别扭——

[①] 参见,如 Janet Oppenheim, *The Other World: Spiritualism and Psychic Research in England, 1850—1914* (Cambridge: Cambridge University Press, 1985),以及 Robert Laurence Moore, *In Search of White Crows: Spiritualism, Parapsychology, and American Culture* (New York: Oxford University Press, 1987).

[②] Brooks, *The Melodramatic Imagination*, p. 16.

也可以坚定地信仰超自然的力量和道德的绝对之物。①

19世纪下半叶在欧美盛行各种各样的小教派,对新型宗教的体验到达了顶峰。唯灵论(Spiritualism)是这些运动中最具影响力的一支;它的教义坚持民主,认为任何人都有与精神世界交流的潜力,这一主张吸引了不同社会阶层的人。神智学(Theosophy)是当时另一个著名的教派,它以研究神秘的古代典籍为基础,笼络了相当多有魅力的杰出女性。② 这一时期各种小教派的共同点,是拒绝机械论的和理性的世界观,并且坚信现有的教会不足以解决当代的信仰危机。他们自信地认为,存在一种仁慈的神圣意志和总体性的宇宙目的,他们的另类观点有别于后达尔文主义,后者认为这个看似随机的宇宙中已经毫无道德和精神意义可言。然而,尽管他们拒绝西方理性主义的许多信条,但这些19世纪末的宗教小团体经常用科学为自己的教义辩护。例如,唯灵论者大量引用唯物主义的论据,以证明精神世界的确存在,并希望以此来调谐科学知识与现有宗教传统之间的矛盾。③ 于是,超自然之物反而被自然化了,他们经常引用原子、外质(ectoplasm)、电磁学等各种力量和物质,来证实信仰和启示的语言。通过这些手段,唯灵论者和通灵研究者试图证明他们的方法和关注是具有现代性的与时俱进,是当代主流思想的一部分。

科雷利明确地与唯灵论运动的极端行为保持距离;然而,她自己的作品深受其影响。在她第一部小说《两个世界的浪漫》(*A Romance of Two Worlds*)的序言中,科雷利认为她的书把"科学之光"

---

① 在我们这个时代,情况也大致相同:分裂、不确定的"后现代"经验与宗教激进主义和新时代哲学共存。参见 Stjepan, G. Mestrovic, *The Coming Fin de Siècle* (London: Routledge, 1991), p. 136-162.
② 例如,安妮·金斯福德博士(Dr. Anne Kingsford)、安妮·贝赞特(Annie Besant),以及布拉瓦茨基夫人(Madame Blavatsky)。参见 Oppenheim, *The Other World*, ch. 5.
③ Ibid., p. 59.

带到了《新约》中，为神的存在提供科学证据。这部小说讲述了一位年轻的女钢琴演奏家，从一个名叫赫洛比艾斯（Helobias）的神秘先知那里获得神秘的智慧，此人是东方智者的后裔，也是"基督教电子理论"（an electric theory of Christianity）的创始人。科雷利的女主人公不仅治愈了自己的顽疾，而且最终发现她能够离开自己的身体，在缥缈的灵魂指引下周游宇宙。在参观了太阳系里的各种世界之后，她最终瞥见了宇宙的中心——上帝之家。这部早期科幻小说的语言中穿插着宗教神秘主义和启示的话语；与迷狂幻想和神秘象征并置的，是关于电的物理作用的理性解释。在她后期的小说，如《阿达斯》（Ardath）和《莉莉丝的灵魂》（The Soul of Lilith）中，科雷利重复了这种将科学、基督教和类似神智论的神秘主义混合的手法，并广受好评。

科雷利的小说中对精神世界的运用，与宗教小说形成了鲜明的对比，后者在19世纪曾是许多工人阶级和中产阶级妇女的主要读物。灵性不再被用来服务于世俗责任的仪式化表演，也不用于帮助女性接受自己狭小生活的宿命；相反，灵性为她们提供了一种通过探索想象世界来打破家庭生活禁锢的方法。科雷利星际旅行的奇思妙想，创造了女性自由和流动的意象，极大地有别于女性人物常常置身的那种狭小小说空间。她的女主人公经历了超越日常思维界限的崇高想象；她们狂热的宗教信仰表现为自我的迷失，这里掺杂了狂喜和情欲。这种对变形和狂喜的描述，还辅之以对制度化和等级化的基督教的激烈争论，势必会吸引那些受困于促狭生活的女性。在科雷利的小说中，女性体验到了一种宗教的崇高，这种崇高在传统上通常属于男性话语。

事实上，妇女在当时许多宗教小团体中扮演着核心角色，她们在这里所获得的权力和地位，在传统教会的父权制结构中是不可想象的。尤其是唯灵论，它成为一种高度女性化的运动；它提供了不受男性干预的宗教体验,为许多不满主流宗教的女性提供了宣泄的渠道。事实上,所谓的女性特质——盲从、敏感、被动——被视为灵媒(medium)的理想品质,而通灵是否成功,取决于她能否抛开自己,成为他人的工具。因此,有了降神会(seance)这个借口,女人就能公然逾越性别规范;被动和自我拒绝原本是维多利亚时代中产阶级女性的典型特征,现在成为一种获得权威和力量的默认手段。因此,唯灵论与性别政治和"女性问题"有着复杂的关系。和女性主义一样,唯灵论组织内部会有知名的女性担纲要职,这些女人往往还很张扬;唯灵论支持女性主导的精神权威,这就为女性提供了契机,让她们可以得到关注、机遇和地位,这是她们在其他领域享受不到的。通过召唤一个神秘的另类世界,唯灵论揭示了此世的局限性;她们的迷狂状态让女性灵媒不受传统对女性行为和公共言论的约束,她们对自己的言行不需要负责任。然而,这种对性别规范的规避,却很少涉及对现状的直接攻击。相反,唯灵论赋予女性以灵媒的特权地位,这只是再次证明了女性气质、被动性和克己之间的相关性。唯灵论组织是一个充满了社会和性别张力的文化竞技场,它既削弱又强化了维多利亚时代的女性观。[1]

在《两个世界的浪漫》对虔诚女性的再现中,这种矛盾也有所体现。科雷利的小说总是重复幻想着一个坚不可摧的永恒身体,它能够超越世俗肉身的局限。它摒弃了女性气质与禁闭的传统关联,描绘了女主人公翱翔于宇宙之端,飞越"未被探索的荒野",从而唤起了无限的精神之境。小说明确地将女人视为绝对知识和神性的追求者。科雷利在描述女主人公探寻宇宙奥秘和她的不朽之躯时,显然充满了自信,更不用说有些夸大其词。

---

[1] 关于女性主义与唯心论(spiritualism)关系的深入讨论,请参见 Alex Owen, *The Darkened Room: Women, Power, and Spiritualism in Late Victorian England* (Philadelphia: University of Pennsylvania Press, 1990)

> 我凝视着无数的太阳系,它们就像轮子套轮子,旋转速度如此之快,似乎是一个轮子。我看见行星旋转着,快得让人喘不过气来,就像抛在空中闪闪发光的球……巨大壮观的轮子永恒地滚动着,制造出一系列不可言喻的奇观。当我看到这华丽的景象时,我既不惊讶也不困惑……我几乎认不出地球,我就是从那儿而来——它是那么渺小的一个点——在浩瀚无际的宇宙中,它不过是针尖大小的地方。然而,我充分意识到,被这巨大的力量包围着的我也有强大的力量——我知道我自己是无坚不摧的,即使所有这些恒星和星系都突然陨落,我仍然存在——我了解这种感觉,记着这种感觉——我会看到新的宇宙的诞生,并参与它的发展和设计。①

当我们读到这种宗教启示般让人神往的描述时,不禁会感到震惊,一个年轻女人被赋予了上帝的视角,去理解宇宙的意义和运转。正如女主人公自己所说:"对于一个女人来说,一头扎进未知的世界,这无疑是大胆的行为。"②这种对创世的崇高性的理解充满了宗教的狂喜,可说是在精神层面挑战了传统对维多利亚时代女性气质的约束,因为在维多利亚时代,人们对女人追求精神真理的描述往往更为谦逊和恭敬。通过将女主人描述为大胆的求知者,科雷利希望能让女性的精神追求变得重要而且伟大。然而,这种将虔诚视为一种宗教狂喜的做法,也暴露了对肉体束缚的厌恶,而这又与早期女性主义的观点相冲突。对宗教知识的追求伴随着对感官肉身的深度厌恶,这又强化了女性谦卑、贞洁和纯洁的传统观念。事实上,

---

① Marie Corelli, *A Romance of Two Worlds* (New York: Thomas Y. Crowell and Co., n.d.), p. 205.
② Ibid., p. 168.

尽管她的小说主题具有创新性,但最终重申了这样一种观点:端正娴静、自我弃绝的女人想要获得宗教知识,必须由魅力超凡的男性导师来指引和控制。女主人公精神上的大胆并没有转化为任何外部挑战,未能动摇女性在社会的从属地位。

异域崇高

在世纪末反西方物质主义价值观的运动中,东方哲学、宗教和文化的诱惑力起到了关键性的作用。虽然维多利亚时代的科学家们正在论证非西方文化在进化上的落后,但那个时期许多宗教崇拜明显颠倒了这种价值等级,认为东方在精神上优于堕落的西方。19世纪人类学家和语言学家的著作进一步推动了佛教、印度教和伊斯兰教教义的普及,而同时考古学的发现让人们对埃及的宗教和文化产生了深远而持久的兴趣。这些传统的吸引力是不言而喻的;它们可以替代已被赋予了神圣智慧和权威光环的西方理性主义和唯物主义。东方被想象成一个永恒真理的无时间性空间,是真正精神性的源泉,与之相比,以进步为目标、充满物质冲动的西方正好体现出了不足,并应该受到批评。[1]

尽管西方人把东方理想化,但是在英格兰兴起的神秘宗教和帝国主义的修辞一样,都依赖于探险、移民、征服和殖民这一套隐喻。西方人想要摆脱西方文化的束缚,这种愿望是通过幻想探索新的未知世界来表达的,无论是真实意义上的探索,还是形而上的探索;精神世界是仍需要征服的领域,是另一个诱人的边疆。精神世界和东

---

[1] 对唯心主义、东方宗教及女性主义之间相互关系的讨论,请参见 Sandra M. Gilbert and Susan Gubar, *No Man's Land: The Place of the Woman Writer in the Twentieth Century*, vol. 2: *Sexchanges* (New Haven: Yale University Press, 1989), pp. 26-32.

方世界在比喻层面上具有相似性,它们隐喻着神秘的他者性,而且两者的直接关系再次证明这一点;东方被认为是神秘力量仍然占据主导位置的世界。H. 赖德·哈葛德(H. Rider Haggard)、拉迪亚德·吉卜林(Rudyard Kipling)和当时许多其他作家写了大量小说和故事,可怖地描述了帝国边陲的许多超自然和离奇事件,这些异国之地是阈限地带,尚未被启蒙运动的现代法则所完全约束。①

总的来说,最近的文学批评倾向于将关于帝国主义的文学,等同于白人男性去往异国腹地的冒险叙事。在颂扬粗犷的白人男性气质的同时,种族他者往往被女性化为一块黑色的大陆,等待被白人渗透和征服;女人和蛮族是返祖和非理性力量的孪生象征,种族和性别的意识形态由此获得了联结。对非西方文化的这种再现,无论是写实的,还是虚构的,都格外突出冒险的情节,这让一些评论家认为殖民主义和女性主义的意识形态在某种意义上是针锋相对的。例如,萨拉·米尔斯(Sara Mills)论述过 19 世纪的女性旅行者,提到了帝国主义话语与英国女性身份的盛行观念之间存在着根本的矛盾冲突。② 然而,这种矛盾只在一种情况下成立,那就是认为这类话语与关乎性别压迫和殖民征服的典型男性化叙事之间存在相关性。然而,还有另一种同样有影响力的想象传统,即将非西方文化想象成某种异国之所,那里有着精神的丰盈和色情的变身。后一种母题并没有肯定现代文明对不发达地区的霸权地位,而是将这些地区视为带来救赎的避难所,可以帮助西方人摆脱专横的现代性。③ 这

---

① 参见 Patrick Brantlinger, *Rule of Darkness: British Literature and Imperialism*, 1830 - 1914 (Ithaca: Cornell University Press, 1988), ch. 8.
② Sara Mills, *Discourses of Difference: An Analysis of Women's Travel Writing and Colonialism* (London: Routledge, 1991).
③ Chris Bongie, *Exotic Memories: Literature, Colonialism, and the Fin de Siècle* (Stanford: Stanford University Press, 1991), p. 40. 另请参见 Lisa Lowe, *Critical Terrains: British and French Orientalisms* (Ithaca: Cornell University Press, 1992).

种浪漫的异国主义与主流的西方女性气质具有更为直接的联系,并且形成了 19 世纪女性文本中普遍使用的手法,但这个问题几乎未被学界重视。如果,正如帕特里克·布兰特林格(Patrick Brantlinger)所言,"非洲、印度和世界其他黑暗地区成为帝国主义政治无意识绘制自己欲望经纬的地方"①,那么对种族和文化他者的想象则显然在很大程度上被性别化了。分析白人女性与殖民主义的瓜葛,就是要弄清她们对异国的再现到底在心理上意味着什么。

科雷利的许多作品发生在埃及、印度和《圣经》中提及的地方,是在通俗罗曼司中使用女性东方主义的典型例子。作者对这些场景的选择并不是出自直接经验,因此不同于那些 19 世纪女性探险家的作品,后者是试图忠实地记录自己与异族文化遭遇的点点滴滴。相反,科雷利则开诚布公地承认她的异域风情完全是基于想象,她声称:"乘坐想象的魔毯,你可以去任何地方。"②神秘的东方显然是想象的风景,是神秘他异性的能指,从而可以顺理成章地表达特定的情色场景。科雷利的小说运用了双重策略;浪漫被赋予了异域情调,而异域情调也被浪漫化。东方为激情澎湃的情欲戏码提供了幻想空间;东方脱离了历史和现代性,让纯粹、原初的男性气质和女性气质得以表达,而在刻板堕落的西方,这一点已经无法实现。棕榈树、潟湖和金字塔,在这些充满肉欲的背景之下,男人和女人回归到原始状态,在极端的激情和欲望的驱使之下,互相吸引并走到一起,不断重复控制和顺从的关系模式。

在科雷利首次出版于 1897 年的小说《齐思卡》(Ziska)中,她明显将东方作为异域崇高和情色崇高的能指。小说以开罗为背景,上流社会为了躲避欧洲的冬天纷纷逃往开罗,小说以一系列讽刺的笔

---

① Brantlinger, *Rule of Darkness*, p. 246.
② 转引自 Masters, *Now Barabbas Was a Rotter*, p. 16.

触开头,提到"库克公司廉价旅行团里那些面带微笑、头戴白色头盔和墨镜、大汗淋漓的游客"①。西方旅游业的平庸与真实埃及的崇高正好构成对位关系,这里是"旧神的神秘之地",里面埋葬着"超自然的深奥密码——这里有奇迹、恐怖和神秘组成的迷宫"。② 小说在描述法国画家阿尔芒·热瓦斯(Armand Gervase)对神秘诱人的俄罗斯公主齐思卡的爱慕之情时,一直在利用东方主义这一主题。尽管这两个人都是欧洲人,但书中将他们描述为看似"最纯粹和最有教养的阿拉伯人"③。热瓦斯和齐思卡出现在埃及的化装舞会上时,另一个人物惊呼:"生在埃及;天然的埃及气息。纯粹的东方人!你身上一点西方人的特点都没有。"④

出版商将《齐思卡》描述为"超自然惊悚小说",说它将浪漫的爱情元素与当时流行的古埃及研究结合在一起。热瓦斯对齐思卡神秘迸发的激情,让他陷入了爱的魔咒,并引发了两人之间的激烈权力斗争。与此同时,只有来访的考古学家马克斯韦尔·迪恩博士(Dr. Maxwell Dean)才意识到,热瓦斯实际上是古埃及武士阿拉克西斯(Araxes)转世的灵魂,在前世他爱上了舞女齐思卡,然后又抛弃并谋杀了他。故事的高潮发生在埃及金字塔的金石棺房间里,面对那个曾经摧毁她的男人,齐思卡想痛下杀手进行报复。与此同时,热瓦斯被戏剧性地唤醒了,他意识到自己的真实身份,意识到有一种永恒的法则在主宰人类的命运:"他承认自己就是阿拉克西斯——同一个灵魂穿越世事变迁——过去和现在的千头万绪突然在他身上编织在一起,延续了千年。"⑤小说的结尾是开罗社会对这对恋人神秘失踪所散布的闲话,而在大金字塔的黑暗中,在金色的

---

① Corelli, *Ziska*, p. 7.
② Ibid., p. 11.
③ Ibid., p. 34.
④ Ibid., p. 45.
⑤ Ibid., pp. 181-182.

地板上,躺着一具腐烂的尸体。

在这种高度情节剧的叙事中,东方神秘主义带来了地理、时间和文化的穿越,在角色塑造上赋予了科雷利更大的想象空间。带有异域色彩的阿尔芒,代表了理想化的男性权威,他不讲道德,也没有尊重女性的骑士精神:"男人最初是野蛮人,总是把女人当作玩具或奴隶;我向你保证,野蛮还没有在我们身上消失——无论如何,野蛮没有从我身上消失,我是一个纯粹的野蛮人。"①"高贵的阿拉伯人"形象于是代表了一种具有个人魅力、性欲旺盛的男性气概,与19世纪晚期欧洲男人的懒散和消极形成了鲜明对比。前者代表的是一种原始而反常的色情主义,完全脱离了把性作为婚姻和生育义务的观念。随着后来20世纪20年代的小说《酋长》(The Sheik)等"沙漠罗曼司"的成功,这类专横跋扈的男性将成为女性流行文化的显著特征,他们之所以具有旺盛的性能力,是因为他们不具备西方血统。在这些小说中,男性气质占据主导地位的虚构场景颇能打动人,因为它们涉及民族和种族差异,又触碰了禁止异族通婚的文化禁忌,所以格外具有色情的挑逗意味。在精心编排的性受虐幻想中,东方专制者的形象为女主人公提供了托词,让她们可以屈服于性的快感,而无须接受个人责任和道德的谴责。无论是白人女性或是白人男性,似乎异域情调总与色情密切相关,种族和文化差异已经成为性幻想的核心。②

此外,在齐思卡的形象塑造中,世纪末充满异域风情、虐待狂似的蛇蝎女人代替了端庄理性的英国女人形象。齐思卡象征着恶毒

---

① Corelli, *Ziska*, p. 53.
② 关于《酋长》的小说和电影的有趣讨论,请参见 Billie Melman, "1919‐28: 'The Sheik of Araby'—Freedom in Captivity in the Desert Romance," in her *Women and the Popular Imagination in the Twenties: Flappers and Nymphs* (London: Macmillan, 1988),以及 Miriam Hansen, "The Return of Babylon: Rudolph Valentino and the Female Spectator," in her *Babel and Babylon: Spectatorship in American Silent Film* (Cambridge: Harvard University Press, 1991)。

的引诱和残忍的激情,她明显与其后几年出版的赖德·哈葛德小说《她》中的女主人公相似。作为女魔头的原型,她与动物(母老虎、蜘蛛和蛇)相伴,又与神秘的死亡、埋葬和超自然联系在一起。我已经指出,这类女性形象是有问题的,但在通俗小说中,她这类人的无处不在恰恰表明了这类形象对女性和男性读者的潜在吸引力。作为一种文化的刻板印象,对于一些女人而言,"红颜祸水"可能要比那些循规蹈矩的家庭妇女或是"无性欲"的女性主义泼妇更具吸引力;她将权威、活力和旺盛性欲融于一身,专横地表达了她对世界和男性价值观的蔑视。①

因此,科雷利的小说借鉴了一个历史悠久的西方传统,即把东方定义为远离社会和性规范约束的地方,将之视为崇高的异域之地。尽管这个主题受到了当代批评家的普遍关注,但评论家们大多聚焦于福楼拜和波德莱尔等人,这不免让人误以为东方主义只是法国一小撮波希米亚式艺术家和知识分子的专属领域。然而,正如福楼拜在自己的书中指明的,关于东方的神话在整个19世纪的大众想象中反复出现,并且十分重要;帝国主义扩张的逻辑需要不断地指涉和再现文化他者。异域崇高在各类文本中越来越流行——广告、通俗小说、早期电影——而且成为19世纪晚期涌现的以商业和贸易为目的的大型展览会的核心主题。在这些展览会上,参观者不经意间就能见识到阿拉伯帐篷、日本农庄,或是东方大巴扎。② 在

---

① Virginia M. Allen, *The Femme Fatale* (Troy, N.Y.: Whitston Publishing Co., 1983), ch. 8.
② Meg Armstrong, "'A Jumble of Foreignness': The Sublime Musayms of Nineteenth-Century Fairs and Expositions," *Cultural Critique*, 23 (1992-93): 199-250. 在这篇文章中,作者发展了"异域崇高"(exotic sublime)这一概念。另请参见 Rosalind Williams, *Dream Worlds: Mass Consumption in Late Nineteenth-Century France* (Berkeley: University of California Press, 1982), pp. 66-78,这篇文章探讨了百货商店的异国情调;以 Thomas Richards, *The Commodity Culture of Victorian England: Advertising and Spectacle, 1851-1914* (Stanford: Stanford University Press, 1990), ch. 3.,该书讨论了帝国主义媚俗(imperial kitsch)。

将东方包装成西方普通消费者心中想象的奇观时,对"生活在别处"的渴望(而不是非主流的浪漫主义艺术家的疏离感)成为无处不在的主题。异域情调不仅是现代主义艺术作品的核心,而且也是许多通俗文本和文类的中心;以怀旧的方式再现神秘原始他者的怀旧,是塑造现代世界主义情感的重要组成部分。

由此,《齐思卡》是人们以浪漫幻想将东方女性化的典型例子;通过以色情的笔触来再现作为种族和文化他者的东方,作者既揭示了女人对日常生活的潜在不满,又使这种不满情绪得到缓解。然而,与此同时,这种差异并不是真正的差异。小说中的"埃及"主人公阿尔芒和齐思卡虽然具有外国人的迷人外表,但实际上言行举止与科雷利其他小说中的人物并无二致。虽然这部小说在表面上认为东方智慧更为优越,但最终小说人物在骨子里还是白人。在其他流行小说(如《酋长》和《人猿泰山》)中,作家都利用了种族差异性,最终却发现主人公是欧洲血统,这个结果让人欣慰,对陌生性的运用实际上只是让我们认识到其惊人的熟悉性。这些作品否认了非西方世界多元文化本身的特殊性和历史性,而是将之简化为一种情爱的象征,而且还是很容易被消费的"外国风"。也许不可避免的是,当文化的他者性仅仅被简单拿来纠正西方社会的弊病,作为西方自我进行反思的镜子时,对东方的理想化只是证明了帝国主义凝视的决定性作用。[①] 异域崇高让女人暂时逃离了日常的世俗;这种怀旧情感试图从现代性的局限中获得救赎,却只是重新确立了欧洲视角的霸权地位,而这恰恰是它想要摆脱的。

[①] Hugh Ridley, *Images of Imperial Rule* (London: Croom Helm, 1983), p. 17.

大众的政治

　　随着文化研究已经远离法兰克福学派的左翼悲观主义，转而探索大众形式中蕴藏的抵抗潜能，那些像科雷利这样获得巨大成功，却受到评论家差评的小说家，再次成为学界分析的对象。科雷利的作品虽然销量巨大，但因为庸俗的情感主义而被图书馆拒之门外，文学圈子也以一种厌女症的态度对待她，这些因素都使她成为理想人选，帮助我们重估文学史。于是，"庸俗""多愁善感""情感主义"等字眼所承载的负面意义可以被逆转，从而调动一种"对抗阅读"，这种阅读将幻想、快乐和狂欢式的放纵视为颠覆性的力量。在这样一种叙述中，女性气质和大众文化结合在一起，成为反对父权制条条框框的专横逻辑的孪生标记。

　　我之所以对科雷利的作品感兴趣，至少部分是因为她的作品有效地抵制了这种解读；它不能被轻易地纳入那种简单的批评框架，即认为通俗等于激进。我这么说，并不是想否认我对其作品的解读受到了这种阐释范式变化的影响。就传统而言，通俗小说受到左右两派的夹击；保守派将其解读为文化与道德沦丧的不祥之兆，而左翼又抨击通俗小说，认为它的反动之处在于巩固了主流资产阶级的意识形态。就在不久之前，这样的描述让位于新的批评方法，新方法探讨的是通俗文本在符号学和互文性上的复杂性，以便更微妙地描述其美学和政治意义。我的讨论很显然受益于这种视角的改变，我更愿意用不那么武断的方式来分析和理解这些文本。

　　然而，重新将大众文学视为值得研究的对象，又可能会沦为对其颠覆力量的盲目赞美。这一倾向说明了女性主义理论根深蒂固的问题，即女性主义的身份政治总是坚决把女性视为反抗的一方，

第五章 爱情、上帝和东方：解读大众化的崇高

因此总在女性作家的作品中发掘被隐藏的女性主义。尼娜·贝姆（Nina Baym）和简·汤普金斯（Jane Tompkins）对19世纪通俗小说的研究就是这种策略，虽然她们的分析都很有见地，但是我最终无法接受她们的结论。贝姆和汤姆金斯发现，这类小说在美国现代文学经典中处于边缘地位，就竭力扭转这些负面批评，重申情感、情节剧和感觉主义的重要性。① 在这里，我反对的不是这些评论家谨慎地将作品语境化的做法，而是不同意这种语境化所隐含的假设，即女性书写不应该受到任何批评。虽然女性主义对女性书写的肯定具有一定的战略价值，但这类作品的女性气质和大众化特征无法确保它们的真实性，也无法确保对于权力关系的超越。

因此，就我当下的研究而言，科雷利的作品之所以让我感兴趣，是因为男性主宰的文学圈子对这样一个女人深恶痛绝。然而，我的这种兴趣不意味着我就要把她的作品解读为对抗性女性文化的文学表达，因为这种解读将诉诸统一的、集体性的对抗主体，这样做只会让亚文化理论变得更为可疑。与此相反，只要当代人稍微对阶级种族的层级性和性别有所觉察，就肯定会发现19世纪女性通俗文学作品存在的严重问题。在这里，我赞同安·茨韦科维奇的做法，她挑战了一种流行的看法，即认为只有证明非经典作品的颠覆性，它们才具有研究的价值。② 人们总是将通俗文学作品浪漫化，在某种意义上认为它们直接源于情感和性欲，这一点特别需要学术界重新加以评判。如果仅仅批评通俗作品是倒退的美学和情感主义还远远不够的话，那么如茨韦科维奇所言，简单地"将情感强度与政治价值的关系颠倒，认为大众文化激发的情感是越界式情感冲动的证

---

① Nina Baym, *Woman's Fiction: A Guide to Novels by and about Women in America, 1820–1870* (Ithaca: Cornell University Press, 1978)，以及 Jane Tompkins, *Sensational Designs: The Cultural Work of American Fiction, 1790–1860* (Oxford: Oxford University Press, 1985).

② Cvetkovich, *Mixed Feelings*, p. 38.

据,是渴望社会改良的欲望萌芽,或是对压迫的社会结构的不满,这种做法也同样值得怀疑"①。

通俗小说不是对单声部主流意识形态的复制或是英勇的反抗,而是包含着各种各样的意识形态,它们有的和谐一致,有的又互相矛盾。我自己的分析是试图阐释通俗文学和精英文学中某些互相矛盾的意识形态、想象和文学再现模式。以科雷利为例,她的情节剧风格的小说中有大量"女性化"的感伤和夸张的情绪,它们与严苛的性道德交织在一起,频繁地表达出对女人的批评和敌意。她的小说以民主方式捍卫普通人和大众品味的权威性,同时又掺杂着明显的势利之心、小资产阶级对封建权威的怀念,以及对社会不公的乏味否认;在科雷利看来,只有懒惰的人才会贫穷。她一面慷慨激昂地批评政府或教堂的等级制度和精英结构,一面又对宗教教条主义、反犹主义和捍卫帝国荣耀表现出狂热的激情。这种相互关联又相互冲突的意识形态观,让我们无法分离出一种独立自主的"女性文化",这恰恰揭示了女性书写是如何深陷于普遍的种族、阶级和性别不平等的结构中。同样的,通俗小说的书写夹裹着保守和反抗的立场,其话语既中立又充满批评性,所以简单地将大众化与越界性画上等号显然是不妥的。

我讨论的聚焦点是大众化的崇高中暧昧的政治。我已经提到,以乌托邦的姿态召唤不可言说的他者性,这可以被看作对社会性中难以协调的紧张关系的批评性回应;这种对理想之物的追求,采用了一种移位的逻辑,将真正的意义从日常生活中分离出来,将之转移到一个遥不可及的世界。然而,这种避世的幻想中充满了怀旧的原型,而且以保守主义的姿态肯定了性与种族的他者性的永恒确定性,而任何反抗冲动都很难化解这种他者性。特别是知识分子,他

---

① Cvetkovich, *Mixed Feelings*, p. 7.

们将感性、直接性和"狂欢化"想象为通俗文学的本质特征,但科雷利的成功在很大程度上削弱了这些观点,她的作品充满了道德、伦理和精神上的绝对性。她的作品并没有威胁到阶级和性别等级制度,而是揭示了女性化的小资产阶级对道德和宗教的坚守,而这一点被当时许多男性文化权威取笑为过于老套。

然而,科雷利的小说也暗示,将文本意义锁定在特定阶级或性别立场的阅读方法是狭隘的。我的研究试图在科雷利的社会地位及她作品的意识形态和美学特征之间建立一些联系,这些联系不仅影响了她的作品创作,也影响了人们对作品的接受。因此,评论家们不断围绕着阶级和性别问题来讨论科雷利的小说;书评人往往对作者和读者嗤之以鼻,认为科雷利的读者与女帽店学徒、保姆、酒吧高级服务生、男装店销售员或是"心存浪漫幻想的女店员"有着同样的心智。然而,正如我之前所指出的,科雷利的读者实际上并不是整齐地分化;她的读者群中既有男人也有女人,有中上层阶级人士,也有工人阶级。一个人是憎恶还是喜欢科雷利,其决定性因素是那些受过高等教育和日益职业化的文学圈知识分子对读者所施加的影响,而不是单纯由读者的社会经济地位所决定的。她之所以成功——这里,她再次预示了未来大众文化的发展——部分是因为她创作的幻想形式可以打破阶级和性别的壁垒。她没有去构建对社会化世界的模仿,因为这种模仿自然而然地限定于某种阶级经验和性别经验;相反,她创造了丰富的变形幻想,可以用虚幻世界来满足不同社会群体的个人想象。

帕特里夏·斯塔布斯(Patricia Stubbs)是我发现的少数几位提到科雷利的女性主义者。她写道:"玛丽·科雷利是一位非常受欢迎、非常成功的作家。她对当时意识形态的粗略简化,是她成功的主要原因之一,她确实以极其简洁清晰的方式,揭示了社会和政治的主流思想,尽管想读出这点并不容易。"①我的关注点之一,就是要质疑这种对通俗小说的看法,即将通俗小说仅仅看作反映既定意识形态的透明媒介,我也不赞同那种相反的解读法,即将之笃定地视为反叛的力量。与这些人的观点不同,我希望更严肃地考察罗曼司和情节剧这样的文学体裁,分析它们在塑造现代性文化中起到的独特作用,而不是认为它们仅仅是被塑造的。大众化的崇高召唤的是别处的不可言喻的丰盈,它构成了现代性内部的一个充满幻想和魅力的领域。如果这种形式具有怀旧性,那么就如圣伯夫在阅读《包法利夫人》中写的那样,它是对一个未知国度的乡愁。②

---

① Patricia Stubbs, *Women and Fiction: Feminism and the Novel, 1880 - 1920* (London: Methuen, 1981), p. 45.
② Charles Augustin Sainte-Beuve, "*Madame Bovary* by Gustave Flaubert," in *Madame Bovary*, ed. and trans. Paul de Man (New York: Norton, 1965), p. 331.

第六章

新视野:关于进化和革命的女性主义话语

> 现代性、女性气质、进化……总是集体出现在妇女参政的争论中,以证明新型现代女性气质的形成是顺其自然且不可避免的……对批评者来说,现代女性是社会衰退的病症,是社会退步的助推者……对支持者来说,她们并非没有女人味,而是以一种新的、变化的方式展现女人味。
>
> 莉萨·蒂克纳
> 《女性景观:1907—1914年妇女参政运动的影像》[①]

女人与现代性时间的关系,在19世纪末出现了重大改变,这主要归因于她们特殊的意识形态,以及经济和社会状况。如果说一些人还想从怀旧的传统主义或异域风情中寻得慰藉,那么另一些人则迫不及待地抓住了现代性中所蕴含的变革思想,因为现代性即意味着不断的改变。于是,第一波女性主义鼓励女性将自己视为历史主体,以新时代自由行动者的形象亮相。在本章中,我的目的是阐释塑造了19世纪末英国女性政治文化的时间概念。女性主义者如何

---

① Lisa Tickner, *The Spectacle of Women: Imagery of the Suffrage Campaign, 1907 - 1914* (London: Chatto and Windus, 1987), pp. 182 - 192.

想象历史时间的轮廓？如何在宏观的历史进程中定位自己？她们使用进化和革命概念的用意何在？我希望通过分析早期女性主义的历史叙事和历史哲学，揭示现代性的文化"时间-文本"的特别形变，进而重新评价历史思想中的性别政治。①

19世纪末的文化以新奇性、创新性和未来性为特征。一个世纪行将结束所带来的终结感，伴随着对新开端的憧憬；堕落和颓废的主题，则往往伴随着对即将到来的璀璨黎明的向往。虽然许多作品有着不同的政治主张，语境关切也不同，但对新世纪变革力量的推崇，成了它们的共同特点。在德国、法国和斯堪的纳维亚，"现代"这个词成了集结号，具有无法抗拒的吸引力，而在英国，"求新"的思想也传递了类似的紧迫感和热盼，人们感到自己正站在新时代的门槛上。新戏剧，新艺术，新心理学，新政治学，新小说，新女性，新精神，诸如此类的字眼不断被人使用，以此来表示从过去的暴政中获得令人激动的"解放"，表示人们可以拥抱激进的现代性，将那些过时的、无关的价值观抛诸脑后。②

在这种未来的想象中，女性气质发挥了核心作用。女性在经

---

① 我借用了安东尼·肯普(Anthony Kemp)的"时间-文本"(time-text)这一术语，他用这个词来指示"由个人历史表达构成的集体叙事。这种元历史的'时间-文本'完全没有受制于客观的、独立的过去，而是能够……极端改变，产生激烈、不可调和的变化"，参见 Anthony Kemp, *The Estrangement of the Past: A Study in the Origins of Historical Consciousness* (Oxford: Oxford University Press, 1991), p. vii. 我对历史思想中的性别政治重新进行考量，正是因为我对男性的、线性的时间与基于节奏、周期性和重复的女性时间的所谓明确划分抱有怀疑态度。我的论点是，这种对立不充分又微不足道，却服务于男人与女人不同的时间观念和经验，而这些观念和经验形成于特殊的社会历史语境。关于这一方面，请参见 Julia Kristeva, "Women's Time," in *The Kristeva Reader*, ed. Toril Moi (Oxford: Basil Blackwell, 1986).

② 参见 Malcolm Bradbury and James McFarlane, "The Name and Nature of Modernism," in *Modernism: 1890-1930*, ed. Malcolm Bradbury and James McFarlane (Harmondsworth: Penguin, 1976), pp. 37-38; Holbrook Jackson, *The Eighteen Nineties* (New York: Capricorn Books, 1966), pp. 21-22; *1915, the Cultural Moment: The New Politics, the New Woman, the New Psychology, the New Art, and the New Theatre in America*, ed. Adele Heller and Lois Rudnick (New Brunswick: Rutgers University Press, 1991).

第六章 新视野:关于进化和革命的女性主义话语

济、法律和文化中的地位变化,促使许多人将女人视为现代生活变化和新时代精神的缩影。众多作家关注"女性"这个时髦又富有争议的问题,因为维多利亚理想婚姻的意识形态大厦看似坚不可摧,实际上已经开始坍塌。在易卜生《玩偶之家》的结尾,娜拉离开丈夫孩子摔门而去的声音,在世界各国都留下阵阵回响,很多人开始由此揣测欧洲大陆出现了女性主义这个游荡的幽灵。在英国,女性一直积极投身于文化生产,写出了大量有关女性解放的作品;19世纪末的最后二十年,英国女性小说家们空前活跃,她们自觉地探讨女性面临的各种问题。这些新小说写的是"新女性"(New Women),该词条首次出现于1894年,旋即广为流传,它指的是那些努力打破维多利亚时期女性气质规范的独立女性。19世纪80、90年代的许多小说详细描写了女性不如意的婚姻,以及女性通过努力工作或接受高等教育寻找其他途径以实现自我的艰辛历程,这些小说多出自女性之手,对性的描写也比较直白。[1]

当时现实主义文学占据主导位置,这些小说由于受到现实主义条条框框的限制,大多以悲剧结局收场。女主人公的反抗一般以失

---

[1] 参见 Penny Boumelha, "Women and the New Fiction 1880–1900," in her *Thomas Hardy and Women: Sexual Ideology and Narrative Form* (Brighton: Harvester, 1982); Ann Ardis, *New Women, New Novels: Feminism and Early Modernism* (New Brunswick: Rutgers University Press, 1990); Susan M. Gilbert and Susan Gubar, "Home Rule: The Colonies of the New Women," in *No Man's Land: The Place of the Woman Writer in the Twentieth Century*, vol. 2: *Sexchanges* (New Haven: Yale University Press, 1989); Elaine Showalter, "New Women," in *Sexual Anarchy: Gender and Culture at the Fin de Siècle* (New York: Viking Penguin, 1990); Carroll Smith-Rosenberg, "Discourses of Sexuality and Subjectivity: The New Woman, 1870–1936," in *Hidden from History: Reclaiming the Gay and Lesbian Past*, ed. Martin Duberman, Martha Vicinus, and George Chauncey, Jr. (Harmondsworth: Penguin, 1991); Lucy Bland, "The Married Woman, the 'New Woman,' and the Feminist: Sexual Politics of the 1890s," in *Equal or Different? Women's Politics, 1800–1914*, ed. Jane Rendall (London: Basil Blackwell, 1987); Gail Cunningham, *The New Woman and the Victorian Novel* (New York: Macmillan, 1978).关于女性主义对英格兰男性小说家的影响,参见 Patricia Stubbs, *Women and Fiction: Feminism and the Novel, 1880–1920* (London: Methuen, 1981).

败告终,她渴求解放,却被所处时代的社会和性别现实所击败。其他创作文类(比如乌托邦小说或政治散文)则更加包容,可以更好地激发读者,并对未来提出设想,鼓励人们去想象另类的结局。例如,凯瑟琳·斯特恩(Katherine Stern)发现,在19世纪末存在一种通俗文类,讲述"妇女参政的奇幻故事"(suffragette fantasy),这些故事发生在未来的后女性主义世界,对女性生活做了各种夸张离奇的想象。① 这一文类对一些迷恋现代性的读者愈发具有吸引力,因为在这些人看来,现代不是业已存在的现实,而是关于尚未实现的女性美好生活的愿景,历史的意义不在于过去,而在于尚未实现的未来。女性主义话语于是变成了一种操演和预言,它试图通过自身的写作,以建立它所追求的政治共同体。

随着妇女运动越来越多地渗入政治和文化领域,有关女性解放的作品也遍地开花。尽管在维多利亚时期女性主义已经取得了不错的成绩,但是直到19世纪末20世纪初,女性主义才对公共意识产生势不可挡的影响,才被认为是一场重要的现代政治运动,是推动社会变革的重要力量。女性主义者群体由各种零散的团体和关系网构成,而非统一团结的整体,她们的差异性不亚于她们的相似性。争取投票权是让大部分女性主义者团结起来的核心议题,尽管很多支持女性参政的人士颇有远见,他们认为取得选举权只是西方文化激进变革中迈出的一小步而已。在这种多元的语境下,"现代"和"求新"紧密相关,两者将在女性运动的自我再现和参政运动的象征政治中扮演重要的角色。这一阶段的女性主义者公开支持一种纯粹现代的时间意识;为了确立自己对当下和未来的观念,她们肯

---

① Katherine Stern, "The War of the Sexes in British Fantasy Literature of the Suffragette Era," *Critical Matrix*, 3, 3 (1987): 78 - 109.

定了历史是时间性进程,是线性的、不可逆的时间流。① 对很多女性而言,这样一种历史性的体验是全新的,它令人激动地向公众暗示:女性会成为政治的行动力量,她们是历史的主体,而不仅仅是受历史的支配。

在现代思想史中,描述社会变迁最常见的隐喻无疑是革命和进化。革命,最初用来表示"重复性的圆周运动"(命运之轮的运转),后来逐渐被用来描述那种当下出现断裂、新秩序得以开启的决定性时刻。法国大革命是典型的历史事件,它确定了"革命"一词的现代意义,即不可挽回地与传统决裂。从政治意义上说,革命是指突然使用暴力手段推翻现有政权,但与此同时,从更广泛、更普遍的意义上说,革命指一切激进的根本性变革。无论如何,革命与进化的时间性相对立,后者是发展或生长的有机进程。在 19 世纪欧洲思想界,进化观念占据了主导地位,同时被极力拒斥的,则是那种非自然的、根本性的变革。当时的人们认为,历史会依照内在的规律系统性地展开,而不需要那种失控的无序转变,这种巨变的景观令人感到不安。进化论的魅力在于其与过去的延续和关联,而不是与过去的决裂,它与政治的关系不是暴力变革,而是逐渐完成的改良。②

进化和革命这两个隐喻渗透于整个 19 世纪的文化表征中,塑造了我们对现代的普遍认识,现代在此既是一个历史的阶段,又是规范化的工程。然而,现今很多女性主义历史学家和社会理论学家仍然对这一说法持怀疑态度,认为它从根本上崇尚的是以男性为中心的政治现代性。例如,当下对革命人格的研究大量采用俄狄浦斯

---

① 参见,如 Donald M. Lowe, "Temporality," in his *History of Bourgeois Perception* (Chicago: University of Chicago Press, 1982), 以及 Matei Calinescu, *Five Faces of Modernity: Modernism, Avant-Garde, Decadence, Kitsch, Postmodernism* (Durham: Duke University Press, 1987), p. 13.

② 对这两个术语的讨论,参见 Raymond Williams, *Keywords: A Vocabulary of Culture and Society* (London: Fontana, 1983).

情结模式来解释代际冲突,将政治反叛理解成对想象之父暴政的反抗,理所当然地将政治激进主义理解为男性气质。女性主义研究也支持这一观点,只不过在分析革命话语的男性化时更具批判性。因此,就法国大革命的具体情况而言,共和主义及与之相伴的诸如自由、平等、博爱等修辞不仅重申了将女性排除出政治进程的观点,而且还对这一立场加以强化。① 同样,在谈到齐美尔的时候,我曾经指出,19世纪的进化论试图将女性放置于历史发展的进程之外,把她们放入无时间性的区域。关于这一点,洛娜·达芬(Lorna Duffin)认为,进化论刻意将女性变成"进步的囚徒",这种理论服务于保守的、反女性主义的意识形态,意欲将女性囚于家庭之内。克里斯廷·克罗斯比(Christine Crosby)也指出,维多利亚时期的进化式历史是典型的父权观念,该观念把女性定义为"非历史性的历史他者"(unhistorical other of history),提出历史的元叙事必定是有等级的、排他的,因为它们破坏了异质性和他者性。②

然而,对时间性的现代逻辑做去神秘化的批判,这并不能自然而然地解释为什么"进化"和"革命"成为女性主义话语的核心概念。

---

① 对"革命人格"(revolutionary personality)的批判,参见 Marie Marmo Mullaney, "Women and the Theory of the 'Revolutionary Personality': Comments, Criticisms, and Suggestions for Further Study," *The Social Science Journal*, 21, 2 (1984): 49-70. 近期女性主义者对法国大革命的研究,包括 Joan Landes, *Women and the Public Sphere in the Age of the French Revolution* (Ithaca: Cornell University Press, 1988),以及 Dorinda Outram, "Le langage mâle de la vertu: Women and the Discourse of the French Revolution," in *The Social History of Language*, ed. Peter Burke and Roy Porter (Cambridge: Cambridge University Press, 1987). 关于重新评价女性主义者对法国大革命及自由政治理论的批评,具体细节请参见林恩·亨特(Lynn Hunt)的近期之作,*The Family Romance of the French Revolution* (Berkeley: University of California Press, 1992).

② Lorna Duffin, "Prisoners of Progress: Women and Evolution," in *The Nineteenth-Century Woman: Her Cultural and Physical World*, ed. Sara Delamont and Lorna Duffin (London: Croom Helm, 1978),以及 Christine Crosby, *The Ends of History: Victorians and the Woman Question* (London: Routledge, 1991). 亦见 Jill Conway, "Stereotypes of Femininity in a Theory of Sexual Evolution," in *Suffer and Be Still: Women in the Victorian Age*, ed. Martha Vicinus (Bloomington: Indiana University Press, 1972).

第六章　新视野：关于进化和革命的女性主义话语

19世纪末的女性主义文本中不断提及这两个词。那么,女性为什么要使用这些字眼？目的何在？她们是如何想象历史时间的规律和节奏的？我关注的并不是进化或革命能否精确描述第一波女性主义所取得的实际成就,而是女性主义者如何借助看似不同却又相关的两个词的隐喻力量,来言说自己的历史身份。正如彼得·奥斯本(Peter Osborne)所言:"无论'现代性'是多么偏颇的历史理解的范畴,它仍然是一种文化的自我意识,是历史时间的实际体验,这些是无法否认的。"①我接下来的讨论所依照的,正是这种历史时间的实际体验,是世纪末女性主义运动与现代时间化过程之间的交集,后者推崇的正是未来性和新颖性。

妇女参政激进派所遭到的恶意批评,正说明了女人试图登上世界历史舞台时所引起的巨大震动。女性主义者在塑造自己的现代性元叙事时,既借鉴又回应了文化库中大量关于进步和堕落的神话。一方面,她们同意关于颓废的预言(即认为社会正变得日益女性化),但同时又将这种衰败的症状转变成向更高阶段进步的征兆；另一方面,她们借用既有的进步叙事,却把女性(而非男性)视为历史的动力主体。由于女性主义者在争取解放的斗争中使用了进化、革命、平等、自由、公民权等传统的男性中心概念,这些概念的意义也发生了转变,引起了不同的回响。

当然,与此同时,文字也绝不是完全自由漂浮和随意延展的,因为语言是基于意识形态用法的固化传统。尽管女性主义者试图为自身的目的而重新打造历史和进步的观念,但她们也会受到这些概念传统意义的影响。因此,妇女运动中主要由中产阶级构成的成员经常把自己描绘成处于历史前沿的思想和政治先锋。在这种情况

---

① Peter Osborne, "Modernity Is a Qualitative, Not a Chronological Category," *New Left Review*, 192 (1992): 67.

下，其他种族和阶层的女性形象往往是原始落后的，她们有待被女性主义的意识所唤醒。进化和革命这两种隐喻的战略价值在于，它们帮助一些妇女去更好地表达自身的行动力、历史目的和政治极端主义，这种价值同时也导致了麻烦的排他主义。有些女性仿佛比其他女性看起来更现代。

女性主义象征政治

近年来，女性主义历史学家开始关注第一波妇女运动的方方面面，考察了妇女选举权运动的各个阶段，并深入教育、法律、医学等诸多涉及女性斗争和变革改良的领域。这些修正主义的批评家指出，前人关于妇女选举权运动的历史书写往往采用居高临下（甚至厌女症式）的视角，所以她们主张认真重估早期女性主义运动的深远意义，这场运动不应被简单定义为争取投票权的斗争，而是一次有着深远影响的坚决尝试，意图是"通过政治手段，重新定义和创造英国的性别文化"[1]。

理论家们越来越多地将政治与文化分析相结合，将女性主义解读为一种"象征政治"(symbolic politics)，也就是说，它是一种社会变革运动，其分析和理论主张与特定的比喻和再现修辞之间有着密不可分的关系。[2] 此处，女性主义批评涉及"新文化史"(new

---

[1] Susan Kingsley Kent, *Sex and Suffrage in Britain*, 1860 - 1914 (London: Routledge, 1990), p. 3. 另请参见 Martha Vicinus, "Male Space and Women's Bodies: The Suffragette Movement," in her *Independent Women: Work and Community for Single Women, 1850 - 1920* (Chicago: University of Chicago Press, 1985), 以及 Jane Marcus, "Introduction: Re-reading the Pankhursts and Women's Suffrage," in *Suffrage and the Pankhursts*, ed. Jane Marcus (London: Routledge, 1987).

[2] 我从琼·兰德斯那里借鉴了"象征政治"这一术语。她描述了18世纪公共领域中政治体系与文化表征之间的相互关联，极具启发性。

第六章 新视野:关于进化和革命的女性主义话语

cultural history),它让人们关注象征实践(如语言、意象、服装、手势和仪式等)在维系社会关系及其转变中的重要性。正如林恩·亨特在研究法国大革命时指出的,这些象征实践在政治意识的形成中或许起着关键作用;与其说它们仅仅表达了基于经济或国家的"真实政治"现有之域,不如说它们本身就是变革的工具;是重建社会和政治世界的途径。因此,亨特认为,法国大革命的主要成就之一,在于它建立了全新的政治文化。① 与之相似,女性主义者也开始研究简·马库斯(Jane Marcus)所谓的"妇女选举权的符号学和身体学",将女性主义的历史解读为对文本表征和政治表征的一种干预。莉萨·蒂克纳的《女性景观》是近年来这种研究方法的最佳范例,它将历史研究与文本分析相结合,细致地分析了女性选举权运动的图像学、陈列术和话语等。②

在本章,我对女性主义话语提出了一种解读,这种解读受惠于蒂克纳和马莎·维西纳斯(Martha Vicinus)的著作,也参考借鉴了最近出版的珍妮特·莱昂的论著。③ 在整个 19 世纪晚期,特别是从 1906 年到 1914 年这段妇女选举权运动的高潮时期,女性运动催生了大量关于"女性问题"的文本,"女性问题"成了一个包罗万象的短语,涉及了各种关于女人社会、政治和性别地位的争论。这些文本包括宣传小册子、演讲、宣言、自传、科普小册、妇女参政题材小

---

① Lynn Hunt, *Politics, Culture, and Class in the French Revolution* (Berkeley: University of California Press, 1982), pp. 14, 24. 另请参见 *The New Cultural History*, ed. Lynn Hunt (Berkeley: University of California Press, 1989).

② Lisa Tickner, *The Spectacle of Women: Imagery of the Suffrage Campaign, 1907-1914* (London: Chatto and Windus, 1987). "妇女选举权的符号学和身体学"这一术语源于 Jane Marcus, "The Asylums of Antaeus: Women, War, and Madness—Is There a Feminist Fetishism?" in *The New Historicism*, ed. H. Aram Veeser (New York: Routledge, 1989), p. 142.

③ Janet Lyon, "Militant Discourse, Strange Bedfellows: Suffragettes and Vorticists before the War," *Differences*, 4, 2 (1992): 100-133, 以及"Transforming Manifestoes: A Second-Wave Problematic," *The Yale Journal of Criticism*, 5, 1 (1991): 101-127.

说、戏剧和请愿书等各种文类,当然也包括各种视觉图像——如横幅、海报、明信片和游行等——蒂克纳对此做了详细的描述。正是在这个时期,女人开始向公共中心地带靠近,也正是在这个时期,很多女性改革者和活动家开始日益感到欣喜兴奋,有了日益增强的权力感。① 反对妇女选举权的活动家们也进行了同样激烈而广泛的反击和辩论,旨在揭露女性主义的要求是何等徒劳和荒谬。在这场唇枪舌剑的战争中,选举权问题对于双方来说都是一个强大而丰富的象征,象征着女性主义对既定体制和男女关系模式提出的更大规模的挑战。

尽管与同时期的新女性小说相比,非虚构形式的女性主义话语很少获得学者的关注,但它是一个丰富而有价值的研究领域。首先,这些都是最严格字面意义上的公共文本,它们旨在向广大读者明确传达自己的观点,试图让大众相信女性主义事业的正义性。因此,这些文本传递了一种象征性的姿态,不仅是号召人们向前,而且还要向外,它将女性自由等同于女人对公众舆论和公共空间的不断征服。正如马莎·维西纳斯所言,"妇女选举权运动最具革命性的一面,是它坚持让女人出现在男性领域——甚至获得领导权";实现这种在场性的关键方法之一,就是重新拾起女性过去被剥夺了的写作和言说方式。② 就像妇女参政权论者试图通过女性身体大规模地占领传统的男性空间,以打破既定的空间等级制度一样,她们的话语也公然地渗透到男性化的政治修辞和观点中。女性主义之所以获得了特殊的历史性,正是因为她们坚决地将公共领域作为女性的象征空间和物质空间。

---

① Vicinus, "Male Space and Women's Bodies," p. 254.
② Ibid., p. 264.关于该时期女性主义自传的研究,请参见 Tricia Davis et al., "'The Public Face of Feminism': Early Twentieth-Century Writings on Women's Suffrage," in *Making Histories: Studies in History-Writing and Politics*, ed. Richard Johnson et al. (London: Hutchinson, 1982).

第六章　新视野:关于进化和革命的女性主义话语

此外,政治短文和演讲往往充满了抽象和隐喻,从而让一些在其他文类中无法显形的形而上原则变得明晰。因此,此类作品清晰地展现了第一波女性主义思想中所蕴含的历史哲学假设,其目的不仅仅是分析和诊断女性问题,还包含着预言和劝诫;它诉诸一个想象性的未来,这个未来意味着女性原则的大获全胜。这个尚不明晰的未来时刻让现在充满了希望,它构成了一种闪耀的目的(telos),当女性运动在社会改革的艰苦斗争中屡受挫折时,它就成了一种振奋人心的母题和救赎性的承诺。因此,面向未来的时间性(future-oriented temporality)为众多女性主义话语提供了清晰的结构性原则。

我的相关文献库包括弗朗西丝·斯威尼(Frances Swiney)和奥利芙·施赖纳(Olive Schreiner)创作的两部论著,《妇女的觉醒》(*The Awakening of Women*)和《妇女与劳动》(*Woman and Labour*),以及那些发表在妇女社会与政治联盟的旗舰期刊《妇女选举权》(*Votes for Women*)上的文章。这些文章通常是知名活动家发表演讲的文字记录;它们针对的就是女性主义读者,很大程度上依靠古典时代的演讲策略,来传达她们紧迫而真实的诉求。相比之下,《妇女的觉醒》和《妇女与劳动》对女性的状况,以及女性在自然、历史和社会中的地位进行了百科全书式的调查,采用了截然不同的叙述立场和文体技巧。在这两本书中,作者频繁引用科学发现,耐心地驳斥假想的论敌,从而竭力想证明自己观点的客观性。

然而,这些明显政治化的作品,尽管文类有所不同,却都采用了相同的修辞手法。一个典型的技巧是文本的观点反复围绕着统一的"我们"展开。这个"我们"就成了纲领性陈述、劝诫和诉求的主语,表达了某种群体的团结,使作者的演讲立场合理合法。作者的立场是展开道德和伦理批判,揭露当前的根本不足,与之相对的是女性的胜利和崛起。通过这种谴责的姿态,女性主义话语往往对所有男人和女人的境遇夸大其词,并采用那种摩尼教的两极化词汇,褒奖演讲者及其同志们高尚的道德品格,并鞭挞政府和反对妇女选举权人士的邪恶。她们之所以采取这种语言策略,显然是因为女性运动有急切的政治诉求,想要打造一种与众不同、目标明确的对抗身份。女性所做的忤逆、反抗和抗议等行为,在这个道德目的论的总体框架下获得了合法性。那些关于善与恶、对与错、单纯与堕落的对立话语,被女性主义者用来作为咒语,以帮助女性熬过铺天盖地的嘲笑、骚扰和暴力——有时候,甚至还有监禁和强行喂食——许多为投票权而奔走的女性,经常会遭遇这些折磨。在更普遍的意义上,语言在创造集体的主体性上起着至关重要的作用,它将众多个体紧密联系在一起,尽管这些人与社群行动的关系并不显著,而且往往——奥利芙·施赖纳就属于此例——充满矛盾态度。通过言说行为,女性的共同利益得到了确认,甚至变成了现实,哪怕只是短暂的。

那么,在某种意义上,那个时代的女性主义话语基本上是战略性的,各种层次的交流退居次席,成为一种分析诊断社会不平等的工具,往往只是为了宣传鼓动而存在。然而一个悖论是,这种为了特定政治目的而工具性地使用语言的做法,其自身又与高度审美化的言说模式相结合,这种言说有着丰富的隐喻,而且情感充沛,其目的是要创造共享的身份、仪式和意义符号。正如蒂克纳所强调的,妇女选举权运动的一个重要政治内容,就是要发展涵盖广泛而且高度细腻的文化,包括盛装游行、大进军、服装和丰富的视觉形象库。女性主义者的身份构建,只靠提出分析性的真理主张是不够的——当然,我们不能抹杀这些主张所产生的力量和深远影响——而且还要依靠各种展示、景观和仪式。政治的审美化,通常被解读为法西斯主义意识形态的同义词,但实际上它是女性主义在公共生活中在场性的重要体现,是对性别等级制度提出的重要挑战。

第六章 新视野:关于进化和革命的女性主义话语

各种女性主义话语的具体受众和主题内容,可能会根据实际情况而产生明显的变化。蒂克纳写道:

> 为了调动舆论——不只限于少数激进分子——妇女选举权支持者既要说服工人阶级,也需要说服中产阶级的男性和女性、工会和工人运动,托利党人、自由贸易者、家庭规则论者、圣公会教徒,以及不信奉英国国教的新教徒(这一派压根不相信同质性的"公众舆论"的存在),让他们相信妇女参政是件好事,只会强化家庭和社会结构,绝不会摧毁家庭和社会。妇女参政应该被理解为一个非常严肃的问题,但又无须为之过度紧张,因为只有这样才能让人们破除成见;或者说,它是一个在某些方面显得琐碎的重大问题。投票权必须被视为实现重大的良性社会变革的关键,但与此同时,它只是简单纠正了一个历史性的、反常的不公平现象,并不会导致灾难性后果……所有这些都可以进行辩争,人们也确实这么干了;不难理解,妇女选举权的宣传者们往往因地制宜,量体裁衣。①

然而,女性主义立场的这种多样化,并不总是像描述的这样和谐,它反而常常在修辞和政治策略上存在严重的分歧。许多女性主义文本呼吁公众利益和人类福祉,将女性解放描绘成迈向更高文明水平的必经阶段。这类话语中的"我们"寻求包容而非排他,是要减少而不是扩大性别差异。然而,激进的妇女参政运动(militant suffragette movement)的出现,标志着她们已经不能容忍进化观点的局限性,结果形成了一种先锋的姿态,明确将自己置于公众的对立面。通过高声疾呼抵抗和殉道,激进妇女参政论者创造了一种对立

---

① Tickner, *The Spectacle of Women*, p. 151.

的女性亚文化，主动与现存的规范和价值观彻底决裂。在寻找进化和革命隐喻的阅读过程中，我们可以厘清女性主义话语的一些关键因素，并辨析各种互异却又相关的政治、哲学和时间路径。

未来属于女性

在撰写有关妇女问题的著作时，奥利芙·施赖纳和弗朗西丝·斯威尼（Frances Swiney）都采用了一种在19世纪欧洲思想文化中已被认可的、体面的文类。描述人类发展的百科全书式论著在那个时代司空见惯，因为当时人们渴望对人类历史进程分门别类，并加以叙事化。女性形象也逐渐受到类似的思想审视；作家们深入研究性别角色的历史及其成因，希望他们的发现有助于阐明当代性别政治的动荡格局。奥古斯特·倍倍尔的《妇女在过去、现在和未来》(*Woman in the Past, Present, and Future*)、埃莉诺·马克斯（Eleanor Marx）和爱德华·埃夫林（Edward Aveling）的《妇女问题》(*The Woman Question*)、弗里德里希·恩格斯的《家庭、私有制和国家的起源》、霭理士（Havelock Ellis）的《男人与女人》(*Man and Woman*)、帕特里克·格迪斯（Patrick Geddes）和J.阿瑟·汤姆森（J. Arthur Thomson）的《性的进化》(*The Evolution of Sex*)只是众多学术著作中的几个例子，它们从各种政治视角与方法论视角来审视和剖析女性气质。

进化论极大地影响了这种写作风格的形成，鼓励人们用一种权威的视角，以庄严的、纲要性的方式纵览历史。19世纪论著最显著的特征之一，是形式上的骨架结构，它将时间性流动固定在一种有机展开的叙事中，这种叙事又被某种不可抗拒的因果关系所驱动。到了历史情节编排的高潮部分，总有一个全知且外显的叙述者给出

第六章　新视野:关于进化和革命的女性主义话语

权威的诠释,从思想和道德层面阐明表层现象的微言大义。维多利亚时代论著这种包罗万象的特点,进一步加强了论者对彻底把握现象总体性的自信感;与今日不同,当时的学科界限并无严格划分,这些文本涉及丰富的领域,包括生物学、心理学、社会学和人类学。例如,生物学原理为理解社会变化的逻辑提供了一套解释机制,而科学范畴也被添加了目的论和宗教的维度。因此,达尔文的自然选择理论,尽管似乎暗示了人类活动的随机性和无目的性,但常常被改头换面,传达有目的的、目标导向的历史观,为人们提供了一种世俗化版本的基督教救赎叙事。[1]

进化论在当时的思想界广泛流行,人们经常援引进化论以证明女性必须待在家里。作家们借用熵的模型来论证社会进步要求女性保持迟缓的发展,她们需要养精蓄锐,扮演种族母亲的重要角色。例如,赫伯特·斯宾塞(Herbert Spencer)发现了证据,证明"女性比男性更早经历个体进化,这是因为她们必须为了繁殖而蓄存力量"[2]。于是,女性主义者质疑女性的自然命运,这显然是威胁到了人类的未来发展;挑战现有的两性分工,非但不会带来进步,还会导致不可避免的种族衰落。对于社会"整体"来说,女性必须原地不动。换句话说,男性要取得进步,需要女性保持停滞。[3]

正是在这一背景下,女性主义自身的进化叙事开始得以产生;女性主义者与当时思想界流行的概念进行了协商,她们既想要证明女性解放是有利的,又想要证明女性解放是不可避免的。女性主义者的许多论点与其对手的论点相似,只不过目的有所不同;她们声称,女性解放会推动进化的过程,女性囿于家庭只会加速社会退步。

---

[1] 参见 Tickner, *The Spectacle of Women*, p. 108, 以及 Gillian Beer, *Darwin's Plots: Evolutionary Narrative in Darwin, George Eliot, and Nineteenth-Century Fiction* (London: Routledge, 1985).
[2] 转引自 Conway, "Stereotypes of Femininity," p. 141.
[3] Tickner, *The Spectacle of Women*, p. 186.

因此，现代女性与进步叙事的结盟有着明显的目的，那就是试图要驳斥当时关于女性参政支持者们的各种观点，这些观点认为女性主张参政议政是危险而且反常的，她们的活动会威胁到社会的结构。女性主义者经常采用优生学理论，坚持认为女性在教育、职场和公共领域的存在不会像保守派所担心的那样引起种族内耗，反而会使这一群体更健康，更有活力。①

然而，让女性占据进化论的核心位置，这一做法显然具有挑衅色彩，因为它破坏了一向以男性为中心的目的论历史观。施赖纳和斯威尼都认为，女性因为身为女性而在种族发展中扮演了推动世界历史的核心角色，女性的地位是衡量文明进步性的标准。她们对这一观点的具体化，反映了女性主义进化论也是多样的。施赖纳在本质上采用的是社会学视角，而斯威尼则采用的则是生物学视角；施赖纳假设两性在本质上是相似的，而斯威尼则主张性别两级差异论，而且认为女性占有进化优势。然而，除了这些内容上的差异，《妇女与劳动》和《妇女的觉醒》都得益于一种共同的社会有机体和进化范式，这种范式决定了她们的论证模式、情节排布和演说方式。它不是可以随意采用或抛弃的分析工具，它根植于当时人们的常识态度中，其存在几乎是隐形的，影响了人们对现状的批评话语，无论这种批评是正面还是负面的。

《妇女与劳动》原本只是奥利芙·施赖纳鸿篇巨制的一部分，从19世纪80年代起，她就一直在撰写这部作品，直到1911年才发表，题词是献给著名的妇女参政论者康斯坦丝·利顿（Constance Lytton）。1885年，她发表了《一个非洲农场的故事》(*The Story of*

---

① 关于优生学与女性主义关系的探讨，请参阅 Jeffrey Weeks, *Sex, Politics, and Society: The Regulation of Sexuality since 1800* (London: Longman, 1981), 以及 Penny Boumelha, "Sexual Ideology and the 'Nature' of Woman, 1880‑1900," in *Thomas Hardy and Women*.

an African Farm），旋即获得成功，并结识了许多当时著名的社会改革家和自由思想家，如霭理士、埃莉诺·马克斯、卡尔·皮尔逊（Karl Pearson）和爱德华·卡彭特（Edward Carpenter）。在激烈的政治和哲学争鸣中，性别与进化之间的关系一直是被反复激辩的主题，其影响延伸到思想界和个人生活。施赖纳告诉霭理士，她本人对女性问题的研究是一种尝试，旨在写出一篇纯科学的论文，用进化论来解释性别问题。① 最终版本的《妇女与劳动》是一部结合了论著和宣言的书，其中有生物学、社会学、人类学和历史学的各种文献。书中反复出现的一句话是，"我们将所有劳动都作为自己的领域"，它浓缩了女性想要获得权力的强烈渴望。

施赖纳首先用科学话语，批判科学本身将性别两极化。格迪斯和汤姆森的反女性主义观点臭名昭著："议会法案当然无法废除史前原生动物时代就已经确定的事情。"对此，施赖纳加以反击，并指出自然现象具有多样性，"随着地球上生存条件的改变，就可能有各种形式的两性关系"②。自然不仅没有预先设定社会行为和性别角色，而且呈现了无限多样的形式。然而，与此同时，施赖纳也认为，这种纷繁的多样性背后潜藏着一种有意义的模式，那就是进化论，它为我们掌握人类发展的隐秘规律了提供了方案。

劳动这个范畴，是人类活动和个体能动性的最高标志，也是确定女性历史地位的关键。施赖纳和马克思一样强调工作和生产的首要地位，但她对探索资本主义经济学不感兴趣。她的研究重点是

---

① 转引自 Ruth First and Ann Scott, *Olive Schreiner: A Biography* (New Brunswick: Rutgers University Press, 1990), p. 285. 关于施赖纳、霭理士、皮尔逊（Pearson）和其他"男女俱乐部"(the Men and Women's Club)成员之间关系的探讨，请参见 Ruth Brandon, *The New Women and the Old Men: Love, Sex, and the Woman Question* (London: Flamingo, 1991)。

② Olive Schreiner, *Woman and Labour* (London: Virago, 1978), p. 12. 对格迪斯和汤姆森所著的《性的进化》的引用，转引自 Conway's "Stereotypes of Femininity," p. 146.

中产阶级妇女,对她们而言,生产是自我生产的主要手段;劳动不是异化和剥削,而是有尊严的、对社会有益的工作。妇女解放与她们投身职场有着重要的联系;唯有这样,女性才会摆脱"性别寄生"(sex parasitism)。施赖纳就是用这个词,一针见血地指出现代女性无能而被动的境况。随着工业技术逐渐取代传统的女性技能,现代化必然会助长性别不平等并弱化女性。由于女性价值的逐渐丧失和社会地位的逐渐消失,女性的地位在下降,其工作将仅限于生殖劳动。因此,现代化加剧了妇女的不平等和无力感。

生产和消费之间的二元对立构成了《妇女与劳动》的论点,现在人们对这种二元对立已经很熟悉了。具体说来,作者提倡女性像男人一样努力工作的职业伦理,抵制性别寄生主义的颓废懒散。施赖纳认为女性普遍虚弱无力,在很大程度上源于世纪末的文化衰退形象。和左拉一样,她不断运用腐败、传染和疾病的隐喻去描写女性气质。因此,那些靠男人养活的女人,无论是妻子、情妇还是妓女,都被描绘成"人类中的女性寄生虫——最致命的细菌,能吸附于任何有机社会的表面"[①]。施赖纳自己对理想女性的设想,是"积极、强健、勤劳",与这种令人不安的红颜祸水形象形成了鲜明对比。《妇女与劳动》在呼吁女性解放的同时,复制了一系列强有力的性别隐喻,将劳作的、健康的和强健的身体,与被动性、女性化和疾病的潜在威胁对立起来。

与此同时,施赖纳认为历史不可避免的趋势,就是现代两性之间更大的平等和相互依存。于是,女性主义体现了一种普遍的世界-历史发展趋势,象征着"两性之间走向理解的一场伟大运动,一场向着共同职业、共同利益、共同理想的运动,两性之间在情感上的

[①] Schreiner, *Woman and Labour*, p. 82.

共鸣将比其他任何时候都更深刻,更牢固"①。与同一时期的许多其他文本一样,《妇女与劳动》对历史趋势的阐释交织了不同和矛盾的观点,而不是书写那种单一的、确凿的元叙事。那种将历史解读为(女性化)颓废的主题言说,有了与之分庭抗礼的进步叙事,即认为新女性处于社会变革的最前沿,是现代性鼓舞人心的象征。在此,施赖纳乐观地认为,女性主义是一场具有世界历史意义的运动,它将席卷全人类,领引我们创造一个更美好的新世界。② 现代女性身上浓缩了一种新的精神,她们拒绝过去的重负和现在的暴政,追求更自由解放的未来。因此,施赖纳的论述以这样的文字结尾:"正是因为未来对我们而言是如此美好,过去是如此决然地一去不返,而现在的消极默许是如此无可救药,所以今天,我们才到处发出奇特的呐喊——'我们要劳动! 我们要接受劳动培训!'。"③

初读施赖纳的文本,人们会惊讶于她如此频繁地提及"现代"和"新"。从开篇,她的书就是面向尚未出生的后辈读者们,大胆而又焦灼地描绘了一个模糊而遥远的未来。伊莱恩·肖沃特曾说,《非洲农场的故事》对女性潜力的理解显得狭隘,是一部令人沮丧和充满幽闭恐惧的书,④而《妇女与劳动》则不同,后者开启了更广阔的未来视野,指出未来存在无限的可能性,为女性的发展道路提供了一种纲领性的、鼓舞人心的描述。《妇女与劳动》带有一种预见性的弥赛亚口吻,更强化了这种效果,使书中那些科学化的伪饰黯然失色。施赖纳的风格是重复的、程式化和咒语式的,其宏大的节奏感

---

① Schreiner, *Woman and Labour*, p. 259.
② 对施赖纳与她那个时代主流进化理论之间关系的详细叙述,参见 Joyce Avrech Berkman, *The Healing Imagination of Olive Schreiner: Beyond South African Colonialism* (Oxford: Plantin, 1990), ch. 3.
③ Schreiner, *Woman and Labour*, p. 283.
④ Elaine Showalter, *A Literature of Their Own: English Women Novelists from Brontë to Lessing* (London: Virago, 1978), p. 203.

及反问、箴言和省略号的使用,赋予文本一种宗教和预言的特点。施赖纳频繁使用讽喻和寓言,强化了她追求《圣经》或史诗化自然权威的写作风格。她在引言中写道,她试图表达的是抽象思想的情感维度。

在这一背景下,作者借助应许之地的意象并不意外。施赖纳反复使用《圣经》的隐喻,来唤起乌托邦式的未来,即当今女性将引领后辈为之努力的新天堂。施赖纳在其文中播撒下了梦幻般的图像,这些图像中蕴含着一个超验的未来,让我们进入启蒙和变革,因而伊甸园的神话不再属于过去,而重新被塑造为一个可能的未来。

> 古代迦勒底先知预见了一个伊甸园,它位于遥远的过去。在梦中,男人和女人互帮互助,快乐地一起生活,直到女人吃了智慧树的果子,还让男人也吃了这果子,然后两人都被赶出去流浪,在痛苦中劳作,因为他们吃了禁果。
>
> 我们也有一个伊甸园的梦想,但那是在遥远的未来。我们梦想的是女人和男人一起吃智慧树的果实,肩并肩,手牵手,经过多年的艰辛劳动,为自己建起一座伊甸园,比迦勒底先知想象的还要高贵;这个伊甸园是他们亲身劳动、相互合作、共同创造的美丽伊甸园。①

在这个寓言式的幻象中,劳动不再是被驱逐出天堂的惩罚,而是创造新伊甸园的先决条件。正是通过劳动的救赎力量,女性才会进入现代并确定未来的方向,施赖纳的文本把想象中丰饶的过去转变成了两性平等的、真实而自由的未来,以之为历史的终极意义。

与《妇女与劳动》一样,弗朗西丝·斯威尼的《妇女的觉醒》在妇

---

① Schreiner, *Woman and Labour*, p. 282.

女参政运动中也被广泛引用。这本书首次出版于1899年,支持这场运动的评论家们赞誉其"为所有女性吹响了号角",是"关于女性问题的时代之作",是"本世纪下半叶一个女人代表全体妇女向公众提出的最理智、最具哲理和最真诚的吁求"。[1] 斯威尼是一位著名的女性主义演说家和活动家,写了许多关于性别的著作,也是著名的通神论者和唯灵论者。在《妇女的觉醒》中,她将基督教和唯灵论的词汇交织在一起,又夹杂了"生物学、胚胎学、心理学和社会学的研究",提出了一个关于女性进化优势的观点。她广泛阅读了霭理士、切萨雷·隆布罗素(Cesare Lombroso)、奥古斯特·倍倍尔、马克斯·诺尔道、汤姆森和格迪斯等同时代人的作品,但同时又修正或推翻了他们的许多结论。在斯威尼激进的双态宇宙中,女性才是高级的性别,她们的身体上有明显符合进化发展规律的自然迹象。

因此,尽管施赖纳强调,在生殖以外的所有领域中,男性和女性其实是非常相似的,但是按照弗朗西丝·斯威尼的描述,个体仍然有生理性别的差异,她的主要参考点不是历史,而是自然;在这一背景下,她对自然的解读明显反驳了那种"女人是低人一等的谬论"[2]。斯威尼认为,胚胎学和生物学领域取得的最新进展已经确凿地表明,男人实际上是未发育好的女人,而雄性元素最初是"一种赘生物,一种冗余之物,是自然产生的废品"[3]。她援引了各种医学和生物学证据支持自己的观点,即女人是比男人更高级的有机体;比方说,女人更坚强,更有效率,女人的感觉能力更发达,女人的器官适应性更好,以及女人不容易引发精神错乱和隔代遗传。针对女性天然的优越性,科学不再是女性主义的敌人,反倒成了启蒙现代

---

[1] 参见"Press Notices on the First Edition," in Frances Swiney, *The Awakening of Women, or Woman's Part in Evolution*, 3rd ed. (London: William Reeves, 1908).
[2] Ibid., p. 20.
[3] Ibid., p. 19.

女性的主要手段。

　　从生理层面到文化层面，斯威尼推翻了一些根深蒂固的假设，这些假设认为性别角色在社交、语言和文明进程中起到了相对重要的作用。她深入研究遥远的过去，认为女性自古以来就是语言的发明者、传播者和保护者，是文化的主要承载者。"现代文明所仰仗的社会和工业发展，在很大程度上归功于原始社会妇女的发明天赋和朴素的应变能力。"[①]斯威尼大胆地否认了文明与男性气质之间的关系，她坚持认为女性拥有更强的语言能力和更精致的审美情趣。她承认，在男权世界中艺术天才几乎都是男性，但她声称，正是女性承担了将文化代代相传的主要责任。此外，女性一直是道德进步的先锋，提供理想主义和利他主义的道德准则，对男性的自我中心和放纵的本性起到了调和的作用。

　　从过去推断到未来，斯威尼预言，女性时代的逐渐到来是宇宙迫切地向更高层次发展的必然结果。她用灵性和社会净化运动的词汇重新诠释了达尔文的进化论，并断言进化过程是战胜动物性和本能欲望的胜利之一。女性的精神气质使她们在未来的所有发展中都是天生的领导者，而男性则大多停留在物质的身体里，受到原始的性冲动的束缚。按照传统观点，进步等同于男性气质，而斯威尼巧妙地认为，现代化意味着族群的女性化，女性原则日益占据主导地位。霭理士曾声称工业化使男性的体力丧失作用从而使男性女性化，斯威尼引用这种说法并自信地得出结论："母系政权将被重建，但并不是参照质朴的、史前族群的模式，而是与全体人类在身体、精神和心灵方面的无意识进化保持一致，那些本质上属于女子气质的美德和特点将进一步得到发展。"[②]

[①] "Press Notices on the First Edition," p. 177.
[②] Ibid., p. 268.

女人出众的效率和适应能力使她们在社会进步中起到主导作用，男人却在传统的泥沼中无力地挣扎，变成了食古不化的家伙，他们的特质和价值观都面临灭绝的危险。"男人们请不要像帕丁顿夫人(Dame Partington)①那样做傻事，不要徒劳地用破扫帚去阻止涌入的水浪，这种破旧的扫帚不过是一些野蛮偏见，早已经陈腐不堪，无人相信。"②斯威尼认为，未来必然是属于女性的，这一点无可争议，男性体现的是过去的重负，他们执着于日益过时的男性价值观。实际上，随着男性逐渐摆脱对性的迷恋，他们最终会变得越来越像女人。女性气质既是人类社会的基本气质，又是衡量文明进步的普遍标准。正如有机生命起源于单一母细胞一样，雌性元素最终也会在未来社会中重新占据其本该拥有的、至高无上的主导地位。

与同时期的其他女性主义文本一样，《妇女与劳动》和《妇女的觉醒》坚定地将女性范畴定位为现代性的中心，创造了可以公开质疑进化论常识和以男性为导向的目的论的另一种历史。然而，施赖纳和斯威尼很大程度上不加质疑地接受了种族等级制度，结果她们心照不宣地只支持白人的女性气质。对文化的等级划分在当时是不可避免的，这正揭示了殖民主义和优生学对这个时代一些进步论观点的深远影响。比如说，施赖纳一生的大部分时间都在致力于南非的反殖民主义斗争，并亲自投身于争取多种族妇女参政权利的运动。③然而，正如南希·斯特潘(Nancy Stepan)指出的，在这一时期种族高低论在对非西方社会的文化想象中起到核心作用，几乎到了根深蒂固的地步。种族他者，无论是被谴责为黑暗的、破坏性的、非

---

① 典出19世纪英国谚语"Dame Partington and her mop"，指的是在洪水泛滥淹没房屋时还在徒劳地用拖把扫水的人，后来引申为那种顽抗改革和进步的保守者。——译注
② "Press Notices on the First Edition," p. 269.
③ 参见 Carol Barash, "Introduction," in *An Olive Schreiner Reader: Writings on Women and South Africa* (London: Pandora, 1987), 以及 Berkman, *The Healing Imagination of Olive Schreiner*, ch. 4.

理性的化身,还是被理想化为高贵单纯的野蛮人,都处于进化阶梯的最底层,体现了他们与西方人早已疏离的源头的原始亲近感。①

在《妇女与劳动》的开篇,施赖纳就勾画了一幅卡菲尔(Kaffir)土著女人的肖像,她甘愿接受自己的宿命,这与欧洲女人勇于表达不满和抗议形成了鲜明的对比。从施赖纳对历史的陈述中,我们可以看到非洲土著被置于历史之外,她们代表了一个宏大的象征,代表的是永恒的、与生俱来的苦难,而白人女性早已摆脱了这些,从而能够追求现代性和进步。这种原始主义的意识形态与《非洲农场的故事》相呼应,在该书里,非洲土著仍然是无名的、沉默的、匿名的,只能通过种族或部落来区分她们,她们身处陌生的异域环境,不知不觉地与环境融合在一起。施赖纳通过明确区分性别和种族等级,继续为女性的解放振臂高挥;她的言外之意是,一种等级是自然的、不可避免的,另一种却并非如此。作为同一物种的两部分,男人和女人是同时进化、相互依存的,但"不同种族和阶级所处的进化阶段完全不同",彼此之间存在着巨大的鸿沟。② 换句话说,施赖纳关于性别平等的论点,是基于种族不平等的必要性和不可避免性,而种族不平等必将导致不同文化和民族之间的隔阂和误解。

《妇女的觉醒》一书则更为明显地体现了第一波女性主义的种族意识形态。在这本书中,斯威尼还调查了世界各地的妇女状况。果不其然,地缘政治意义上的地理位置被作者直接绘入了关于发展的历史叙事中,这种叙事以非洲文化和亚洲文化为例证,说明西方业已遗忘的过去。在土耳其等国,妇女的蒙昧处境与欧洲,特别是美国的妇女状况形成了鲜明的对比,美国是妇女争取自由发展做得最好的地方。斯威尼以其典型的夸张口吻指出,盎格鲁-撒克逊女

---

① Nancy Stepan, *The Idea of Race in Science: Great Britain, 1800-1960* (London: Macmillan, 1982).
② Schreiner, *Woman and Labour*, p. 248.

性"一直是高举进步旗帜、迈向乐土的先锋;作为先头部队,她们为孱弱的姐妹们开辟了前进的道路;她们是所有重要妇女运动的发起者;当其他民族的母亲和女儿们向她们寻求同情、鼓励和指导时,从来不会一无所获"①。

面对这样的巧言辞令,人们很容易将西方女性主义解读为帝国主义的另一分支,认为它在为西方传播文明的使命寻找道德借口。然而,斯威尼的文字也反映了在不同国家和文化之间建立女性结盟的初步愿望,尽管这里她更多的是在暴露一种未加审辨的西方优越感。她对欧美以外国家妇女状况的调查,虽然从现在的视角来看是有问题的,但是她坚持全球范围的性别政治,这至少扩大了欧洲读者的视野。斯威尼注意到不平等的劳动分工随处可见,在很多文化中妇女简直成了负重的牲畜,因此作者赞颂她们的创意和审美,以及她们对部落和土著文化做出的重大贡献。此外,她还对印度、中国、土耳其和波斯等国的情况加以讨论,虽然往往不加掩饰地带有东方主义口吻,但她亦承认在这些地方确实存在自发的妇女抵抗运动,而不是简单重复东方女性身上那种消极被动的刻板印象。

然而,《妇女的觉醒》的其他章节反复出现优生学和其他明显的种族主义论点,我们对此则要加以区别对待。为了证明白人女性更优越,斯威尼引用的例证是她们厌恶与"低等种族"性交,她提到异族通婚的邪恶,进一步强调白人女性是文明和道德纯洁的守护者。她们对混血儿和血液感染的危险发出了警告,并在此基础上呼吁控制种族优生,谴责雅利安男性缺乏自制力,愿意与最"低下的种族"中"最劣等的女性"发生性关系。② 在这里,非白人妇女不仅代表落后的群体,需要假他人之手把她们从沉睡中唤醒,并开启自我的政

---

① Swiney, *The Awakening of Women*, p. 197.
② Ibid., pp. 120-121.

治觉醒，而且她们还是一种危险的污染源，对欧洲人种的血统构成威胁。弗龙·韦尔(Vron Ware)最近评论了历史上使用脆弱的白人女性形象为美国和欧洲的种族主义和帝国主义政治辩护的现象。斯威尼的文本也巧妙借用了这一传统，将其与广义的、模糊的女性种族他者对比，肯定了白人妇女的纯洁性。在 19 世纪后期，黑人女性的身体成了病态性行为的暗示，医学和生物学话语均支持这种认识，认为黑人女性的身体明确揭示了无法控制的异常性欲。① 鉴于世纪末文化中充斥着对种族类别的性欲化和病态化，女性无法从共有的压迫地位中生发出一种共同的政治身份或利益。

书写革命

在《妇女的觉醒》中，斯威尼表达了她对革命政治中暴力和血腥恐怖的反感。法国大革命和巴黎公社集中展现了一个时代的"人性的罪恶、残酷和血腥"。她承认，女人在其中扮演了重要的角色。尽管如此，斯威尼坚持认为，女人在天性上更倾向于社会渐变的进化之路，以求避免激进的动荡和灾难性的转变。相比之下，"男人的方式多数情况下是革命的，而不是进化的，由此引发了世界上的战争、冲突和不平等"②。《妇女的觉醒》用明确的性别化术语描述历史模式：革命是一种污名，同时也是男性化的，而进化从形式上看本来就是女性的，符合女性心理的特有节奏。

这一时期的其他女性主义者并不认同这一观点。进化和革命

---

① 参见 Vron Ware, *Beyond the Pale: White Women, Racism, and History* (London: Verso, 1992)，以及 Sander Gilman, *Difference and Pathology: Stereotypes of Sexuality, Race, and Madness* (Ithaca: Cornell University Press, 1985).
② Swiney, *The Awakening of Women*, p. 67.

第六章 新视野:关于进化和革命的女性主义话语

孰优孰劣,成了妇女参政运动众多参与者(特别是"妇女社会与政治联盟"成员)所思考的问题。1903 年,埃米琳·潘克赫斯特(Emmeline Pankhurst)和克里斯特贝尔·潘克赫斯特(Christabel Pankhurst)创建了"妇女社会与政治联盟",并在争取女性选举权的运动中成为主要推动者,吸引了广泛的媒体报道,激励了成千上万从前不关心政治的女性加入这项运动。除了参加众多的游行、集会和其他公开论坛,妇女社会与政治联盟的成员们还逐渐开展了大范围的令人咋舌的激进行动,她们有的干扰政客发表演说,入侵议会大厦,有的将自己绑在栏杆上,有的则组织起来去破坏他人财产。因此,她们在媒体和大众当中成功塑造了最为强大、最具冲击力的现代女性气质形象。妇女反抗警察,打破商店橱窗,在监狱中被强行喂食,等等,这些形象都深刻地改变了人们对女性、政治和暴力之间关系的普遍看法。①

在公民抗议加剧的背景下,女性主义话语的历史和时间框架亟待重塑。好战的女性主义激进分子决不会反对进化论的原则,《为妇女投票》(*Votes for Women*)的版面上时常出现"进化论"的字眼。然而,她们对进化论话语感到失望和不耐烦,因为这种话语总是把妇女的自由推迟到遥远的未来。埃米琳·佩西克·劳伦斯(Emmeline Pethick Lawrence)是妇女社会与政治联盟的领导人,也是《为妇女投票》的联合创办人。她在 1909 年写道:"我们必须坦率地承认,今天的女性运动是一场革命。人们不喜欢革命,但必须记住,正是那些阻碍进化进程的人促成了革命。"②当进化论叙事未能实现解放的承诺时,革命就应声而起,顺理成章地成为必然的回应。埃米琳·潘克赫斯特 1913 年在纽约发表演讲时也提到了这个问

---

① 参见,如 Antonia Raeburn, *The Militant Suffragettes* (London: Michael Joseph, 1973).
② Emmeline Pethick Lawrence, "No Thoroughfare (?)," *Votes for Women*, 2, 66 (June 11, 1909): 785.

题。"你们说'妇女参政一定会实现;人类的解放是一个进化的过程,那么为什么有些女人不相信进化,不去教育好本国的人民,不去教育好自己的女性同胞,从而为迎接公民权做好准备呢?为什么这些好战的女性要使用暴力干扰国家的正常运行,为了自己的目标而操之过急?'"①潘克赫斯特自问自答时,对英国政治体系的刻板和保守提出了强烈的控诉,使之与美国引以为豪的革命传统形成了鲜明对比。要想打破英国过去的束缚,就需要女性的反抗;"我们的革命"可能是对虚幻的进化论叙述的唯一回应。

这种以革命为指导的女性主义活动,不仅仅意味着暴力、骚动和极端行为,而且还带来了对时间的完全不同的理解。历史原本被看作现存过程的有机延续,这一观点现在被诸如"破裂""转变"和"断裂"等词汇所取代。激进的女性主义话语并没有寄希望于遥远的乌托邦,而是要求立足现在,放眼未来,从先驱者的立场出发,谴责过去的牢笼和现在的暴政。对革命决裂时刻的呼吁,构成了一种不同的历史意识,在这种观念中,激进的新事物成为政治价值的标志和言行如一的保证。在这里,激进女性主义的战略与未来主义和旋涡主义(Vorticism)②等当代艺术先锋派的战略有所重合,尽管它们之间的关系并不那么和谐稳定,但它们都不谋而合地以"新"来暴力地否定"旧"。这是一场被广泛视为"中产阶级、中年人、改革派和女性化"的运动,人们开始使用侵略、破坏和暴力变革等隐喻(此前人们认为这些字眼是对女性的侮辱),同时也从以前女性激进主义的漫长历史中获得了巨大的力量。正如马莎·维西纳斯所言,正是在这个意义上,女性参政运动构成了维多利亚时代妇女运动的高潮

---

① Emmeline Pankurst, "Why We Are Militant," in *Suffrage and the Pankhursts*, p. 153.
② 旋涡主义是由艾兹拉·庞德命名,并与立体主义和未来主义相关联的艺术及诗歌流派。温德姆·路易斯为其代表人物。旋涡主义反对19世纪的多愁善感,试图把艺术与工业革命结合起来。——译注

和突破。①

　　与所有激进组织的成员一样,激进的女性主义者试图通过一个起源的神话来体现自己的独特身份。她们抛弃了长期渐进的进化叙事,取而代之的是关于革命机体创建伊始的激情描述,仿佛这是一个自发自生的过程。例如,埃米琳·佩西克·劳伦斯将现代女性主义的起源归因于克里斯特贝尔·潘克赫斯特和安妮·肯尼(Annie Kenney):"两个女人站出来反对整个世界——从而开启了这场运动。"②埃米琳·潘克赫斯特讲述了一个类似的英雄主义的初创神话,少数女性站出来反对庞大的国家:"在1905年大选前夕的英国,就我们几个人——几乎就是赤手空拳地——开始一次奇妙冒险,迫使现代最强硬的政府给女性投票权。"③如珍妮特·莱昂所言,这些表述遵照了宣言之类密集修辞的政治写作的传统母题,倾向于将具有传奇色彩的关键时刻当作一个团体的诞生点加以史实化。正如她指出的,建构"一段裁减过的、振奋人心并具有高度选择性的历史,以此来记录压迫如何演变为当前的断裂点"④。为了突出边缘群体的斗争,她们修订了以往对过去的描述,创造自己的缘起和历史,这是获得集体认同和文化合法化的重要一步。在这种解构和重建历史的过程中,时间被按照摩尼教的逻辑加以塑造,而摩尼教⑤认为过去是救赎性未来得以登场的非真实先兆。⑥

　　但是,女性主义与过去的实际关系比我以上描述的更加含混。

---

① Vicinus, "Male Space and Women's Bodies," p. 250. 我提到女性运动与先锋派之间的关系时,参考了 Janet Lyon, "Militant Discourse, Strange Bedfellows"中的论述。
② Emmeline Pethick Lawrence, "Is It Peace?" *Votes for Women*, 2, 39 (December 3, 1908): 168.
③ Pankhurst, "Why We Are Militant," p. 155.
④ Lyon, "Transforming Manifestoes," p. 102.
⑤ 摩尼教主张"二宗三际论",即空间上对立的光明、黑暗二宗,以及时间上延续的过去、现在、未来(初际、中际、后际)三际。——译注
⑥ 参见 Claude Abastado, "Introduction à l'analyse des manifestes," *Littérature*, 39 (1980): 6.

如果说女性参政论者夸大了自身与传统之间的疏离,那么她们也同时把过去视为潜在的灵感来源和象征力量。全新的政治身份会给人脆弱短暂的印象,这就鼓励她们回到过去,去寻找能够解释现状的先兆和依据。因此,像奥利芙·施赖纳这样的人一方面称颂新女性,但另一方面又表明自己并非真正的新女性,而是古代历史上骄傲的日尔曼女斗士的后裔。同样的道理,女性参政论者的宣传画经常采用历史、寓言和神话中的女勇士形象。博阿迪西亚(Boadicea)[①]、雅典娜,特别是圣女贞德的形象都骄傲地出现在横幅和海报上,展现了理想的女性英雄力量,见证了存在于久远过去的女性中心主义战斗传统。[②]

女性参政论者虚构的传统又与现代激进主义构成了联系,这种激进主义始于1789年,确立了自由、平等和公民权的民主理想。法国大革命是女性主义者的一个重要参照系,她们认为自己是反抗斗争衣钵的主要继承者,在启蒙运动中找回了激进的内核。就这一点而言,年轻的丽贝卡·韦斯特(Rebecca West)这样描述埃米琳·潘克赫斯特,称她是"最后一位备受欢迎的领导者,她受到法国大革命理论的启发,全身心地追求自由、平等和博爱,并赢得了胜利"[③]。同样,人们常常将争取解放妇女的女性主义斗争与打破奴隶制和种族奴役枷锁的美国革命相提并论。埃米琳·潘克赫斯特向美国民众高呼:"当我们读到庆祝贵国自由的伟大宣言时,我们的心在燃烧;当我们去法国,读到自由、平等和博爱时,您不觉得我们欣赏这些词的含义吗?"[④]通过与过去伟大的解放斗争相提并论,女性参政论者认为自身的运动是同等重要的世界历史事件。人们说她们的目

---

① 博阿迪西亚(Boadicea 或 Boudicca)是凯尔特女王兼女勇士,在公元前61—前60年期间合并了推翻罗马人的统治,联合几个不列颠部落进行了起义抗争。——译注
② Tickner, *The Spectacle of Women*, pp. 205-212.
③ 转引自 Marcus, "Re-reading the Pankhursts," p. 8.
④ Pankhurst, "Why We Are Militant," p. 160.

的是狭隘的自身利益,为了反驳这些指责,她们声称自己追求的是全人类自由的事业,并将改变和造福全人类。因此,历史就像终审法院,把个体行为的意义加以升华,它将最终肯定女性主义事业的正义性。①

女性主义者喜欢谈论革命化理想,与此同时也热衷于使用高调夸张的语言,因为女性主义话语尝试去模仿的,就是她们指涉的那种激烈的政治活动。这类文章的感染力与具体的演讲环境直接相关;如前所述,《为妇女投票》杂志上发表的许多文章都是公开演讲的文字稿,或者是写给潜在女性主义读者的社论檄文。因此,这些文章的主要作用是通过鼓舞人心的、让人热血沸腾的公开训导,来激发政治凝聚力和政治认同。为了尽量减少演讲者和公众之间的隔阂,这些文本旨在实现透明的交流,传达强烈的真情实感,以期在演讲者和观众之间建立亲密联系和相互理解。女性主义话语成了一种文本之镜,反射给读者一种基于共同目标的集体认同感。

这类女性主义作品就像是强制令和广告,有其独特的言说方式,包括带有仪式感地宣传绝对道德。《为妇女投票》杂志中的许多文章是直接描述最近的政治事件,或务实地讨论政策问题,但其他文章采用的是高度激昂、极具感染力的修辞。简单地看一段话就可以充分了解大多数作品的风格。"这是一场革命。这是一场战争。但这是一场强加于我们的革命。这是一场以自由和正义的名义要求我们发动的战争。只要这场运动中的每个女人都像英雄和勇士般果敢,我们就必将战斗到最后,在战斗的喜悦中,我们将忘记一切

---

① 将历史的召唤(invocation of history)作为对个人斗争的超个人的检验(suprapersonal validation),这也在当时的女性主义小说中显而易见。参见 Wim Neetens,*Writing and Democracy: Literature, Politics, and Culture in Transition* (New York: Harvester Wheatsheaf, 1991)对萨拉·格兰德(Sarah Grand)和伊丽莎白·罗宾斯(Elizabeth Robins)的讨论,尤其是第 123 页。

紧张和压力,正义的事业终将胜利。"①这段引文中有许多政治修辞的典型策略:重复、抽象、夸张、预言。通过革命和战争的意象将政治事件戏剧化,同时否定个人责任,将更大利益驱使下采取行动的团体英雄化。军国主义的词汇将政治领域分为两个相互冲突和对立的阵营,顺应天意,义人必定成功。通过不断使用祈使句、将来时态,以及"应该"和"必须"等情态动词,这种言说方式一再诱使读者将自己定位于尚未实现但必将实现的光荣命运中。

当然,这种劝说和自圆其说的技巧在许多政治话语中屡见不鲜,但是它们对中产阶级英国女性意义非凡,这群女人是这类激进修辞的主要作者和主要受众。她们排除众议(包括当时许多同情者的意见),大胆地坚持认为妇女可以成为革命者。与此同时,她们发现革命者的男性气质与自己的女性气质不可避免地形成张力。因此,成为一名革命妇女就要冒着去性别的风险,这种危险在许多新闻报道和政治漫画中得到了生动的体现,女性参政论者往往被刻画成怪诞的、男性化的、无性别的恶妇。正是因为这个原因,激进女性主义者经常表露出她们是受环境所迫才放弃了自己的女性化本能。同时,激进女性主义者深知革命主体被俄狄浦斯化,并试图想出权宜之计,她们于将自己的行为说成出于战略需要,而不是心理需要。例如,埃米琳·潘克赫斯特经常声称自己"本质上是一个遵纪守法的人……讨厌暴力,讨厌混乱"②。这种对革命某些方面表现出来的不安——在这种情况下,无论是真是假都无关紧要——尤其体现在女性主义者对自己外表和着装的关注上。很多作家评论过,激进

---

① Emmeline Pethick Lawrence, "Is It Right? Is It Wrong?" *Votes for Women*, 2, 81 (September 24, 1909): 1205.
② Pankhurst, "Why We Are Militant," p. 156.以类似的思路,埃米琳·佩西克·劳伦斯写道:"女人已经被迫使用革命的话语来捍卫自己的权利和自由,这是违背她们的本能、传统和正常性格的,这是政府的错,而不是女人的错。女人比男人更憎恨战争。女人比男人更爱和平。但是有一件事比和平更重要,那就是尊严。"参见 Lawrence, "Is It Right? Is It Wrong?" p. 1205.

的女性主义者的自我形象特别优雅,尽管她们会当街用锤子敲碎商店橱窗,或者奋力抵抗警察的逮捕。她们穿漂亮的裙子,戴宽边帽,外表时尚,刻意避免一切男性化暗示,想要符合中产阶级女性的固有形象。在这里,作为女性主义者的现代女性遇到了作为消费者的现代女性;正如该时期的许多照片所显示的,女性主义者可能既具革命性,又具女性魅力。①

然而,在女性参政论者的女性气质以这种方式获得关注的同时,她们又面临着另一种再现的冲击,这些再现虽然承认早前的女性激进史,但只是想将之病态化为一种危险的荒谬。特别是法国历史把革命的女性形象打造成疯狂的"复仇女神"的形象,受本能和身体的驱使,这个形象成了巴黎公社中神秘的女性煽动者的生动化身。当代新闻报道借鉴了这一传统,将女性参政论者刻画成歇斯底里、灰心丧志、惊声尖叫的一群女人,她们心理失衡,极度危险。从这个角度来说,女性主义只不过是一种性错乱、一种肉体极端状态。② 女性主义话语中大量使用军国主义隐喻,试图通过塑造一支纪律严明、战无不败的部队形象,来抵制这些目无法纪的女性象形。正如马莎·维西纳斯所指出的,"许多中产阶级女性眼看着自己的兄弟整装出发,到南非和印度为帝国而战。她们将争取投票权的斗争描述成用道德优势武装自己,为更伟大的事业而战,这似乎是自然而然的。妇女社会与政治联盟的语言、标志及最终的行动,勾勒

---

① Marcus, "Women, War, and Madness," p. 144; Tickner, *The Spectacle of Women*, note 73, pp. 306 - 307; Vicinus, "Male Space and Women's Bodies," p. 263.
② 有关巴黎公社时期纵火女人(pétroleuse)的讨论,参见 Susanna Barrows, *Distorting Mirrors: Visions of the Crowd in Late Nineteenth-Century France* (New Haven: Yale University Press, 1981), p. 50, 以及 Daniel Pick, *Face of Degeneration: A European Disorder, c. 1848 -c. 1918* (New York: Cambridge University Press, 1989), p. 92. 关于当时将女性主义作为一种歇斯底里病症的解读,请参见 Tickner, *The Spectacle of Women*, pp. 192 - 204, 以及 Elaine Showalter, *The Female Malady: Women, Madness, and English Culture, 1830 -1980* (London: Virago, 1987), ch. 6.

出了一支与社会交战的队伍"①。在第一次世界大战之前的这段时期,这些冲突、战斗和自我牺牲的形象日益突出,成为女性参政运动中较为激进的一个篇章。为了避免让女性气质给人以无助或软弱的联想,克里斯特贝尔·潘克赫斯特等人写作的主题大多是烈士精神、为事业献身和精神复活等,表达了不屈不挠的革命热忱。激进的女性主义将自己定义为一场激进的现代运动的代言人,这场运动向男性的反动、停滞和保守力量开战。

现代性与"新"的政治

在讨论现代哲学和政治学时,詹尼·瓦蒂莫给出了如下基本定义:"现代性是指这样一个时代,在这个时代中,具有现代特征是一种价值观,或者说,是所有其他价值观所参照的基本价值观。"② 换句话说,对现代性的定义与其说是基于具体的物质形式(物质形式在时间和空间上可能会有很大差异),不如说是基于一种特殊的时间逻辑,这种时间逻辑把创新视为终极价值,哪怕它会滋生诸如"老式""过时"等引发贬义联想的字眼。再言之,现代是一种自我定义;这种自我命名的姿态,以及相信新事物必然有其价值的姿态,构成了它所试图描述的那种时间性。

假如说对"新"的称颂可被视为现代的必然特征,那么这种称颂却有着不同的伪装,目的也不尽相同。现代性被指称为"关于'新'的传统",在这种自我矛盾的措辞中可窥见时代的核心矛盾;在这个

---

① Vicinus, "Male Space and Women's Bodies," pp. 260-261.
② Gianni Vattimo, *The End of Modernity: Nihilism and Hermeneutics in Postmodern Culture* (Baltimore: The Johns Hopkins University Press, 1988), p. 99.

时代里,变化本身被常规化,具有规范性的文化功能。进步论象征着"新"的体制化,即变化是永久的,持续的,于是变化也被同质化为社会进程的必要基础。因此,西方的进化论叙事不过是一种僵化的变化动力学,是对历史发展做出的死板的、规范化的描述模式。在这种背景下,"新"不过是在重复那种亘古不变的逻辑。①

那种进化论的、目的论的时间框架下的"新",与革命的"新"双峰对峙,因为后者意味着与过去彻底的决裂。从某种意义上说,革命思想在性质上是极其反历史的,因为它肯定了巨变时刻的断裂本质,将之视为朝向未知未来的质的飞跃。因此,从某种意义上说,革命否定延续性的阶段性发展,从而颠覆了进步论;它肯定即将发生的一切截然不同于已经发生的一切。然而,革命的隐喻本身很容易被同化,回到关于进步的目的论中,也回到一种区分了不同革命阶段的拯救史中。

这两种"新"论互不相同,又相互关联,它们广泛存在于世纪末的女性主义话语中,因为女性总是竭力再现自身作为历史存在物的状态。她们不断在革命者和进化论者两种形象之间切换,试图阐释自己作为现代女性、社会进程的主体的地位,而不仅仅是旁观者。在她们的作品中,我们可以窥见她们对时间的现代想象既有价值,又有不可避免的局限性。例如,女性主义者将女性置于进化叙事的中心,挑战那种将女性置于历史之外的做法,为关于"新"的旧论赋予了新的意义和潜在的反抗性。她们所援引的进步理想完全不同于维多利亚时代和爱德华时代的文化赞歌。然而,她们同时又将非西方文化的女性和男性发配到她们自己刚刚摆脱的无历史性的区

---

① 参见,如 Theodor W. Adorno, "Progress," in *Benjamin: Philosophy, Aesthetics, History*, ed. Gary Smith (Chicago: University of Chicago Press, 1989), 以及 Jean Baudrillard, "Modernity," *The Canadian Journal of Political and Social Theory*, 11, 3 (1987): 63-72.

域。虽然进化论让女性主义斗争能以无上权威的自然法则为修辞，但是这种决定论同样也会破坏政治活动的基础。同时代的人们很想不通，为什么女性参政论者如此激烈地投身于运动中，毕竟她们的奋斗目标过一段时间就会便变成现实。

呼吁革命是对当时进退两难局面的一种反应，结果又造成了新的混乱和新的问题。激进女性主义者把她们的斗争说成革命，这到底意味着什么？革命斗争标志着西方历史上一些伟大的政治斗争，她们借用这一词语所具备的提振人心的力量，试图加快社会转型的速度，创建一种激进的女性亚文化，并公然藐视父权制国家的权威。然而，这种革命意识形态非但没有获得持续而广泛的支持，反而加深了女性运动各种派别之间存在的裂痕。激进分子日益相信自己的理想与多数人的价值观不相容，这种想法由此而促成了一种先锋派的意识，珍妮特·莱昂将这种意识形态称为"一种目中无人的修辞，试图将无法渗透的、无差异性的'公众'想象为（或是物化成）压迫文化"①。结果，一些激进的女性主义者开始膨胀，相信自己的反抗极具政治影响，认为社会即将发生重大变革。虽然很难评估激进活动对公众态度的长期影响，但在纯粹的战略层面上，她们争取选举权的战斗并未取得胜利。直到第一次世界大战结束时，女性才获得了选举权，而且最初只有少数女性获得了选举权，当时的政治环境也完全今非昔比。

在我们所处的时代，本章中分析过的各种历史意识变得更成问题。由于各种原因，包括两次世界大战的灾难性后果、西方帝国主义的历史，以及消费主义的伪创新和技术发展的失控，等等，现代性作为进化和进步的宏大叙事已经被清空了一切有意义的内容。这些时间性的危机所导致的后果之一，就是人们认为后现代标志着历

---

① Lyon, "Militant Discourse, Strange Bedfellows," p. 109.

史的终结,并且不再相信"新"的存在。我们似乎生活在一个不再具有历史意义的世界里。①

然而,在这些说法中,我们往往能瞥见正遭受否定的历史性仍然存在。正如一些人论述的那样,难道利奥塔关于宏大叙事终结的论点本身不是最大的宏大叙事吗?对于能否"超越"现代,瓦蒂莫更为谨慎,他意识到任何对现代的超越都不过是再现了现代性本身。他坚持认为,后现代应该是现代的关键时期,而不是超越现代的一个时期。即便如此,他谈及进步、发展和终结时,仍然使用明显的线性和历史性的语言。看来,历史意识和时间性的传统并不像批评家们所期望的那么容易被抛弃。

这并不是要轻视或否认西方历史-哲学叙事的批评力量,我在写作本书时至少在某些地方也融入了这种批评。然而,设想我们已经完全超越了现代历史概念,就意味着我们笃信当下比误入歧途的过去更具优越性,这种观点明显有问题。同样,这种说法否认了我们活生生的日常生活与世界的互动,继续以为历史概念就是年表或变革。我们可能不再赞同 19 世纪人类发展的宏伟愿景,但我们的语言本身表明自己仍持有那种历史性的思想和时间不可逆的观念。区别可能在于,我们以更为自觉的方式来看待这类叙事模式的使用及它不可避免的多元性,而不在于我们已经超越了这类叙事模式。

我已经在讨论中力图表明,无论是统治集团还是被统治集团,均可能受益于这种叙事;最重要的是,正是后者复活了关于新的政治,并向现状发起挑战,而这种现状并非同类情况的简单复制。在这种背景下,对于被剥夺公民权利的人而言,历史成为一种有意义的——甚至是至关重要的——范畴,它不再代表理性现实的合法

---

① 对所谓历史终结论的批判,参见 Lutz Niethammer, *Posthistoire: Has History Come to an End?* (London: Verso, 1992).

化，而是表达了对另一种未来的殷切希望。因此，当世纪末的女性主义者提及进化和革命时，她们并不是简单地模仿现有的男性话语，而是同时利用并改造了当代思想的经纬，以提供另一种以女性为中心的历史的可能性。通过重新拟订历史图景，阐明对未来的新期望和对过去的不同认识，性别关系的政治变革得以呈现。所以，向现代性的男性中心叙事提出的挑战，并非自发地源于当前的历史时刻，而是构成了现代性自身内部的一条反复出现的线索。

瓦蒂莫认为，目前的后现代状态，应被定义为一种后历史（posthistoire）时期，在这个时期"新并不具有任何'革命性'或颠覆性；它反倒允许事物保持原样"①。在这样的历史终结论中，所有的新、改革和历史变化都被纳入一个宏大的、体系性的宰治逻辑中，这种逻辑迷恋"新"，哪怕它抽空了自己的全部意义。然而，这样一个笼统的视野无疑掩盖了各种新之间的根本区别，即新政治运动的革命意义与新肥皂品牌之间的根本区别。如果变革无所不在，我们就有责任从政治和伦理意义及深远的结构性意义层面努力区分不同形式的变革。政治的存在正是基于这种区分，即使"历史"（作为对过去的建构和对未来的预测）对许多人而言仍然是一项尚未完成的工程，而非业已完成的事业。

---

① Vattimo, *The End of Modernity*, p. 7.

第七章
性变态的艺术:女性受虐狂和男性赛博格

> 对性变态的理论研究不局限于它给性别带来的破坏力量。性变态剥夺了性的一切功能性,无论是生物功能,还是社会功能;它以一种比"正常"性行为更极端的方式来使用身体和客体世界,与任何"天生的"设计或目的无关……当然并非所有的性变态都同样具有颠覆性,或者同样有趣。
>
> 卡娅·西尔弗曼
> 《边缘的男性主体性》[1]

在本章中,我将转而讨论性学和精神病学与先锋艺术之间的联系,因为它们塑造了独特的现代性欲观。现代性欲观最早出现在法国,并在法国流传最广,根据这种性欲观,性变态被认为是违反日常社交规范和性规范的极端体验。[2] 法国知识分子将萨德侯爵(Marquis de Sade)视为英雄,就特别鲜明地体现了美化性变态的做法,而这种做法一直延续到我们生活的时代。比如说试想一下,无处不

---

[1] Kaja Silverman, *Male Subjectivity at the Margins* (New York: Routledge, 1992), p.187.
[2] 参见,如 Carolyn J. Dean, *The Self and Its Pleasures: Bataille, Lacan, and the History of the Decentered Subject* (Ithaca: Cornell University Press, 1992),以及 Susan Rubin Suleiman, *Subversive Intent: Gender, Politics, and the Avant-Garde* (Cambridge: Harvard University Press, 1990).

在、内涵相似的"欲望"和"越轨"已经成了当代文化批评的救赎性概念，而且主流媒体也日益关注先前视为禁忌的性行为（如性虐待）。在现代主体性的形成过程中，性行为越轨似乎成了关键。拉希尔德是一位世纪末作家，其文学生涯主要基于描述"怪异而变态的性行为"[①]，通过阅读拉希尔德的作品，我试图讨论的是：审美和性行为结盟成为对抗性身份的标志，这到底意味着什么？鉴于人们往往认为反常/反抗的男性气质是性变态，我想问：对于女性来说，什么样的行为是变态？

有些女性主义学者希望重新使用精神分析学作为研究女性性变态的理论范式，我的分析重点与之不同。我无心裁断关于性越界的心理病因，而是想探索19世纪晚期艺术和知识精英将性变态作为反抗符号的具体文化意义。这并不意味着要完全否定精神分析；本章提出的论点之一，是性学和精神分析学的历史意义在于它们不只是限制性的话语，而且还激发了各种话语现象，如此一来，我们就可以用新的方式来思考和再现欲望。然而，我不太相信精神分析学可以为女性主义所用，成为阅读文学作品的方法；相反，尽管精神分析学者对此可能提出异议，但是这种精神分析式阅读往往就像开启了阅读机器，将性质完全不同的文本转化成单一套路的、独立的主代码，其组织方式主要是围绕若干原型符号（如阴茎、阉割、前俄狄浦斯恋母情结中的母亲）。无论如何，我的关注点不是精神分析的终极解释力，而是精神分析与其他话语形式的历史关系，以及特定社会群体的文化自我界定。

那么，在先锋派充满争议的文化中，为何性向（sexuality）能成为如此强大的象征符号呢？什么是性变态的美学和政治学？如果

[①] Jean Pierrot, *The Decadent Imagination, 1880–1900* (Chicago: University of Chicago Press, 1981), p. 133.

第七章 性变态的艺术:女性受虐狂和男性赛博格

19世纪的生物学、医学、精神病学、性学、人口学和优生学的发展没有使人类身体优先性化(prior sexualization),那么变态几乎是不可想象的。如米歇尔·福柯及其追随者令人信服的观点所言,正是通过这些话语绘制的过程,性别成为身份的基本标志和通向真实自我的钥匙。福柯式理论的最终贡献是重新确定性向属于现代文化的基本范畴,而不是在某种意义上与现代对立。按照这个说法,现代性意味着多元性别的开始,正是通过多元的话语,性变态被植入了现代性。福柯坚持认为,"现代社会是变态的";即便这种变态是病态的,它还是创造了各种边缘性别的华丽登场。①

尽管性的历史化有效地挑战了浪漫的性爱自由主义的前设,但它可能反过来鼓励一种功能主义的视角,这种视角将性别认同简化为自我复制的话语领域的副现象②。然而,一个概念的社会建构本身无法解释其功用;社会行动者在具体背景中对特殊形式的性别化自我(the sexed self)加以肯定、质疑或重新调整,以满足各种各样的目的。而且,如上所示,一种误导性的做法是,认为性史体现了一系列明确的认识论变革,比如说,认为现代性标志着一种另类的、极端不相称的医学和精神病学的自我模型顺利取代了神学的救赎论。我们应该想象各种话语场在任何时候都是混乱纠缠在一起的,而不是井然有序的知识链(chain of epistemes);旧的概念框架不会就这么消失,而是与新范式相互作用,这个复杂过程包括相互影响和积极对抗。

就性变态这个极为含混的概念而言,这种混乱纠缠是非常明显的。这个概念最好被想象成一个节点,一个关于自我的各种各样、

---

① Michel Foucault, *The History of Sexuality*, vol. 1 (Harmondsworth: Penguin, 1981), p. 47.另请参见 Arnold I. Davidson, "Sex and the Emergence of Sexuality," *Critical Inquiry*, 14 (1987): 16 - 47.
② 副现象(epiphenomenon)指从属于主要效应、与正在工作的事物无因果关系、偶然发生的效应。——译注

相互竞争的话语交集之处：道德/神学、科学/宿命、美学/象征。尽管这个概念的某个定义可能在某个特定的话语中占了主导地位,但是它的其他内涵通常在文本中保有一席之地。"变态"起源于道德神学的教义,描述了一切违背上帝律法和自然法则的意志行为。在这个背景下,"变态"指的是不道德行为或邪恶行为,是离经叛道的。[①] 直到19世纪,变态才获得明确的精神病理学意义,成为从医学模式来认识性别的标志性例子。克拉夫特-埃宾在《性心理疾病》一书中试图明确区分医学模式和道德模式;他坚持认为,"性变态"(perversion)是临床术语,描述一种个体无法控制的生物退化疾病,而"性反常"(perversity)则是一种恶,是指不道德地故意沉湎于反常的性活动。[②] 然而,在实践中,这两个词的边界并没有那么稳定,特别是当19世纪的作品在命定论的性别主体和唯意志论的性别主体之间摇摆不定时。与其去假设医学对性变态的阐释会取代宗教和道德的阐释,不如去设想一个概念网格逐渐被另一个概念网格叠加,从而形成覆盖关系。正如乔纳森·多利莫尔所言:"围绕有宗教原罪的变态所发展的结构,持续存在于现代与性爱有关的变态理论中。"[③]

关于性变态的多重联系,对于理解法国早期先锋派对性变态的痴迷至关重要。受到当时医学和精神病学性别话语的深刻影响,法国早期先锋派艺术家将这些话语与自身的艺术观念联系起来,认为艺术是对规则的象征性拒绝,是对宗教道德束缚和资产阶级权威束缚的反抗。将性反叛与否定和僭越的美学联系起来,这在很大程度上塑造了我们对性与现代性之间关系的理解。然而直到最近,学术界对19世纪晚期文学话语与性别话语之间的历史关

[①] Jonathan Dollimore, *Sexual Dissidence: Augustine to Wilde, Freud to Foucault* (Oxford: Clarendon Press, 1991).
[②] Richard von Krafft-Ebing, *Psychopathia Sexualis* (New York: Pioneer Publications, 1953), p. 79.
[③] Dollimore, *Sexual Dissidence*, p. 144.

系还鲜有讨论。① 相反,福柯学派对性在医学和法律上的发展和传播的描述,主要是使用历史和社会科学术语,完全没有涉及对先锋派文学中僭越欲望的文学和批评探索。然而,知识分子和文学先锋派将性变态作为一种拒绝的象征加以利用,这与科学所描述的性变态存在着明显的相似之处。正如卡罗琳·迪恩(Carolyn Dean)所言,二者都坚信自我在本体论上是受力比多驱使,即便他们可能从这一假设中推导出不同的结论。②

将艺术与反常的情色联系起来,这当然不是19世纪末特有的现象。马里奥·普拉兹(Mario Praz)在《浪漫的痛苦》(*The Romantic Agony*)一书中,广泛调查了19世纪浪漫主义文学中常见的各种黑暗的(而且往往是极为暴力的)情欲感受,他指出正是在这一阶段,性成为文学想象的重要部分。③ 然而,也正是在19世纪晚期,由于出现了各种前弗洛伊德的无意识理论,色情欲望才被明确地医学化,并且逐渐被概念化。在新的自我形象中,性被深刻地赋予了一种内涵,性是终极的然而又让人困惑的身份标志。性既暗示了强烈的个人主义,又暗示了自我的潜在消解,前者是通过承认和调节冲突的个人欲望,而后者则是受到神秘的无意识程序和本能冲突的作用。在性别话语激增的过程中,线性时间的现代叙事既得到确认,又遭到了削弱。一方面,无处不在的性变态被认为源于现代城市过于精致复杂的生活,意味着漫长的文明进程走到了疲惫的终

---

① 我认为值得一读的近期论著包括,Emily Apter, *Feminizing the Fetish: Psychoanalysis and Narrative Obsession in Turn-of-the-Century France* (Ithaca: Cornell University Press, 1991); Deborah L. Silverman, *Art Nouveau in Fin-de-Siècle France: Politics, Psychology, and Style* (Berkeley: University of California Press, 1989);以及Jan Goldstein, "The Uses of Male Hysteria: Medical and Literary Discourse in Nineteenth-Century France," *Representations*, 34 (Spring 1991): 134 – 165.

② Dean, *The Self and Its Pleasures*, p. 196. 然而,福柯本人对性别化自我的技术的历史分析并未排除对破坏性变态美学的持续迷恋。有关这一方面的内容,请参见 David Carroll, *Paraesthetics: Foucault, Lyotard, Derrida* (New York: Methuen, 1987).

③ Mario Praz, *The Romantic Agony* (Oxford: Oxford University Press, 1970).

点。另一方面,性变态被认为是一种退化,标志着本能的、不受控制的性欲复苏。因此,现代的时间观在当时的性话语中有独特的体现;欲望的修辞唤起了一种疲惫和颓废的感觉,同时也意味着返祖的想象和无意识所具有的神秘的非历史性。

作为新兴学科的性学和精神病学对非理性行为创造了细致的分类体系,由此为先锋派艺术家们提供了丰富的素材,而先锋派艺术家的文化身份正是基于他们放荡不羁地鄙视资产阶级理性信条。人们从病理学的角度来重新诠释"被诅咒的诗人"(poète maudit)的浪漫主义传统;作家们利用颓废话语,将艺术创造力视为一种反常,并反过来重新评价性越轨(sexual deviance),认为性越轨是质疑社会价值观和既定真理的有利的认识论视角。文学与反常情色的结合不只是体现在一些特定的作品中,而且还表现在更广泛的亚文化结构中,这有助于我们确定影响其接受的时代因素。在更加放浪形骸的世纪末巴黎文化圈内,将自己打造成性解放者和性变态的追随者,已然成为一种激进的时尚,尽管这种公开的自我风格化与个人的实际性偏好和性行为之间的关系未必十分明显或直接相关。

文学颓废派鼓励艺术的性化,这也是现代主义后期许多作品的特征,但它也促进了性向的美学化。在性学话语里,性变态的范畴实际上包括所有不以生殖为目的的性行为;作为无生殖功能的各种情色快感的同义词,它把欲望从生育冲动中解放出来,这让很多人感到不安。颓废派作家采用并认可了性向与生殖分离的观点;性是风格化的,美学化的,能够转变成独立的、自我合法的景观。现如今,性向与文学往往相提并论,其历史根源就在于欲望的美学化,在于自由流淌的色情主义与孤芳自赏的诗学之间的相似性。正如本章的引语所言,性变态就这样被概念化为一种准康德式的、无目的的快感美学之域,抵制专制的工具性和功能性。然而,拒绝目的本身必然就是一种目的,在社会关系的力场(force field)上获得了某种意义和功能。在性变态领域,就像在美学中一样,任何破坏在某

第七章 性变态的艺术:女性受虐狂和男性赛博格

种意义上说都是对权力差异的重写。

拉希尔德是个绝佳的例子,我们可以通过她来讨论性变态的政治问题,以及性向的文学和医学话语之间的相互纠缠。她的作品广泛而详尽地记录了色情变态,她对变态行为的描述远胜过她更为出格的同行,她描述过恋尸癖、人兽交、男性受虐狂、女性虐待狂、自淫、同性恋、异装癖、拜物教、窥阴癖、裸露癖等。由于这个原因,她的传记作者克洛德·多菲内(Claude Dauphiné)指出,她的很多作品读起来就像是为当时法国流行的精神病理学手册提供案例。① 由于拉希尔德在刻画人物时参考了医学和性学,她的作品反过来又成为临床医学和科学研究的对象。在后来的克拉夫特-埃宾的《性心理疾病》一书中,拉希尔德的小说《萨德侯爵夫人》(*La marquise de Sade*)与海因里希·冯·克莱斯特(Heinrich von Kleist)的《彭忒西勒亚》(*Penthesilea*)一起,被认为是女性虐待狂这一罕见疾病的典型案例。②

拉希尔德生于1860年,原名玛格丽特·埃梅里,因其第四部小说《维纳斯先生》(*Monsieur Venus*, 1884)的丑闻而引起轰动,旋即成为文学名流。小说讲述了一个穿男装的女艺术家将一名普通男工人变成她钟爱而顺从的"情妇"的故事。这个故事被认定为淫秽作品,首次在比利时出版时遭禁,但是它给拉希尔德戴上了挑衅和丑闻的光环,在很大程度上奠定了她后半生的文学事业。顶着"颓废王后"(queen of the decadents)和"波德莱尔小姐"(Mademoiselle Baudelaire)的头衔,她进而成为巴黎先锋派的杰出人物。她本人也是一位多产的小说家,擅长描写病理和病态的性。她还是一位受人尊敬的批评家和评论家,做过最负盛名的法国文学期刊之一《法国信使》(*Mercure de France*)的早期编辑。拉希尔德是魏尔伦等作家

---

① Claude Dauphiné, *Rachilde* (Paris: Mercure de France, 1991), p. 325.
② Krafft-Ebing, *Psychopathia Sexualis*, p. 131.

的坚定支持者,多年来一直是巴黎文学界的引路人,她著名的星期二沙龙吸引了很多有追求的知名评论家和作家。

然而,拉希尔德在文学史上的地位并不高,在大部分关于这个时期作品的标准文学史中,她要么出现在脚注中,要么被一笔带过,她被归类为颓废派运动中哗众取宠的三流作家。克洛德·多菲内最近出版了一本批评性传记,引用了拉希尔德的大量作品,这或许表明拉希尔德将迎来重新评价。克洛德·多菲内指出,以女性主义的视角重写文学史,《维纳斯先生》必定是一部重要小说。不过,拉希尔德的女性主义地位仍然令人感到忧虑和不安。一些批评家认为,她的作品支持保守的、以男性为认同标准的意识形态,迎合了蛇蝎女人的传统想象。最近,随着精神分析学的复苏和女性主义理论中的表演和异装转向,她的作品得到了更为积极的评价,这些作品被认为以一种原初女性主义的方式颠覆性地动摇了性别角色。[1]

不同于先前的评论家,我看重的是拉希尔德对颓废神话充满想象力

---

[1] 对拉希尔德的负面评价,请参见:Jennifer Birkett, *The Sins of the Father: Decadence in France, 1870-1914* (London: Quartet, 1986),作者在该书的一章中对拉希尔德进行了细致入微、含沙射影,却又轻蔑至极的评价;以及布拉姆·戴克斯特拉的简短评价,见 *Idols of Perversity: Fantasies of Feminine Evil in Fin-de-Siècle Culture* (Oxford: Oxford University Press, 1986), pp. 337-341。近期对拉希尔德的重新评价有 Janet Beizer, "Venus in Drag, or Redressing the Discourse of Hysteria: Rachilde's Monsieur Vénus," in her *Ventriloquized Bodies: Narratives of Hysteria in Nineteenth-Century France* (Ithaca: Cornell University Press, 1994); Rae Beth Gordon, "Ornament and Hysteria: Huysmans and Rachilde," in her *Ornament, Fantasy, and Desire in Nineteenth-Century French Literature* (Princeton: Princeton University Press, 1992); Dorothy Kelly, *Fictional Genders: Role and Representation in Nineteenth-Century French Narrative* (Lincoln: University of Nebraska Press, 1989), pp. 143-155; Jennifer Waelti-Walters, *Feminist Novelists of the Belle Epoque: Love As a Lifestyle* (Bloomington: Indiana University Press, 1990), ch. 9; Melanie C. Hawthorne, "Monsieur Vénus: A Critique of Gender Roles," *Nineteenth-Century French Studies*, 16 (1987-88): 162-179, 以及"The Social Construction of Sexuality in Three Novels by Rachilde," *Michigan Romance Studies*, 9 (1989): 49-59; Micheline Besnard-Coursodon, "Monsieur Vénus, Madame Adonis: Sexe et Discours," *Littérature*, 54 (1984): 121-127; Renée A. Kingcaid, *Neurosis and Narrative: The Decadent Short Fiction of Proust, Lorrain, and Rachilde* (Carbondale: Southern Illinois University Press, 1992), ch. 5.

的重构，这才是她的独特之处；我不是简单地重复既定主题，我认为她的作品要求我们重新思考虐待狂、拜物教和其他以男性为中心的变态行为的定义。与此同时，我们也不能忽视拉希尔德本人与性别政治问题的关系，她的短论文《为什么我不是女性主义者》("Why I Am Not a Feminist")标题就已经说得很清楚。我们要相信她的话。尽管我想表明拉希尔德的作品为女性主义批评开辟了具有启发性的重要方向，但是她对性变态的支持，不能简单等同于改善女性状况的政治承诺。

在某种意义上，问题的关键是如何客观地解读这位独特女性的作品，既不将其病态化，又不加以神化。拉希尔德不同于我之前提到的作家，如玛丽·科雷利和早期的女性主义者，她们都理所当然地成为研究对象，因为她们提出的主张代表更广泛的群体，如"女性"或"人民"。然而，拉希尔德并非如此。相反，她公然宣称自己是精英，瞧不起其他女性作家，她非常势利；她的文学生涯基于她的孤芳自赏。与此同时，她的作品令人想到女性权力和性变态的场景，这些场景大胆地描述了以往禁止女性表达的欲望，至今无人能望其项背。因此，我们现在要做的事情，是带着政治自觉来阅读拉希尔德的作品，而不是直接给她贴上女性主义者的标签，毕竟作者本人不断否定这一点。这样的阅读可能反过来为女性主义者重新思考性变态打开思路，不再囿于现在很多心理分析思想中顽固的性别刻板印象。

欲望的现代化

对性病理学的正式科学研究，始于19世纪70年代末和80年代早期的欧洲，其中最知名的实践者包括克拉夫特-埃宾、霭理士、伊凡·布洛赫(Iwan Bloch)、阿尔伯特·莫尔(Albert Moll)和夏尔·弗雷(Charles Feré)等人。这些先锋派性学家的有两个主要目标：辨别各种性变态并分门别类；搞清楚性变态的病源。例如，在克拉夫特-埃宾详尽且具影响力的研究中，包括了虐待狂、受虐狂、恋尸癖、裸露癖、性倒错、女色情狂、嗜粪癖、拜物教等其他许多性变态行为，其中有很多是他识别和命名的。尽管《性心理疾病》及类似文本的科学词汇和拉丁语词汇令人觉得这些各不相同的色情表现属于病态和反常，但它们无疑使公众意识到现代社会各种各样的变态无处不在。变态者被刻画为异类和边缘人，也体现了不稳定性、不确定性的现代性别。性科学开创了新的写作体裁——心理变态传记(psychopathography)，即记录各种各样的性问题病例，把像博物馆内的稀有标本一样收藏起来，按次序排列。①

人们对于什么是变态行为有相同的看法，对于变态的成因却少有共识。弗兰克·萨洛韦(Frank Sulloway)记录了19世纪80年代至20世纪之间快速更迭的性理论，有些性学家将变态归因于遗传和本能，有些性学家则将变态归因于环境因素、养育过程中的影响和偶发性，个中的争论层出不穷。② 然而，总的来说，人们越来越认识到，性作为一种个人很难控制的强大而混乱的力量，对于社会生活至关重要。此外，情色欲望的生理决定论与历史变化论并不矛盾。19世纪晚期流行的退化理论经常将生理和社会解释相结合，认为性疾病的激增源于特殊的现代环境，即由世纪末城市生活的压力状态和非自然状态引起的神经衰弱。③

劳伦斯·比尔肯(Lawrence Birken)将性学推广到了关于现代

---

① Apter, *Feminizing the Fetish*, p. 35.
② Frank J. Sulloway, *Freud, Biologist of the Mind: Beyond the Psychoanalytical Legend* (London: Burnett, 1979), ch. 8.
③ Robert A. Nye, *Crime, Madness, and Politics in Modern France: The Medical Concept of National Decline* (Princeton: Princeton University Press, 1984).

性的思想史,将性学视为更普遍的范式转变的一部分,即从生产主义的、双性的自我模式,向消费主义、无性别的自我的转变。反乌托邦的观点认为,性科学的出现是一种压抑的话语控制,比尔肯并不赞同这一点。他认为,这种新的欲望意识形态能产生真正的自由,尽管这种自由还比较含糊。根据比尔肯的说法,始于达尔文、终于弗洛伊德的性学革命带来了多样的性别模式和自我模式,呼应了边际效应理论(marginal utility theory)兴起时经济对消费的日益重视。如果我们承认无分化的、多形态的性欲是人类关系的基础,这就可能会带来欲望的民主化,可能使人们认识到性变态是性的连续体上分化的一支,而不是绝对变异的表达。因此,性学可能使欲望主体实现个性化,哪怕这一点在其早期发展阶段并没有完全实现。

从女性主义者的角度来看,比尔肯观点中最具煽动性的一点,是声称性学话语最终能使女性认识到她们是欲望的主体,从而赋予她们一种象征性的公民身份。伴随着文化的性化,民主化也开始渐次展开。由于进化论的影响,人们不再将两性差异视为自然的、非历史性的,而是从共有的相同性中分化而来;这种原初的双性(originary bisexuality)观有助于削弱性别的绝对对立。在这种分化模式中,我们认可了女性也是总体欲望经济中的性别主体(sexed subjects),尽管越来越多的人认为性变态只是一种变异,这足以说明性趣味具有一种个人化怪癖的属性。他据此认为,正是在这个意义上,性学传统在弗洛伊德的作品中达到了巅峰,它既区分了性别差异,又抹杀了性别差异;性学中有关欲望个体和消费个体的"性经济"(sexonomy)这一新概念有利于削弱之前自然性别差异的固有观念,尽管在实践中,这种性经济反而强化了那些差异。[1]

---

[1] Lawrence Birken, *Consuming Desire: Sexual Science and the Emergence of a Culture of Abundance, 1871-1914* (Ithaca: Cornell University Press, 1988).

在女性主义内部，关于现代的性别话语和女性解放之间的关系问题有过漫长而激烈的争论。有人认为，既有的性别观念是根深蒂固的、无可救药的男性化观念，对此我并不苟同；我支持比尔肯的观点，即认为欲望范式是现代主体性的重要构成。因此，如很多人所言，精神分析之于女性主义的重要性在于，它认为在一般的力比多经济中，性（sexual）认同和性别（sexed）认同是根据条件而变化的，而非天然固定的本质。正如特雷莎·德·劳雷蒂斯（Teresa de Lauretis）所说的，"精神分析之所以吸引女人，是因为它承认女人……是欲望的主体，在让渡契约中赋予女人权力——她们作为性别主体和欲望主体，既有引诱的权力，又有被引诱的权力"[1]。在这个意义上，尽管女性主义者一直对男性气质的某些具体表现持批评态度，但她们在肯定女性作为情色主体和欲望主体时也参照了弗洛伊德思想的传统。与此同时，她们还大力批判了性学、精神病学和心理分析学在思想化和制度化过程中的厌女症基础。比尔肯甚少提及此类学术研究，可见他倾向于撇开性别政治的问题，因为这些问题影响了性科学的形成。

这方面最鲜明的体现，就是他绝口不提歇斯底里症，而在世纪末的女性气质讨论中，这种病至关重要。歇斯底里症成了医学上女性身体疾病的典型例子，是一个包罗万象的术语；任何行为，只要不符合既定的女性社会规范，就会被贴上歇斯底里的标签。其症状并不明确，千变万化，无法被明确分类；同时由于临床表现混乱，医生们也对之迷惑不解。[2] 正如伊莱恩·肖沃特所指出的，歇斯底里的多变性与女性气质的本质有着千丝万缕的联系。"它会带来强烈不

---

[1] Teresa de Lauretis, *The Practice of Love: Lesbian Sexuality and Perverse Desire* (Bloomington: Indiana University Press, 1994), p. xvii.
[2] Jan Goldstein, *Console and Classify: The French Psychiatric Profession in the Nineteenth Century* (Cambridge: Cambridge University Press, 1987), p. 324.

稳定的情绪和身体症状,如痉挛、昏厥、呕吐、窒息、抽泣、大笑、瘫痪等,而且会从一种症状迅速转变为另一种症状,体现出传统上与女性气质相关的反复无常。"①与其说歇斯底里症诊断的普及促成了欲望的民主化,倒不如说它重新肯定了女性气质特有的非理性和非稳定性。

歇斯底里症当然不是现代才有的概念。它源于古希腊时代,但作为一项诊断,它主要是在19世纪迅速流行起来的,并在世纪末达到顶峰。有些女性主义者认为,这种变化说明妇女生活受到越来越多的社会束缚,但这也可能与医生们变换了分类诊断方法直接相关。例如,在妇女救济院(La Salpetrière),让-马丁·沙尔科(Jean-Martin Charcot)对女性患者进行了著名的实验,他诊断出来的歇斯底里发病率明显高于邻近的医院。精神病学的专业化体现出了学科的不断扩张,试图将社会各个部分都纳入自己审视的层面。歇斯底里症的流行成了说服女性的一种手段,让她们把自己情绪困扰视为一种需要医生治疗的疾病,而不是一种需要牧师指引的道德或精神危机。②

这种诊断的扩大化,反过来又体现在歇斯底里症与女性身体器官的脱钩。它被重新归类为神经紊乱,而不是子宫功能障碍,于是从医学角度讲,男人也可能患上歇斯底里症。因此,在研究精神紊乱的病因及特征时,沙尔科也发现男性歇斯底里症患者占相当大的比例。③尽管如此,歇斯底里症仍然象征着一种女性疾病,常见特

---

① Elaine Showalter, *The Female Malady: Women, Madness, and English Culture*, 1830 - 1980 (London: Virago, 1987), p. 129. 另请参见 George Frederick Drinka, *The Birth of Neurosis: Myth, Malady, and the Victorians* (New York: Simon and Schuster, 1984),以及 Stephen Heath, *The Sexual Fix* (London: Macmillan, 1982).

② Goldstein, *Console and Classify*, pp. 373 - 374.关于确诊的歇斯底里症数量变化的论述,另请参见 pp. 329 - 330。

③ 参见 Goldstein, "The Uses of Male Hysteria."

征是女性心理不稳定,反复无常,其依据则是科学测量的结果和女性紊乱身体的呈现。相比之下,男性歇斯底里症患者的症状则表现为明显的偏执,而且症状更持久,往往与女性患者有明显的区别。①歇斯底里症抛弃了纯粹的解剖范式之后,并没有显著改变其强大而牢固的性别内涵。

如果说歇斯底里症始终是女性的情欲紊乱,那么变态仍然主要是属于男性的病态,尽管人们也承认它会偶尔出现在女性身上。虽然变态已经被重新定义为一种医学问题和退行性疾病,不局限于特定性别,但是它仍然被视为一种难以压制的强烈欲望,与男性主体的文化规范有密切关系。在世纪之交的大多数性学家的研究中,只有少数病例是女性,她们的反常欲望往往局限于异装和迷恋女性等现象。克拉夫特-埃宾用女性缺乏感官欲望和攻击性来说明为什么几乎没有女变态,他指出:"内在的端庄因素和外在的习俗因素自然形成了不可逾越的障碍,女性不敢表达变态的性本能。"②同样,法国精神病学家加蒂安·德·加埃唐·德·克莱朗博(Gatian de Gaeton de Clérambault)在研究男性和女性患者的拜物教时,确信女性缺乏真正的变态者那种超常的色情想象力。③

一方面,性学和精神病学鼓励这样一种认知,即每个人都可能反常;另一方面,它们又开启了对男女病症的区分,因为新的医学词汇中往往也夹杂着男女身份的常识概念、传统的道德和宗教框架,以及俄狄浦斯式的性越界。弗洛伊德将"女性"神经症定义为"男性"变态行为的阴性,这个著名定义就明显体现了这种划分。"经常

---

① Goldstein, "The Uses of Male Hysteria," pp. 153 - 154.
② Krafft-Ebing, *Psychopathia Sexualis*, p. 197.
③ Apter, *Feminizing the Fetish*, pp. 106 - 7. 另请参见 Jann Matlock, "Masquerading Women, Pathologized Men: Cross-Dressing, Fetishism, and the Theory of Perversion, 1882 - 1935," in *Fetishism as Cultural Discourse*, ed. Emily Apter and William Pietz (Ithaca: Cornell University Press, 1993).

有这种情况,兄弟是性变态者,"弗洛伊德写道,"而他的姐妹,身为性本能较弱的女性,患有神经质,其症状与其性欲强烈的兄弟在性变态方面有着一致倾向。相应地,在许多家庭中,男人很健康,但从社会的角度看,极其伤风败俗,而女人思想高尚,行为高洁,但是患有严重的神经质。"①歇斯底里当然是女性神经症倾向的典型表现,弗洛伊德将其归类为一种被否认的变态(repudiated perversion)。②鉴于女性在精神上和社会上普遍受到限制,女性似乎只能用身体无意识地表达自身的反叛愿望和欲望。

19世纪各种病理学的性别化(gendering)即使不那么一致,至少也比较系统,正是基于这一语境,我想来讨论拉希尔德对女性性欲的描述。我认为,其作品的重要性在于,她借用了现代性学和精神分析学提出的去中心的欲望主体,同时又拒绝它们对女性气质的典型化再现。因为她自称是"歇斯底里作家",所以一些女性主义批评家试图将传统上反常的女性气质等同于歇斯底里,并以此来理解拉希尔德作品的意义。③ 然而,我的观点是,如果仔细阅读拉希尔德的文本,就可以看出女主人公并非歇斯底里,而是性变态。也就是说,他们不是通过身体不由自主的症状去无意识地表达欲望和心理冲突,而是有意识地毅然拒绝社会和道德规范。她们不是通过非语言的、不合逻辑的躯体症状表现被压抑的愿望,而是在语言学和美学上,自觉地做出异常的性行为。因此,在创作一个世故的、充满欲望和性变态的女性主体时,拉希尔德的作品探索了与当代女性主义理论有着显著关联的主题。

---

① Sigmund Freud, "'Civilized'Sexual Morality and Modern Nervous Illness," *The Standard Edition of the Complete Psychological Works of Sigmund Freud*, vol. 9 (London: The Hogarth Press, 1955), pp. 191-192.
② Sulloway, *Freud*, p. 197.
③ 参见,如 Kingcaid, *Neurosis and Narrative*. 对此略为含糊的描述,请参见 Gordon, "Ornament and Hysteria,"以及 Beizer, "Venus in Drag."

那么，为什么拉希尔德称自己是一位歇斯底里症患者？乍一看，这种自我设定似乎令人费解，要知道在 19 世纪末歇斯底里有强烈的贬义，而拉希尔德本人的女性气质也非常不确定。但是，在这个世纪的下半叶，歇斯底里成了诸如福楼拜、马拉美和魏尔伦等作家的时髦词①；艺术精英挪用了这个词，并将之作为越界的隐喻，这是男性以想象的方式认同女性身份的又一例证。在这样的背景下，鉴于拉希尔德充满激情地拥护法国艺术和思想先锋派的价值观，她称自己歇斯底里就不难理解了。她这样做更像是先锋派男性伪装成女人，而不像是用压抑的女性气质来伪装自己。只有在这种情况下，女性歇斯底里才意味着越界和反叛，而不是一种不由自主的病态；直到第二波女性主义运动出现时，歇斯底里的价值才被重新定义。

残酷的女人

女性虐待狂(female sadism)的符号和情欲特点是什么？女人的毁灭幻想和复仇幻想如何以文本的形式表现？这个问题只要提出，就立刻让我们意识到相关的研究极为匮乏。虽然女性主义者对男性受虐狂(male masochism)越来越感兴趣，但是对女性虐待狂、对女性再现暴力时的投入和潜在的快感绝口不提。这个问题无疑触及了我们深植于心的信念，即女性情感具有易感性，而道德品质也有别于男人。然而，除非人们相信女性天生而且一定不存在攻击性冲动，否则似乎有必要研究这个问题，去开始思考女性的权力、暴力和毁灭等想象的文本特征。

---

① 参见 Goldstein, "The Uses of Male Hysteria."

第七章 性变态的艺术：女性受虐狂和男性赛博格

当然，文化禁止女性表达攻击性，这往往意味着女人只能以隐蔽的形式表达攻击幻想。就这一点而言，拉希尔德的作品意义重大；她积极参与到法国颓废文化中，这为她提供了思想和审美的理由，让她能够去露骨地刻画女性的变态行为，而她在塑造该类形象时，既借鉴又大大改变了世纪末残酷女性的传统形象。因此，即使在今天，《萨德侯爵夫人》(1887)仍然是令人震惊的作品；女主人公对男性的公然宣战，通过残害和毁灭男性身体得到的冷酷无情的快感，时至今日仍然让人震撼。在拉希尔德的所有作品中，这部小说可能最复杂而详尽地表现了女性的残忍，书中充满了专制女主人公将无力柔弱的男人置于疯狂和死亡境地的描写。拉希尔德的描写将女性的快感和权力的基础建立于折磨他人的行为之上，这使她的作品令人感到不安，且充满了挑衅，即便只是因为读者很少能读到从女性视角描写的情色暴力。

《萨德侯爵夫人》在描绘虐待狂人格起源时，将精神病理书写与精心排布的颓废象征主义结合在一起。小说首先登场的女主人公是年轻女孩玛丽·巴贝，她陪着姨妈办事情，被告知要为病中的母亲买鲜牛奶。她们来到屠宰场，玛丽无心走入了一间黑色屋子，看到一头公牛在痛苦的抽搐中慢慢死去，鲜血从割开的脖子流到桶里。玛丽意识到，母亲将喝下的液体不是牛奶，而是鲜血，当时鲜血是贫血症的常见补品；这位如父亲般慈爱的屠夫突然成了死神的刽子手。秘密屠杀的可怕景象使年轻女孩陷入崩溃的境地，并使她在未来的生活中对刽子手和受害者的形象产生了强烈的身份认同。那天她发现父亲的形象兼具慈爱和杀戮，母亲的补品不是牛奶而是鲜血，这种早期形成的创伤不可避免地破坏了童年的纯真。[①]

这一生动的开场白为后来玛丽孤独反常的童年生活做了铺垫。

[①] 参见 Birkett, *The Sins of the Fathers*, p. 166.

她的父亲是一位严厉专制的军官，因为她不是男孩而厌恶她，母亲则是情感疏离的病人，在诞下一个期待已久的男婴后死去。玛丽嫉妒弟弟获得的关爱，开始意识到自己的自卑源于性别。玛丽越来越孤独，不信任情感的依恋，专注于摧毁弟弟的幻想，认为弟弟是杀死母亲的刽子手。当睡梦中的护士无意中使弟弟窒息时，她冷眼旁观，刻意不干预——这是她首次向男性宣战。

父亲去世后，玛丽由伯父照顾，伯父是一位著名的科学家和医生。多年来她倍受忽视，在排斥女性的思想环境中，她被迫意识到自己是多余的。但是青春期为她带来了获得权力、寻求报复的机会。玛丽诱惑了伯父，逐渐改变了他们之间的权力平衡；臣服于陌生的色情诱惑，这位权威的思想家成了一个昏愦的老糊涂，渴望满足早熟侄女的每一个愿望。与此同时，为了获得成年人的自由和社会阶层的保护，她决定嫁给一位年老的浪荡子。新婚之夜，玛丽告诉惊愕的丈夫，她将成为他的情妇，而不是妻子，威胁丈夫如果试图让她怀孕，就毒害他。她表达了自己对生殖义务的厌恶，生殖只会给女性带来臣服、痛苦甚至往往是死亡的前景，她承认自己蔑视恐怖的分娩，拒绝盲目地自我复制邪恶的人类。

玛丽的下一个牺牲品是贫穷的年轻学生保罗，结果保罗是她丈夫的私生子。保罗这个人物消极自卑，经常流鼻血，这使玛丽感到兴奋，激发她神志不清的性欲狂乱。玛丽喜欢抓咬他脆弱的身体，以加速其血管中涌出神秘的红色液体；拉希尔德的女主人公既是食人族，也是吸血鬼，她从情人的大量失血中获得力量。她以精心设计的情色支配了三代男性，在这乱伦的场景中，她最终实现了年轻时想要报复男性的梦想。伯父羞愧于性无能和堕落，最终自杀。丈夫被她秘密喂下的催情药所害，崩溃而死。保罗发现玛丽谋杀了父亲之后，惊恐地逃离，想让自己远离玛丽吃人的牙齿。

在最后一章，玛丽成了一个神话般的人物。她是一个充满异国

第七章 性变态的艺术：女性受虐狂和男性赛博格

情调的吸血鬼形象，周围环绕着一群仆人。她在夜晚游荡于巴黎的街道，不断寻找变态的乐趣，希望能够在地下世界的妓院和廉价旅店中瞥见淫秽和谋杀行为。深夜，她与一群易装癖患者在舞会上相遇，引发了极端体验的凶残幻想。

> 她的鼻孔在天鹅绒面具下变大。她会因为这群男人中某一个人死亡的痛苦而得到想象的快乐，他逃不出女人的掌心。某个春夜，她会把自己的手帕扔进这堆待价而沽的动物中，把他带回家，用珠宝盖住他，用蕾丝带缠绕他，用上好的葡萄酒灌醉他，除了他那条烂命之外，别无所求。她用缎带把他绑在自己的古董床上，然后从火炉里取出烧得通红的针将他杀死。①

在这个虐待狂的梦之后，她又回到了原始创伤的发生之地。假装抱怨肺部不舒服，她来到巴黎屠宰场附近的一家酒吧，在那里能买到混有血液的葡萄酒，一边品酒，一边听听周围充斥的屠夫学徒们粗俗的谈话。被屠宰的动物的气味有一种神秘的纵欲感，令她陶醉，她再次沉沦于色情摧毁的梦想。那个想象中的祭祀屠杀时刻，预示着终极体验，能让她坠入深渊，找到狂喜的自我救赎。"她梦想着聚众谋杀带来的快感，如果这欲望过于强烈，她将用一颗宁静的心杀死其中一位堕落的男性，匕首挥舞在空中！"②

拉希尔德的作品明显受到世纪末"萨德热"的印象，这股狂热不仅体现在文学作品中，还体现在越来越多的学术著作中，学者试图将 18 世纪的淫荡转变成 19 世纪的性变态代表。与萨德一样，拉希尔德肯定了情色与权力、激情与支配之间的必然联系，拒绝任何自

---

① Rachilde, *La marquise de Sade* (Paris: Mercure de France, 1981), p. 295. 此处，笔者引自珍尼弗·伯基特（Jennifer Birkett）的出色译本，载于 *The Sins of the Fathers*, p. 167.
② Rachilde, *La marquise de Sade*, p. 297.

然爱情或两性平等的煽情神话。玛丽·巴贝的道德价值观极为淡漠,她因他人的痛苦和毁灭而感到快乐,绝不露出任何同情或悔恨的端倪。人们评论她时,可能会赞同安吉拉·卡特(Angela Carter)对萨德的女主人公所写的一句话:"她们挣脱女性气质枷锁的解放完全是个人的解放,只为她们自己。她们充分满足自我,但这是一种未受启蒙的解放,因而成为压迫他人的手段,压迫对象既包括女人又包括男人。"[1]拉希尔德的女性欲望观拒绝那种基于亲密、情感和依赖的价值观,用个人主义、非道德和残忍等气质取而代之,系统地否定了女性具有天然美德的神话。

然而,萨德和拉希尔德的情色脚本和幻想情景也存在重要差异。正如德勒兹在阅读萨克-马索克时所辩称的,仅仅在文本里区分虐待狂和受虐狂是不够的。相反,人们还必须考虑幻想的性别维度,即男性主体或女性主体的自我摆位如何体现了他们在情色表演中的等级地位。因此,拉希尔德的文本并不是简单地重复萨德的思想和主题结构,也不能简单视为男性受虐狂文本的镜像。相反,它们反映了从女性主体立场出发,围绕女性主体的性别和社会定位的美学逻辑。这种逻辑反过来通过对男女等级关系的有意描述,赋予作品隐含的社会维度;虽然作品想象的解决之道充满了过分的个人主义和变态之举,但它敢于与具体的性别不平等对峙,而不仅仅从人或形而上学的维度泛泛而谈。正是在这个意义上,拉希尔德的作品重新塑造了关于虐待狂欲望的脚本。

正如一些作家所指出的那样,萨德式文本的组织原则就是否定。它刻画了一个孤独的自我不断重复强迫性、机械性的色情暴力,并以此为手段去否定他者的现实,去肯定自我的绝对主权。吉

---

[1] Angela Carter, *The Sadeian Woman: An Exercise in Cultural History* (London: Virago, 1979), p. 89.

第七章 性变态的艺术:女性受虐狂和男性赛博格

尔·德勒兹提出了"建制"(institution)的概念,以描述萨德对侵略的独特再现:凌驾于法律之上的权威者以无情而绝对的方式行使权力。萨德式幻想的场景是绝对控制,"虐待者抓住受害者,受害者越不满,越不认可,虐待者就越享受"[①]。性快感的获得就是要用不夹杂个人情感的、冷漠的暴力,抹杀他者的参与和认同。德勒兹的看法与阿多诺和霍克海默并无二致,他们认为,萨德是启蒙理性中工具逻辑的终极体现。

对于女作家的情色幻想,萨德式的场景几乎是不可想象的,尤其是在19世纪的背景下。即便对拉希尔德的玛丽·巴贝那样异化和孤独的女主人公而言,萨德式男主人公身上体现的唯我论依然不可企及;只要女性一直被迫去面对男性他者的权威和权力,女性就无法逃脱男性他者的认可。同样,"制度化的占有"(institutionalized possession)这一观念很难跨越性别界限加以施用,因为它浓缩体现了一种凌驾于他者之上的想当然的主权,这与女性主体的心理和社会构成是格格不入的。我并不是想说社会性别和色情幻想的脚本编写之间有任何单纯或单一的关系——显然,事实正相反——我只是认为,流行的男性气质和女性气质的文化形态可能会在一定程度上束缚幻想主体的想象内容和从中所获取的愉悦。

因此,对他人系统性地、超然地实施暴力,并不是拉希尔德小说的特色。女性虐待狂发现自身处于奇怪的矛盾和冲突立场中:她的最终目的是将痛苦当作获得快乐的手段;然而,她没法理所当然地通过简单地掌控和否定他人来满足自己的欲望。因此,德勒兹的"制度化的占有"(像萨德那样)或契约联盟(像萨克-马索克那样)无法帮助我们理解拉希尔德文本中所描述的虐待狂逻辑,我觉得如果

[①] Gilles Deleuze, *Coldness and Cruelty*, in his *Masochism* (New York: Zone Books, 1989), p. 20.

采用"引诱"(seduction)的结构原则来解读可能最好。玛丽·巴贝只能通过间接的手段克服自己的无力;通过引诱男人——伯父、丈夫及丈夫的儿子——她反过来获得了可以征服和摧毁他们的力量。女性策略性地利用自身吸引力,这成为她们向他人施暴的必要先决条件。

"引诱"的结构逻辑反过来又解释了为什么拉希尔德的作品不那么抽象,不那么毫无人性。毕竟,引诱需要承认他者的主体性,并与他者的主体性密不可分。因此,更具反讽性、更小心谨慎的残忍引诱,取代了萨德作品的工具理性,以及那种强迫的、精心编排的施暴。玛丽必须施展个人魅力,必须费尽心机,才能实现自己的最终目的。因此,虐待狂并非将意志残忍地强加于肉体,而是被重新界定为一种基本的符号学和美学现象;通过表演和伪装的双重策略,以隐晦而中介的方式表现女性的残忍和暴力。

让·鲍德里亚写道:"引诱永远不属于自然之列,而属于虚假装扮的范畴——永远不属于能量的范畴,而是符号性和仪式性的。"[1] 鲍德里亚将引诱理想化为女性气质,但是他明确否认引诱与性别权力关系存在重叠;相反,引诱成了充满不确定和伪装的特权空间,通过嬉戏策略和面纱游戏,抵制了盛行的男性化权力和性的菲勒斯经济学。相比之下,拉希尔德作品对引诱提出了截然不同的理解,她认为引诱与权力等级变化、与虐待狂的欲望表达密切相关,而不是与之相互割裂。此外,鲍德里亚对"顺从的、仪式性的"(supple ceremonial)的引诱与坚定刻板的变态加以区分,但在拉希尔德的作品中,这种区分显然不起作用。我想说的是,在拉希尔德的小说中,性变态已经被美学化了。换句话说,要弄清性变态的性别特征,需要我们重新思考已有的定义,哪怕这可能会令我们发现不同形式的变

---

[1] Jean Baudrillard, *Seduction* (London: Macmillan, 1990), p. 2.

第七章 性变态的艺术:女性受虐狂和男性赛博格

态,比如被忽视的女性虐待狂。

而且,如果说女性虐待狂幻想的结构原则是引诱,那么它的动力就是复仇。从这个意义上讲,这种逻辑是被动的,是要发泄先前无助时期的愤怒的。玛丽·巴贝对男性的敌意源于童年时期,童年记忆让她始终对女人受到的忽视和贬低耿耿于怀。因此,女性虐待狂并非像萨德那样源于对性别差异的否定,而是源于她对无法逃脱的现实和权力的深刻承认。但是,既然她不仅认识到了这一点,而且站出来反抗,这就表明这个女人试图挣脱女性气质的束缚。由此,玛丽·巴贝恐惧母性是必然的,因为她想要挣脱女性无力和屈辱的关联物。与拉希尔德的女主人公相呼应的,是花花公子对生殖身体的恐惧,当然这种恐惧属于完全不同的类型。在拉希尔德的描述中,生产就是女性为了完成父权制家庭的生育任务而牺牲自主权,最形象的例子就是玛丽的母亲死于生产。她对被动柔弱的年轻男子极具吸引力,这进一步证明了玛丽不符合女性气质,拉希尔德的许多女主人公都是如此。她诱惑和控制这些男性,从而得以击败和碾压女性气质的符咒,并报复男性。最后一幕谋杀易装癖者的可怕场景,将这种逻辑引向令人齿寒的结局。在幻想这一动作时,玛丽·巴贝象征性地抹杀了自己的女性气质形象,甚至同时杀死了一个易装后看似脆弱的男人。虐待狂式的幻想一方面使她得以与男性权力结盟,并对男性施暴,同时又否定了她从那个异装癖者身上折射的自身的女性气质。

重要的是,鲜血的象征性带着多重内涵和悲惨的元素,它充斥着这部关于残酷女性的作品。长期以来,嗜血与性饥渴和性侵犯就是对等关系,而这种对等关系在拉希尔德笔下的女吸血鬼身上被唤醒,这个女吸血鬼以咬穿情人的皮肉、让其流血来获得纯粹的快感。菲勒斯化的女人(phallic woman)以积极的口欲施虐,将女性的悲惨转移到男性身体。保罗反复流鼻血,如同月经期女性一样,而月经期的女人背负着文化禁忌;由于担心社会的非难,他努力隐藏不期而至的鼻血,身心备受折磨,他生动地象征了令人羞愧的、受到玷污的肉体存在。似乎文学对女性权力的想象存在一个必要的前提条件,那就是要刻画失败堕落的男人,刻画那种具有可怜卑贱的传统女性气质的男人。因此,保罗身体里流出来的血就有了圣餐的意义,成了以食人来获得净化和再生的仪式中的祭品。就像玛丽·巴贝幼年时在屠宰场里看见的动物一样,为了滋养和强健女性,必须牺牲男性受害者;只有男性的鲜血才能使她打败病魔活下来。

与拉希尔德的其他小说一样,《萨德侯爵夫人》创作了一个女人的梦幻场景,她追求变态和暴力欲望,非但没有受到惩罚,反而受到称颂。拉希尔德的小说中屡现强大的男性化女人,这令人疑窦丛生:女同性恋在拉希尔德的变态分类中是什么地位? 拉希尔德对女性气质规范的挑战,与女性同性欲望的当代想象有何联系? 珍妮特·福斯特(Jeannette Foster)在其经典研究《文学中的性变异女性》(*Sex Variant Women in Literature*)中指出,拉希尔德作品中存在被压抑的女同性恋倾向,证据就是她多次表现出对女伴男装女人的着迷。在以性别认同来确定性别取向的时代,将男性化的女人与同性恋联系起来司空见惯,但是让人震惊的是,拉希尔德要极力区分这两个概念。[1] 她作品里的女性角色,就像作者本人一样,经常

---

[1] Jeannette Foster, *Sex Variant Women In Literature* (Baltimore: Diana Press, 1975), p. 89.对女同性恋与男性化的女人之间关系的论述,请参见 Esther Newton, "The Mythic Mannish Lesbian: Radclyffe Hall and the New Woman," *Signs*, 9, 4 (1984): 557-575; George Chauncey, Jr., "From Sexual Inversion to Homosexuality: Medicine and the Changing Conceptualization of Female Deviance," *Salmagundi*, 58-59 (1982-83): 114-146;以及 Carroll Smith-Rosenberg, "Discourses of Sexuality and Subjectivity: The New Woman, 1870-1936," in *Hidden from History: Reclaiming the Gay and Lesbian Past*, ed. Martin Duberman, Martha Vicinus, and George Chauncey, Jr. (Harmondsworth: Penguin, 1991).

第七章 性变态的艺术:女性受虐狂和男性赛博格

宣称她们瞧不起女同性恋这一时髦的恶习。对玛丽·巴贝而言,女同性恋不过是女学生们神经质的头脑发热。《维纳斯先生》中的具有异装癖的女主角拉乌尔·德韦内朗德(Raoule de Vénérande)同样直率地批评这类庸俗的爱情:"做女同性恋和大家并没有什么不同!我的教养使我远离寄宿学校女生的罪恶,我不会染上妓女的癖好。"① 拉希尔德的许多小说都明显地强烈地向往男性气质原则,这也许就解释了这种反复出现的疏远女同性恋的恐同行为;体验同性欲望,就有可能在对象选择层面被重新认同为一种具有传染性的女性气质,因为两者都是虚弱无力的。这未必反驳了福斯特认为拉希尔德有女同性恋欲望的观点,如果我们认为拒绝的态度可能恰恰代表一种欲望的话。但可以看出来,拉希尔德的作品不同于后来一些作家的作品,比如勒妮·维维安(Renée Vivien)和娜塔莉·巴内(Nathalie Barney),不能理所当然地将其划为女同性恋的经典。拉希尔德的性变态毫无疑问是与众不同的。

拉希尔德如此强烈地认同男性权力原则,也许有人要问,她虚构的残忍女性形象是否体现了任何形式的解放。如果说拉希尔德的作品体现了女性的自由形象,我认为这不太可信,因为这些作品坚守无处不在的性别等级,仍然没有逃脱主仆辩证法。这些作品也不能算是颠覆性地表达了先前被缄默的女性欲望;相反,它们与法国颓废传统中已经广为流传的残忍女人形象有关系。不过,拉希尔德还是在重塑颓废派传统时体现出了自己的特点。正如玛丽·安·多恩最近指出的:"蛇蝎女人的形象过度代表了身体……她被赋予的身体本身是具有能动性的,这一切独立于意识。"② 这种

---

① Rachilde, *La marquise de Sade*, p. 273, 以及 *Monsieur Venus*, trans. Liz Heron (London: Dedalus, 1992), p. 50.
② Mary Ann Doane, *Femmes Fatales: Feminism, Film Theory, Psychoanalysis* (New York: Routledge, 1991), p. 2. 另请参见 Annemarie Taeger, *Die Kunst*, *Medusa zu töten* (Bielefeld: Aiesthesis, 1987).

致命女性的形象是典型的恶魔力量,体现了新近发现的无意识的强大力量;她的力量是本能的,非理性的,毁灭性的。

相比之下,玛丽·巴贝和拉希尔德的许多其他女主角一样,是一个高度自觉和敏感的形象。这些人物不是简单地表现身体,而是具有自知力、反思力的主体。她们的堕落不是本能的,而是刻意为之的,表达了对女性从属地位的个人反叛;她们是艺术和文化领域(而不是自然领域)的特权形象,我很快就会谈到这一点。因此,拉希尔德创作的重要意义在于,她扩展了象征领域,篡夺了传统上激烈暴力的男性色情领域,从而承认女性作为反叛主体的潜在地位。因此,通过探索女性的愤怒、暴力和报复欲望,她们挑战了我们最顽固的一种文化禁忌。拉希尔德对残忍女性的幻想——此处必须强调,它们与萨德不同,这些仅仅是幻想①——与关于性别僭越和性别反常的流行解读不同。相反,这些幻想确立了一种反叛的、不循规蹈矩的、却盛气凌人的女性气质。这种女性气质从各个层面看都是变态的:无论是情色意义上,还是道德或美学意义上。

表演变态

虽然《萨德侯爵夫人》在传记式地刻画虐待狂人格的起源时,保留了现实主义再现的特征,但是拉希尔德的许多其他作品在形式上更加风格化,更具美学自觉性。这些作品中的女性性变态挑战了临床医生的诊断式凝视;面具背后的人格不再是固定的,她的强迫症无法被绘制和破译。相反,性别气质是表演(而不是本质);欲望离

---

① 对萨德的文字与生活的结合或分别调查,请参见 Dean, *The Self and Its Pleasures*, chs. 4 and 5.

第七章 性变态的艺术：女性受虐狂和男性赛博格

不开文化的中介，而且不可避免地脱离了任何形式的有机内在本质。

《杂耍艺人》(The Juggler，1900)明显把重点放在美学化的性别和伪装上。书中有一个迷人而神秘的35岁寡妇埃利安特·多兰格(Eliante Dolanger)，她与年轻的医学院学生莱昂·雷耶(Leon Reille)之间迸发了一系列故事。他们在一次舞会上邂逅，埃利安特即邀他回家。莱昂迷上了外表诱人的埃利安特，也因她大胆的邀请而兴奋，自信对方很快会成为自己的情妇。但是，他对性关系的期待不断受到埃利安特的打击和迷惑；埃利安特不时地穿上各种不同的衣服，扮演各式角色出现在他的面前，有极其色情的装扮，也有拘谨的资产阶级打扮；埃利安特撩拨着他的欲望，就像杂耍艺人丢刀子一样娴熟。埃利安特每一次都靠机智取胜，她就如同下棋一样精心安排他们的每一次相遇（小说情节也以黑白为象征贯穿始终）。她最终的胜利是耀眼而病态的，在精心编排的爱与死亡的高潮中，她将一具女性身体换成了另一具女性身体。

拉希尔德极具启发性地探索女性的裸露癖(exhibitionism)，她视现代女性为某种图像和景观。埃利安特不断变换服饰——资产阶级寡妇、异域舞者、热心的阿姨、变戏法的杂技演员、穿黑色紧身衣的荡妇——她将女性气质本身诠释为一种伪装。她不着痕迹地展示着自己，暴露出一具对莱昂这位男性观众而言身份神秘难辨的身体。莱昂心存欲望去窥破本质，却又无计可施，此时他这个男性旁观者不仅不强大，而且虚弱无力。偷窥狂和求知癖的迫切冲动联在一起（看的欲望体现了求知的欲望），却又受阻于一个空无的身体，这个身体只是流于表面，如同一道空屏幕，既吸引又抵制诠释性的凝视。女性气质因此变得完全戏剧性的，失去个人色彩，就像一个理想化展览的部落面具；这种形式化的、偶像化的自我呈现拒绝让观察者进入其内心,无论是真实的进入,还是想象的进入。①

裸露癖的快感当然不是纯净的;相反,这种快感源于女性在现代性上的特殊定位,源于她们所处的"被看性"(to-be-looked-at-ness)状态。因此,埃利安特的女性表演唤起了分裂的女性意识,用约翰·伯杰(John Berger)的名言来说,即不断观看自身的被观看。②按照伯杰的说法,自我审视被描述为女性深度异化的症状,证据是她们无法获得一种不分裂的身份认同。但是,拉希尔德的文本重新评价了女性气质的重要性,并以惊人的方式重新阐释了现代性的性别象征。如果现代主体是分裂的,去中心的,对自我形成所依赖的外在性和文化中介的结构有深刻的自觉,那么女性才是现代个体的典范。女性不再象征无分化的自然和无意识的欲望;相反,由于女性的地位由他者的凝视决定,她们在一定程度上获得了自我意识,而这恰恰是男性不具备的。我在前几章谈到的现代性再现在此有了重大转捩,现在是男性主体怀旧地抓住那个单一的、和谐的虚幻自我不放,女性则体现出了分裂矛盾的双重自我,充分意识到自己是由外在决定的。女性气质被作者展现为真实现代性的高级象征。

然而,拉希尔德并没有让女主人公们的叙事能动性局限于一种戏仿式的表演,即演绎她们作为欲望客体的状态;如果女性有裸露癖,那么她们也可能有窥阴癖。早在女性主义者认为女性也可以利用凝视之前,拉希尔德的小说《维纳斯先生》就将男性身体描绘成女性的欲望客体。拉希尔德的小说颠覆了贵族男主角引诱下层社会女性的传统叙事,描绘了家境优渥的拉乌尔·德韦内朗德和出身劳

---

① 笔者此处的措辞借鉴了一篇富有启发性的文章,即 Abigail Solomon-Godeau, "The Legs of the Countess," in *Fetishism As Cultural Discourse*, ed. Emily Apter and William Pietz (Ithaca: Cornell University Press, 1993), pp. 279 - 280.
② John Berger, *Ways of Seeing* (Harmondsworth: Penguin, 1972), p. 47.

动阶级、志大才疏的花匠雅克·西尔弗（Jacques Silvert）之间的性事。初次见面，拉乌尔就沉迷于这个年轻人惊人的美貌。于是她假装自己对后者平淡无奇的画作很感兴趣，将其安置在一个豪华公寓里，色诱了他，逐渐把他变成一个柔顺驯服的情人。

在整本小说中，读者可以读到大量关于雅克的身体描述，皆是通过拉乌尔的双眼，这些描述用一种暗示性的情色细节，刻画了雅克的身体曲线、轮廓和阴影。例如，他们初次见面时，我们读到了有关雅克各个身体部位的精确描述，这种描述使传统的统一、自主的男性气质碎片化；他的肉身遇到了仔细的打量和评判，那眼神如屠夫或皮条客般冷漠老练。叙事性的凝视先是看到了他鼓起的臀部、纤细的脚踝，转而看到他可爱的下巴、酒窝，还有他脖子上的褶皱。男性身体没有被再现为充满活力的对象，而是被加以幼稚化和女性化，它转而成了无助而迷人的诱人客体。然而，雅克同时又具有工人阶级的体格；他健壮结实，并没有娇柔的女人气。拉乌尔向她的一个朋友倾诉道："他甚至不是雌雄同体，甚至不是性无能的；他是一个 21 岁的英俊男人，他带着阴柔的本能，他只是生错了躯壳。"①雅克既具有两种性别的特点，又不属于任何一种，口味挑剔的拉乌尔需要的，正是雅克的这种模糊性别定位所带来的情色挑逗。

在与雅克的关系中，拉乌尔自信地扮演了传统男性情人的角色，雅克却很享受自己扮演的被宠爱、受控制的性角色。拉乌尔是一个主动的伴侣，主动计划他们的性接触；她又是一个嫉妒而苛刻的情人，不断设法支配伴侣，控制他的行为，残酷地使他屈服于自己的欲望。女性凝视起着关键的中心组织作用，它不断将男人转变成"一样东西"（une chose）。对雅克的描述经常发生在他睡着的时候，或完全没有意识到自己在被观赏的时候，他的躯体是撩拨情欲的，

---

① Rachilde, *Monsieur Venus*, p. 54.

然而又极其脆弱。书中有一幕颠覆了传统上男性偷看裸体女性的情节，就是拉乌尔偷看雅克洗澡。在拉乌尔的注视下，他越来越尴尬和难堪，却无力摆脱对方的视觉控制。

  拉乌尔俯卧在地板上，躲在窗帘后，不费劲就可以看见他。细蜡烛柔和的光线照亮他白色的皮肤，看起来就像桃子一样……

  后腰上的脊柱曲线圆润平滑，向下形成两个可爱的、结实饱满的轮廓，像是帕罗斯岛上泛着琥珀色透明度的大理石，简直可算是"美臀维纳斯"。大腿虽然不如女性粗壮，但坚实圆润，可以掩盖它们的性别。小腿很长，简直对躯干有些无礼，对一个不自知的躯体而言，这太刺激了。脚跟的弧度很美，非常圆润，那道楔形线几乎看不出来。①

如果说拜物教癖通常被定义为对阴茎缺失的否认，那么这些段落通过对男性气质的弱化和女性化，否认了阴茎的存在。对雅克身体的阐释、构架和意义化，都参照了表征体系中理想化的女性躯体。与初次见面时对雅克的描述明显不同，通过拉乌尔欲望的理想化，雅克被审美化了；他不再代表粗俗、强健的工人阶级男性气质，他的身体变成了情欲和愉悦之源，对身体的刻画像静物画一样细致。在拉希尔德的小说中，正是男性气质成为文本变形机制的对象，是男性气质被拜物化、理想化，被从自然领域转化到了艺术领域。

  因此，《维纳斯先生》破坏了传统上男性身体的不可见性。男性身体不再理所当然地缺失，而是成了被审视的对象，从而同时具备

---

① Rachilde, *Monsieur Venus*, pp. 31-32. 关于这一段的讨论，另请参见 Hawthorne, "Monsieur Vénus"。

第七章　性变态的艺术：女性受虐狂和男性赛博格

物质性和符号性，既是物质的肉体，又是复杂意义的符号。拉乌尔本身就是一位艺术家，她不断将情人的身体文本化，将其描绘成精美的艺术品，等待识货的女性鉴赏家细细凝视。珍妮特·贝泽指出："雅克的身体构成了贯穿小说的符号谱系，交替地成为一首诗、一个文本、一幅画、一座雕塑，简言之，它就是一个物的符号，有待去阅读、解密、解释、观看、书写、描绘和塑造。"①拉乌尔不仅阐释了雅克的身体，而且最终帮助创作了他的身体，训练它，教育它，让一个粗鲁的工人阶级青年具有了令人艳羡的女性优雅风姿。拉乌尔通过教育建构了另一个主体，这位女皮格马利翁甚至想要篡夺上帝造人的终极权力。一天晚上，拉乌尔来看雅克，发现他睡着了；躺在充满闺阁气息的床被中，他姿势撩人，完全不像男人。她盯着雅克看了一会儿，"带着一丝迷信的恐惧，怀疑自己是否以上帝的方式，根据自己的形象创造了一个生命"②。拉希尔德鄙视《创世记》中将女人描述为复制品的寻常桥段，她的女主人公以反叛的方式，重演了具有女性气质的《创世记》。通过她自己在自恋中激发的创造性意志，新的亚当被重造为一个女人。

小说的结尾处，男性气质的美学化有了合乎逻辑的结局。雅克失去了有机的身份或完整的人格，他不再是有主体性的人，而只是身体部件的拼合品，任由他人随意掠夺和重新组装。最终，他在拉乌尔煽动的决斗中死亡，拉乌尔保存了他的尸体，并做成蜡像模型，如同一个男性自动装置。这个人偶被供奉在屋内一个隐蔽的房间里，她会在夜间悄悄去看它，有时扮成男人，有时扮成女人。这个蜡像模型半天然，半人工，是一件完美的拟像（simulacrum），是以温顺而永恒的形式保存的男性身体。

---

① Beizer, "Venus in Drag," p. 250. 有关拉希尔德对男性身体美学化的讨论，另请参见 Gordon, "Ornament and Hysteria," p. 233, 以及 Kelly, *Fictional Genders*, p. 154.
② Rachilde, *Monsieur Venus*, p. 68.

> 在大理石像厄洛斯神守护的贝壳形沙发上,有一个蜡像,上面覆盖着一层透明橡胶。他红色的头发、金色的睫毛、胸前的金色都很自然;嘴里装饰着牙齿,手脚的指甲已经被从身上撕了下来。他的珐琅眼睛看起来也很可爱……
>
> 下半身内部的弹簧连接到嘴部并使其活动。
>
> 这个人体模型是一件解剖学杰作,德国人生产的。①

正如内奥米·肖尔所言,最后这个男性赛博格形象正是维利耶·德利尔-阿达姆的《未来夏娃》中女性赛博格的反面。② 雅克葆有了青春的美貌,超越了时间和尸体腐烂的恐怖,成了女性收藏家完美的工艺品(objet d'art),是宗教偶像和性傀儡的怪诞混合体。拉乌尔在他面前屈膝,仿佛在礼拜一尊烈士或圣人的雕像,但是拉乌尔也在其张开的大腿间摸索,在她的触摸下,他顺从地张开嘴巴。这个机器人形象的可悲之处在于,它可怕地模糊了传统的二元分类:既是有机体又是机器,既有生命又无生命,既是活的,但又是死的,即便它的材料和有机成分清晰可辨,这副身体还是不具备审美的统一性,有别于竖在旁边的爱神丘比特大理石雕像。

最近,女性主义对这个形象的讨论似乎还莫衷一是,大家不知道是否应该将之阐释为女性拜物教的典型体现。然而,它明确包含了拜物教的典型特点,即同时将身体碎片化和理想化。如果如安妮·麦克林托克所说的那样,那么我们只有抛开那种不断把拜物教简化为纯粹的菲勒斯经济学的阐释方法,才有可能考虑各种拜物教复杂而多变的文化内涵,才能认识到女性有可能成为情色的主宰者和变态欲望的主体。"由于拜物者总是把一系列社会矛盾转移到无

---

① Rachilde, *Monsieur Venus*, p. 144.
② Naomi Schor, *George Sand and Idealism* (New York: Columbia University Press, 1993), p. 20.

第七章 性变态的艺术:女性受虐狂和男性赛博格

情感的客体身上,就不应该用某个原发性的创伤或是个人主体的心理变态来简单地解读他们。"① 死亡当然是拜物活动的一个重大时刻,此时,照片、头发、衣物都代表着逝去爱人的身体,因此会被附着强烈的意义。然而,在拉希尔德的小说中,遗物不仅仅是以转喻方式唤出整体,它还通过暗恐(uncanny)的复制物(这种复制物接近了超真实之境)重现了整体。

从这个意义上讲,男性赛博格的作用与其说是弥补了缺位的男性气质,不如说是男性气质的理想替代品;这是拉希尔德文本中一系列温顺而女性化的男人的逻辑终点。人造之人既不惩罚也不禁止女性欲望,而是极具说服力地证明其创造性和想象力。在讨论蜡像的制作和封存尸体在西方女性气质表征史上的重要性时,伊丽莎白·布龙方(Elisabeth Bronfen)表示,蜡像或封存的尸体表达了女人想要控制和远离性别及死亡威胁的欲望,其方法就是把破坏性的、不确定的力量转化为冻结的、静止的、无时间性的形式。② 然而,在这部小说里,是男性的身体被固化为一具仿真艺术品,是男性的身体成为情色欲望的对象,然而也是被敬畏的对象。这具人体模型是性方面处于被动地位的顺从型男性气质的终极典范,它同时也是一个纪念物,提醒那些具有生命自觉的女性主体"勿忘终有一死"(memento mori),因为性爱与死亡正是在拉乌尔恋尸癖风格的拥抱中得以结合。

如果男性气质可以变成手工艺品,那么它也可以被手工艺品取代,所以,《杂耍艺人》采用了脱离男性性欲需求和束缚的女性自淫场景。埃利安特警告追求者莱昂,她厌恶传统的性关系,声称那只

---

① Anne McClintock, "The Return of Female Fetishism and the Fiction of the Phallus," *New Formations*, 19 (1993): 21.
② Elisabeth Bronfen, *Over Her Dead Body: Death, Femininity, and the Aesthetic* (Manchester: Manchester University Press, 1992), pp. 95–109.

会羞辱和征服女性。她拒绝了老套的异性求爱剧本,那种设定往往是男人先追求女人,到手后再抛弃她。她坚称,自己的性爱乐趣是多样且发散的,不需要男性生殖器官。当莱昂不可置信地、惊恐地看着她时,她转向一个真人大小的、雌雄同体的精美双耳瓶,夸张地诉说着它永恒而古老的美丽。

> 埃利安特现在稳稳地靠在白色双耳瓶的颈部,从脖子到脚跟舒展全身。她没有把自己献给男人,她把自己交给房内无生命的人,即洁白的花瓶。她既不是小姑娘也不年轻,没有任何不雅的姿势,她的手臂优雅地越过细长的瓶体,沉默地紧握自己的手指。接着,男人看到她微微睁开紧闭的双眼,嘴唇半启,她的眼白中射出星光,牙齿透出明亮的珐琅色;一阵轻微的震颤穿过她的身体——她的丝质裙子被压皱了,绽开一圈涟漪——她不禁发出细碎的快乐呻吟,这是高潮痉挛的真实气息。①

摆脱了异性恋(甚至人类的接触),女性情色呈现为多种形态而且富于理智的变态,这种欲望可以通过各种对象释放出来。拉希尔德女主人公们的情色和审美敏感度使她们能够从多种渠道获得性欲满足,通过把无生命、无机的东西性化,以此来实现情欲自足。这些女主人公在对象的选择和满足的形式上都很变态,体现了传统异性恋规范之外女性快感的幻想。在拉希尔德的小说中,男女之间的性交才成了无法想象的禁忌。

在这部小说中,正是女人代表了现代性的审美自觉,而男人在很大程度上仍然对自己的处境抱有天真或不切实际的幻想。通过

---

① Rachilde, *La jongleuse* (Paris: Des Femmes, 1982), pp. 50–51. 此处,笔者引自珍妮弗·伯基特的出色译本,载于 *The Sins of the Fathers*, pp. 182–183.

第七章 性变态的艺术:女性受虐狂和男性赛博格

反讽地——也是变态地——重写之前的主题,男性主体成了艺术品,但缺乏高度自省的能力。这种断裂在《维纳斯先生》贯穿始终的异装癖母题中有着鲜明体现,它提纲挈领地隐喻了性别身份的刻板性、重复性和可转移性。拉乌尔陶醉于模仿传统男性气质,反映了她像变色龙一样能完美地模仿放荡的贵族绅士。同样,雅克逐渐接受既定的女性特质,变得轻浮任性、温顺可人,他逐渐习惯了自己作为秘密情妇的新角色。男性和女性成了语言、服装和行为规范的产物,支配这种表演性自我呈现模式的是可变的社会关系等级,而不是与生俱来的本能和欲望。

然而,两个角色之间的关键区别在于,拉乌尔的性别身份具有可变性,她在男性和女性装扮之间自由切换,乐此不疲。相比之下,雅克成了传统异性恋中的女人,他很快就陷入了这个新身份,而且无法自拔。他在做爱时看到了拉乌尔的乳房,感到十分不安:她的男性气质幻灭了,而拉乌尔的男性气质正是他认同新获得的女性气质之前提。他到妓院去,发现自己对女人再没有欲望,此后,他的性取向也相应发生了变化。"把男人看成拉乌尔,或者把拉乌尔看成男人",他无法辨别仿赝品和真品,作为女性的雅克开始渴望男人,结果他成了男同性恋欲望的对象。关于性别认同和性对象选择的复杂纠缠,很少有作品能够像拉希尔德的小说一样,刻画得如此娴熟,她的作品就像挂满镜子的礼堂,令人眼花缭乱地排演着现代色情关系的生产和变异。

德勒兹认为,虐待狂在本质上是与审美态度对立的;与之相反,《女骗子》(*La jongleuse*)和《维纳斯先生》恰恰是以强势女性为主题,围绕女主人公的视角展开,又结合了高度风格化和反身性的形式。萨德的文本是没完没了地重复和组合性伴侣,采用理性的、近乎算术般的语法风格,拉希尔德的小说却在形式上对细节、表面和修饰进行浓墨重彩的描写。萨德作品罗列各种器官和性高潮,故意制造猥亵,而拉希尔德的情欲与其说是来自生殖器,不如说是来自大脑。小说的兴趣点不在于有目的地获得性高潮来释放自己,而是在过程中体验到的间接的、禁忌的快感。如果变态被定义为非功能性的快感,那么拉希尔德的全部作品在内容和形式上都可说是变态的典型范例。正如她作品中的女性角色抗拒生殖和基于生殖器的性爱,拉希尔德的作品则拒绝直接的模仿论解读(mimetic reading),它们炫耀自身的文本性,通过戏仿世纪末小说惯用的窠臼来展示其虚构性。①

然而,这种戏谑的美学也显露了自身的否定机制,它主要体现在一种贵族式的蔑视中,这种蔑视不只针对崇尚生产力和功能的价值观,还针对它们对劳动的——以及工人阶级的——身体的物质化。经济特权不可避免地成为世纪末有意识地追求颠覆的先决条件;拉希尔德的女主人公们仅仅因为她们在阶级结构中的地位,就能够挑战性别身份和性行为的常规,而免除被监视或被监禁的危险。想要培养具有审美自觉的人格,前提就是衣食无忧;毕竟,并非每个人都能将生活当作艺术品。此处,变态女性与花花公子的形象交汇,两者都厌恶粗俗的下层阶级,下层阶级集中体现了与物质躯体的直接关系,成为风格化变态表演仪式的对立面。

从阶级视角来解读,拉希尔德的作品显然更有问题。《维纳斯先生》颠覆性地破坏了性别,同时也擦除了工人阶级的身体,而工人阶级的劳动构成了拉乌尔可以蔑视功能和需求的先决条件。雅克的戏剧性转变证明了这点,他的阶级地位和性别都被抹除了;他的变形记神奇地清除了他的经济背景,以及曾经从事工作和生产的所有肉体迹象。雅克进入了拉乌尔优雅的社交圈,这既肯定又否定了工人阶级的男性气质,仿佛这种既肯定又否定(Aufhebung)意味着

---

① 关于这一点,请参见 Kelly, *Fictional Genders*, 以及 Beizer, "Venus in Drag"。

一种奇迹般超越的可能性,这种超越的对象是阶级区隔的社会结构所带来的令人难以接受的身体烙印。文本中对雅克的妹妹玛丽·西尔弗(Marie Silvert)的处理也明显有类似的焦虑,她是一个下层妓女,显然没有高等妓女的华光异彩。她的地盘不是优雅的卧室,而是贫民区、妓院和街道。她是一个怪诞的、满嘴脏话的泼妇,禁不住金钱的驱使,成为拉乌尔的敌人。如果说拉希尔德作品中的情色欲望被戴上了反叛的光环,那么穷人对钱的深切渴望并没有被置于同样崇高化和理想化的位置。更确切地说,下层女性集中体现了一种庸俗的迫切需求,而性别模糊的唯美主义者已经超越了这种需求。下层女性就是一具肉体,必须从文本中删除,因为她仍然受困于自身的自然属性和物质性,这是肉体堕落的显著象征。因此,她闭塞的劳动和欲望说明世纪末对审美和色情所做的试验是有其限度的。

性变态的历史化

我希望,我对拉希尔德作品的详细讨论不算浪费笔墨,毕竟大家对这些作品相对而言比较陌生,而且这些讨论都与性别政治和女性先锋派的理论问题相关。这些作品呼应了一种普遍现象,即将性越轨视为先锋派不确定美学的高级隐喻加以迷恋;变态表现出来的并不是先天的性真相,因为事实上根本没有真相可言,这只是证明了色情欲望的神秘莫测。但是,正是女性成了这种观念的代表,她们微妙而悖逆的激情既利用又挑战了已经广为接受的医学、性学和精神分析学在女性性爱方面的研究成果。拉希尔德拒绝诸如女性无激情、被动、保守等主流观点,她呈现的女性是现代的、有自我意识的,是张扬着情色欲望的主体。

拉希尔德本人明确将现代主义者的情欲美学与公共生活的政治现代性划分开来。对她来说(世纪末巴黎的很多作家和艺术家也持这种看法),公共政治不可救药地妥协于资产阶级社会的庸俗、粗鄙和平庸。她似乎并不同情世纪之交的法国女性主义者,认为她们一心追求虚幻的政治平等,却被制度所愚弄。她对现代政治的蔑视在《杂耍艺人》中米茜(Missy)身上可见一斑。米茜是位严肃的年轻女学者,博学多才,举止直率,但这些描述只不过是为了突出她对男女之事的一无所知。虽然引诱和扮装是女性施展权力的策略,但是当女性努力进入公共世界、与男性平分天下时,新女性的形象是可笑而又可悲的。

这些问题在拉希尔德的《为什么我不是女性主义者》一文中得到了更详细的探讨,这篇论文发表于她文学生涯即将结束之际。她谈到自己不相信女人,渴望自己是男人,但她不认为这种愿望可能有什么广泛的政治影响。"我想要成为男人这点从来没有激发我夺权的欲望。我总是作为个体在行动,从没想过要新建一个社会或推翻现存的社会。"① 同样地,她淡化自己异装的意义——19 世纪 80 年代,拉希尔德是法国仅有的警察授权可以穿着男性服装的三位女性之一——认为这一决定只是为了省钱和方便。接着,拉希尔德谴责了女人想要进入法国政治文化生活的企图,坚持认为女性天生柔弱,在本质上不及男人。从拉希尔德的这些话中我们可以看出,随着她自己的反叛立场日益流行,她开始感到不安;到了 20 世纪 20 年代,众多女性开始要求拥有之前男性专有的性自由和行为方式。对拉希尔德而言,这种民主化可能只是一种庸俗化,她的贵族视角和个人主义视角明显与这种主流观点格格不入。

在世纪末的法国,持这种观点的人不止她一个。艺术的解放观

---

① Rachilde, *Pourquoi je ne suis pas féministe* (Paris: Les Editions de France, 1928), p. 6.

第七章 性变态的艺术:女性受虐狂和男性赛博格

和政治的解放观似乎是绝对对立的,似乎极少有人会把社会活动和广义的政治与性欲和美学自由混为一谈。相比之下,最近的日常生活美学批评和欲望的微观政治学批评倒是反复肯定了这一点。1968年的运动充满激情地追求一种理想主义的性解放,这场运动的基础就是认识到了情色与政治的关系,并坚持"情色即政治"。第二波女性主义在重新构建社会、美学和力比多领域之间的关系时发挥了核心作用,尽管女性主义者对现有的性变态表现各异,甚至往往有相互矛盾的反应。性变态是本能冲动,还是有意识的反叛?这个情色自由的符号,到底是真实还是虚幻的?

在《女性变态》(*Female Perversions*)一书中,女性主义治疗师路易丝·卡普兰(Louise Kaplan)明确谴责当代社会对变态者的理想化。她坚持认为,变态者并非性爱自由的流行符号,"变态者别无选择。他的性表演是无奈的,强迫的,固恋的,僵化的"[①]。卡普兰扩展了性变态的既有定义,纳入了相对常见的各种女性行为,她坚持认为,无论是男性还是女性,变态都是一种病态。变态者是不自由的,是被囚禁的,他们受困于自己的冲动执着,被迫按照别人的脚本去演绎人生。相比之下,曼迪·默克(Mandy Merck)最近在《性变态》(*Perversions*)中重申并再次肯定了变态性向就是对令人窒息的正统教条的离经叛道。默克并没有把性变态解读为精神压抑的表达,而是诠释成一种浓缩了反讽、戏仿和表演的美学。性变态这个术语体现了对边缘生存方式的刻意选择,一种体验非常规生活的尝试,默克与酷儿理论结盟就是为了具体表达这一观念。因此,性变态代表了一种更普遍的诉求,即挑战既定的真理,重视偏爱和含混。[②]

---

① Louise Kaplan, *Female Perversions: The Temptations of Emma Bovary* (New York: Doubleday, 1991), p. 40.
② Mandy Merck, *Perversions* (London: Virago, 1993).

这两部论著的立场差异令人震惊,与其说这是由于对同一现象的意义解读发生了分歧,不如说是医学与美学话语对该现象的定位不同。帕尔文·亚当斯(Parveen Adams)在一篇关于女同性恋施虐/受虐的文章中,将不同的性变态概念并置在几句话内。亚当斯承认,从精神分析的角度来看,女同性恋施虐/受虐癖必然是一种变态行为,但他仍然试图区分基于病理性强迫症的一般变态者和基于女同性恋追求自由解放的变态行为。

> 对于医学临床来说,变态行为没有选择性。拜物者被他的拜物性所束缚,受虐狂要表演并且重复表演对他来说重要的场景。僵化和重复构成了受虐狂的性欲冲动和谜团。另一方面,对于女同性恋施虐/受虐恋者来说,就有一种情欲的弹性和变化;她亲自打造所恋之物并替换他们;她不断地幻想,像试衣服一样不断地试他们。很明显,所有这一切都要激发感官刺激,制造身体愉悦,获得越界的兴奋;这既是一场身份游戏,也是生殖器游戏。它以变态的方式强化快感。[1]

异性恋者的变态是僵化的、冲动的和病态的,而女同性恋施虐/受虐狂的变态是美学的、不受约束的、可变的。根据我的梳理,19世纪末的精神病学和美学对变态的阐释是矛盾的,而当亚当斯区分自发的病理性变态和颠覆的游戏性变态时,这种矛盾性再次出现。

虽然我不相信女同性恋性行为能按照亚当斯所提出的方式,超越心理和社会的决定作用,但是对性变态的称颂显然与近年来男女同性恋权利运动有关,也涉及最近出现的酷儿政治和理论。考虑到

---

[1] Parveen Adams, "Of Female Bondage," in *Between Feminism and Psychoanalysis*, ed. Teresa Brennan (London: Routledge, 1989), pp. 262-263.

第七章 性变态的艺术:女性受虐狂和男性赛博格

长期以来同性欲望都被认为是一种重要的性变态,在最近关于性的讨论中,性变态成为重要术语就不足为奇了。然而,重要的是,重启"性变态"这个词就需要重现其美学、(不)道德及情色方面的维度;只有认为性变态不仅是一种生理或心理决定的产物,而且是一种象征性的拒绝行为,性变态才能被看成一种文化抵抗。从这个意义上说,揭示变态的多层含义就要研究当下它都用在什么方面。

这种对变态的美学化,引起了人们对表演政治的广泛兴趣,这也在当前的后现代理论、文化研究和女性主义中得到了证实。朱迪思·巴特勒(Judith Butler)的《性别麻烦》(*Gender Trouble*)和马乔里·加伯(Marjorie Garber)的《既得利益》(*Vested Interests*)等优秀的论著集中体现了当前这个趋势,即将性别和性欲视为不稳定的、变化的表演行为。然而,批评性地使用表演、伪装和异装癖等隐喻,无论是在社会理论层面上,还是在历史特殊性的层面上,都很难为自己的政治主张自圆其说。政治的美学化可能会导致美学与政治的简单结合,不加质疑地将"异常"的性表达视为一种乌托邦式的极端反叛。此处,达娜·克拉克(Danae Clark)最近对"商品女同性恋"(commodity lesbianism)的分析则很好地纠正了此种观点,她细致地分析了当代的性亚文化与消费者社会的营销策略之间的复杂关系,这个消费社会日益重视风格、表演,喜欢利用性别的模糊性。这并不是要对商品化(commodification)加以妖魔化,进而认为商品化代表了真实前设身份不可避免的堕落;相反,这里要强调的是,我们现在研究性变态的政治时无法避开消费文化的深刻影响,无法避开变态性行为充满矛盾的主流化过程。[①]

当然,在拉希尔德的时代,决定变态美学生产和接受的条件完

[①] Danae Clark, "Commodity Lesbianism," *Camera Obscura* 25/26 (1991): 181-201. 关于这一问题,另请参见优秀论文集 *The Lesbian Postmodern*, ed. Laura Doan (New York: Columbia University Press, 1994).

全不同。她的作品并没有受到大众化或商品化的摆布,而是在很大程度上取决于作者对自己的定位和认同,作者认为自己是自觉边缘化的颓废知识分子小群体中的一员。拉希尔德的作品根本没有女性或女性主义读者,而不是说作者本人原本有可能朝那个方向去想。相反,她的作品几乎只在男性艺术家圈子里流传;由于她是这个亚文化中的女性代表,她的作品似乎不太可能对当时现有的性别态度产生任何实质性的影响。虽然从现在的视角来看,我强调了她作品中更具反叛性的几个方面,但她的男性同行们对这些方面熟视无睹。此书公开发表时,有一些关于作品的评论(如莫里斯·巴雷斯[Maurice Barrès]为《维纳斯先生》写的序)认为,她的作品是早熟却天真的性感少女撩人心扉的内心流露,这恰恰使人想到女性气质的刻板印象,而我想论证的是,拉希尔德煞费苦心地写作就是要质疑这些刻板印象。①

虽然拉希尔德本人拒绝了女性主义的标签,但是她的作品仍然强有力地再现了多种形态的变态女性气质,仍然在与之后的时代进行对话。她摒弃了当时要么把女人视为"家中天使",要么视为"严肃的妇女参政论者"的观念,创造了有关女性色情和美学形象的独特现代视野。在这个意义上,用她自己的话说,她在性上体现了"革命精神",这种精神对于她那个时代的女性来说是弥足珍贵的。当前,随着女性开始宣告自己的变态权力,她的作品又再度流行。虽然我们也承认这些作品的局限性,但同样可以看到拉希尔德在表现女性气质时具有惊人的创造力,不一定非要把她看作女性主义的先驱典型。

---

① 参见 Barrès, preface in Beizer, "Venus in Drag"。

后　记
重写现代

在我看来，以拉希尔德来为本书画上句号再合适不过了。近年来，女性主义者对她的作品愈发关注，这恰恰折射出了现代性文化传统的变幻不定，反映了学界继续从当下的欲求和视角出发，去重新解读和重新定义现代性的文化传统。若是在十年前，拉希尔德不可能成为批评的焦点；因而，该书的结论恰好证明了女性主义话语本身的不断嬗变，证明了女性主义话语在不断地改写女性史和性别关系史。随着新范式与新意识形态的日益明晰，我们与过去的关系渐渐归于"争论—修改"这一永不停息的过程。从这个意义上来说，正如尼采最早指出的那样，历史从未忠实地记录过事实，而总是以不同形式的修辞和作品服务于不同的心理和社会目的。

人们常如此解读尼采那篇论历史之有用及滥用的文章，认为它讽刺了历史知识实为"虚"却自称为"实"。然而，这一观点无疑将复杂的问题过度简化了：历史总是具有必要性与必然性的。尽管尼采对黑格尔的历史主义和懦弱的尚古主义嗤之以鼻，但他也始终坚信我们无法逃脱历史意识的负累。问题不在于是否要"超越"历史，而在于要认识到，建构我们与过去的关系这个行为本身就带有利益和偏见（预判），而不是在创造纯粹的科学。这样一来，在尼采眼中，历史便不再具有绝对明确的价值,而是与人的自身需求息息相关。①

尼采不合时宜的反思却在这样一个质疑大写的历史、小写的历史不断堆叠的时代变得恰逢其时。历史也许不再是形而上之真相的可靠保证了(历史又何曾保证过?),但是同一批人在大谈特谈历史即将消亡的同时,又要不停地提及各种文化和文类的历史、传统与过去。在这种断裂中,我们还可窥见另一种非同时性(nonsynchronicity),它经常体现在对后现代性的讨论中,一边是那些知识分子哀悼或庆贺元叙事的死亡,另一边则是一些无权势的群体从不同视角出发,这里的两派显然存在颇多龃龉。这些少数派群体利用(但同时又质疑)正统的历史编纂和历史小说,开始在为时间性和过去的历史创设新的理解和表达方式。

重建历史这一浩大工程中的环节之一,仍然是解读和书写矛盾重重的现代性。当代理论界重新聚集到"现代"的概念上,其原因就是白人男性被从"历史主体"的宝座上赶了下来,新的问题被开启了,关于"现代性对女性等属民群体到底意味着什么"这个问题的答案依旧扑朔迷离。如果说近年来的女性主义批评就是要回归历史,在单一线性的时代划分受到挑战之后,历史还可能代表什么呢?我们该如何看待文本的时间,才能正确地看待性别政治问题?通过解开现代历史不可忽视的复杂问题——既然这些问题也是当代女性主义关系的问题——我的分析已经提供了部分答案。我认为想要书写现代性,无论是有意还是无心,都会被卷入性别差异的等级制度中,但同时我也认为,现代的历史本身就具有质疑和挑战主流性别规范的深远传统。

---

① Friedrich Nietzsche, "On the Uses and Disadvantages of History for Life," in his *Untimely Meditations* (Cambridge: Cambridge University Press, 1983). 对本文的讨论,另请参见 Hayden White, *Metahistory: The Historical Imagination in Nineteenth-Century Europe* (Baltimore: The Johns Hopkins University Press, 1973), ch. 9.

后记 重写现代

当然,从某种意义上来说,论证现代性的复杂性本身并不新鲜。卡尔·肖斯克关于世纪末维也纳的经典论著中,有这样几句话:"现如今,尤其是在面对现代性问题的时候,历史学家们千万不可预先设置一个抽象的通用概念,如黑格尔口中的'时代精神'和密尔所说的'时代特点'。以前这些同一性的直觉洞察是有用的,但现在我们必须愿意在经验上追求多元性,这才是我们发现文化整体模式的先决条件。"[1]当然,正如休斯克和我所指出的那样,个人追求多元化的能力及其接受历史时代不同特性的能力明显是有限的。尽管如此,我仍旧试图颠覆一些在女性主义理论中往往被简单定义的历史分期范畴,以此来探索女性作为现代主体在他人和自我眼中的不同形象。在这一研究中,我一直秉持这样的理念:不同的言说方式可以将同一时期的同一文化描述成各种各样的故事,正如卡罗尔·克洛弗(Carol Clover)在别处所言;一种写法可能会凸显女性现代性的某些方面,另一种写法则是为了掩盖这些方面。[2] 尽管如此,我仍无法涉及性别/现代性的方方面面。读者可以把这部分缺失归因于我自己在社会历史学和专业训练上的盲点;毫无疑问,会有读者这么批评我。与此同时,这些盲点也提醒人们,任何一种理论工作都必然有局限性,不能妄言某种理论囊括了整个现代的全部意义。

此外,多元化与异质性也有明显的局限性,并非每个特定的时代所讲的故事都同样有说服力,同样地令人相信。事实上,文本的选择与解读的过程,以及将某些作品认定为比其他作品更值得讨论,这些做法都预设了对现实或现实某些方面的建构,正如这些文本本身可能陷入无休止的阐释螺旋而在阅读中被修改。此外,任何

---

[1] Carl E. Schorske, *Fin-de-Siècle Vienna: Politics and Culture* (Cambridge: Cambridge University Press, 1981), p. xxii.
[2] Carol J. Clover, *Men, Women, and Chain-Saws: Gender in the Modern Horror Film* (Princeton: Princeton University Press, 1992), p. 99.

受政治影响的(即批判性的)阅读,都有必要去深入研究(哪怕只是暂时的)影响性、决定性和因果性三者之间的互动,正是这三种因素将特定文本和更为广泛的权力结构联系在一起。在当前背景下,我将研究重心置于一些关键问题之上,这些问题对女性和现代性的文化表征具有极为重要的意义。它们包括:商品化和消费主义、私人/公共领域的区别、女性性爱、先锋派美学政治和大众文化政治、历史叙事的组织力量,以及政治、宗教、科学术语的差别及交融。我对许多母题的讨论出现在不止一章中,力求能够超越单个的文本分析,而建立有意义的关系,找到文本间的相似性。因此,我的论证假定社会话语的关系是散漫而错综复杂的,彼此之间既有家族相似性、连接点、相同的因果关系,同时也有断裂和冲突的时刻。

我目前最关切的问题之一,就是要识别和辨析(哪怕只是部分地)描述性和规范性之间令人疑窦丛生的关系,这两者的关系正是讨论现代性问题的特色所在。将某人或某物指认为"现代"的,这势必传达了对该人或该物的价值判断。我在导论中曾提到,现代性表征一再将女性置于历史之外,最大限度地弱化她们的能动性、当代性与人性。从某种意义上来说,本书接下来的部分是对该观点的批判性回应,并试图论证女性对现代性历史的重要意义。我试图让人们看到,女性对顽固的现代性体制做出了显著贡献,也试图重构现代文化中经常被忽视的某些方面。这并不是说女人自主创造了她们独特的历史,而是要弄清楚决定论和主动性之间复杂的互动关系,这种关系决定了女性(和男性)对他们所在世界的反应。在所难免的是,这一研究不仅仅是将女性重新定义为现代性主体,而且还对定义现代的各种范畴进行了重要的修正和再言说。

通过女性来重读现代,最令人震惊的——也是令我始料未及的——发现之一,就是在19世纪文化中存在过如此令人瞩目的文化表达,它们诉说着渴望、不满和不安。我所研究的文本试图穿越时间或空间,在别处寻找意义——上至伊甸园时代的远古,下达想象的未来,抑或深入文化他者性的区域中,而非重申一种自信的想法,即认为现代西方社会才是优越的。当然,对渴望的各种表达不一定与现代文化对立的——恰恰相反,我试图说明它们是如何盘根错节地与消费主义逻辑、殖民主义政治及争取社会变革的斗争相互交织在一起。然而,它们凸显了与现代观念相纠缠的根本矛盾。文化对抗不只限于20世纪的先锋派,许多19世纪的作品表达了矛盾和不确定性,这些作品揭示了人们对现代进程所带来的冲突与危机有着深刻认识。无论是对男人还是女人来说,女性形象与女性气质都已经成为表达这种不确定性的关键领域。

然而,我关于女性现代性的观点,并不意味着全盘捍卫和认可现代性的所有方面。恰恰相反,我想通过呈现多维度的、矛盾的现代性,质疑将现代要么视为解放、要么视为压迫的普遍观点。正如彼得·斯塔利布拉斯所言:"'现代'根本无法定义,因为它包罗万象。相反,人们应当研究这一术语曾引发和支撑的概念划分和实践体制。"[1]从女性主义理论和女性主义政治的角度来看,这些实践与体制被赋予了截然不同的意义与价值。事实上,我自己的论述在梳理女性气质与现代性的历史时,总是或公开、或隐秘地诉诸规范与价值判断。我赞同史蒂文·康纳(Steven Connor)最近提出的一种观点,即认为规范性和价值等级是不可避免的,在当代理论界这一点尤其如此,即便体现得不那么明显。[2] 然而,关键之处在于,这些判断紧密依靠我们如何评价现代性特殊维度的性别政治的变化;它们不是源于一种全球化的历史想象,在这种视角下女性被固定在与牢不可破的时间逻辑一成不变的关系中。

---

[1] Peter Stalleybrass, "Modern", 未发表手稿。
[2] Steven Connor, *Theory and Cultural Value* (Oxford: Basil Blackwell, 1992).

在该研究的最后阶段,随着我越来越了解后殖民主义理论的相关讨论,我惊讶地发现,后殖民理论的许多观点与我所关注的问题紧密相关。两者的主要共性在于,它们都明显在知识和政治方面打破了传统/现代的对立,而这种对立也在真实与异化、自然与文化、永恒与历史等诸多二元关系中有所体现。在批判西方帝国主义的压迫路径时,这种两极分化十分常见,它们一直影响着女性主义者对现代性的回应。然而,在霍米·巴巴(Homi Bhabha)、郑明河(Trinh Minh-ha)和盖亚特里·斯皮瓦克(Gayatri Spivak)等理论家的著作中,学者们不再将真实的、自然的他者理想化为现代性与殖民主义进程之外的存在物,而是认为混杂(hybridity)、传染(contamination)和混合(intermixture)是文化身份构成的基本。[1] 尤其要说的是,这一类后殖民研究试图从根本上动摇传统的概念(比如西方本地论者对永恒和谐的种族身份的怀念),并坚持认为非西方社会也运作着复杂的时间性和不连贯的文化逻辑。

然而,这一批评又将会给我们理解现代本身的历史和种族机制带来怎样的影响呢?这一问题并未得到系统的探讨。在这一背景下,保罗·吉尔罗伊(Paul Gilroy)最近出版的《黑色大西洋:现代性和双重意识》(*The Black Atlantic: Modernity and Double Consciousness*)对当前的现代性理论做出了重大的贡献和修正。吉尔罗伊对文化批评中的大众化趋势(volkish trend)持批判态度,这一趋势力求构建独立自主的黑人历史,并将黑人的身份认同建立在一种理想化的种族真实性之上。他指出,这些反现代主义立场受惠于19世纪的民族主义理论,尽管影响通常是无意识的,而民族主义又

---

[1] Homi K. Bhabha, *The Location of Culture* (New York: Routledge, 1994); Trinh T. Minh-ha, *Woman, Native, Other: Writing Postcoloniality and Feminism* (Bloomington: Indiana University Press, 1989);以及 Gayatri Chakravorty Spivak, *In Other Worlds: Essays in Cultural Politics* (New York: Methuen, 1987).

后记 重写现代

继承了德国浪漫主义的遗产。与这些观念不同,吉尔罗伊构建了另一种跨文化、跨国族的黑色大西洋思想,将黑色大西洋视作混杂流散的身份之网,也是非洲和欧洲的哲学及文化体系与观念的复杂混合体。他并不否认现代性导致了诸如奴隶制、种族主义等可怕的遗产,而是着眼于黑人个体如何选择性地使用现代传统,既对其有所肯定,又保持了批判。因此,对于吉尔罗伊来说,黑人文化是"现代性的反文化",尽管承认种族在现代的核心位置,我们将需要重新认识历史分期和理论范畴——而正是通过这些范畴,人们才得以理解"现代"的含义。吉尔罗伊认为,黑色大西洋的流散是"非传统的传统,是一个极端现代的、不同圆心的、不稳定的、不对称的文化群体,故无法用二元编码的摩尼教逻辑来理解它"[①]。

我不想夸大吉尔罗伊的论点和我之间的相似之处;这将让人们忽视两种论点完全不同的政治目的。我也不想挪用他的文章来为自己的作品正名,因为本书的成败理应取决于自身的优劣。然而,吉尔罗伊缜密的观点使我更加坚信一点,即人们应当从各种属下的(subaltern)身份来看待现代性的历史,因为正是这些属下的身份,让现代性的历史得以形成。现代主体不可避免地具有多元性,为了拓展对这种多元性的理解,本书主要涉及了对现有时间体系和历史阶段划分的解构和重塑。因为不同社会群体存在迥然不同的(而且不同步的)现代性,所以那些关于现代性美学和政治学的传统看法将不断地受到冲击和修正。现在就说现代性的历史已经结束还为时尚早;从严格意义上说,它还尚未被书写出来。

[①] Paul Gilroy, *The Black Atlantic: Modernity and Double Consciousness* (Cambridge: Harvard University Press, 1993), p. 198.

译名对照表

（按汉语拼音顺序排序）

专有名词

阿多诺,特奥多尔　Adorno, Theodor
阿姆斯特朗,南希　Armstrong, Nancy
埃布尔森　Abelson
埃夫林,爱德华　Aveling, Edward
埃梅里,玛格丽特　Eymery, Marguerite
　即拉希尔德　（Rachilde）
霭理士　Ellis, Havelock
艾略特, T. S.　Eliot, T. S.
安德烈亚斯-莎乐美,露
　Andreas-Salomé, Lou
昂,伊恩　Ang, Ien
奥德赛　Odysseus
奥克斯,盖伊　Oakes, Guy
奥拉尔奎亚加,塞莱斯特　Olalquiaga, Celeste
奥斯本,彼得　Osborne, Peter
巴巴,霍米　Bhabha, Homi
巴尔扎克,奥诺雷·德　Balzac, Honoré de
巴霍芬, J. J.　Bachofen, J. J.
巴雷斯,莫里斯　Barrès, Maurice
巴黎公社　Paris Commune
巴黎博览会(1900)　Paris Exposition (1900)
巴内,娜塔莉　Barney, Nathalie
巴特勒,朱迪思　Butler, Judith
巴特利特,尼尔　Bartlett, Neil
巴特斯比,克里斯廷　Battersby, Christine
鲍德里亚,让　Baudrillard, Jean

鲍尔比,雷切尔　Bowlby, Rachel
贝尔萨尼,利奥　Bersani, Leo
贝姆,尼娜　Baym, Nina
贝赞特,安妮　Besant, Annie
贝泽,珍妮特　Beizer, Janet
倍倍尔,奥古斯特　Bebel, August
本雅明,瓦尔特　Benjamin, Walter
彼得森,卡拉　Peterson, Carla
比尔肯,劳伦斯　Birken, Lawrence
比西-格卢克斯曼,克里斯蒂娜　Buci-Glucksmann, Christine
波德莱尔,夏尔　Baudelaire, Charles
波洛克,格丽塞尔达　Pollock, Griselda
伯恩海默,查尔斯　Bernheimer, Charles
伯基特,珍妮弗　Birkett, Jennifer
伯杰,约翰　Berger, John
伯克,埃德蒙　Burke, Edmund
伯曼,马歇尔　Berman, Marshall
博阿迪西亚　Boadicea
布拉德伯里,马尔科姆　Bradbury, Malcolm
布拉瓦茨基　Blavatsky
布拉伊多蒂,罗萨　Braidotti, Rosa
布兰特林格,帕特里克　Brantlinger, Patrick
布雷,阿比盖尔　Bray, Abigail

布龙方,伊丽莎白　Bronfen, Elisabeth
布鲁克斯,彼得　Brooks, Peter
布鲁梅尔,博　Brummel, Beau
布洛赫,赫尔曼　Broch, Hermann
布洛赫,伊凡　Bloch, Iwan
茨韦科维奇,安　Cvetkovich, Ann
达尔文,查尔斯　Darwin, Charles
达芬,洛娜　Duffin, Lorna
大仲马　Dumas, Alexandre
戴克斯特拉,布拉姆　Dijkstra, Bram
德贡布,文森特　Descombes, Vincent
德科艾,玛丽安娜　DeKoven, Marianne
德拉莫拉,理查德　Dellamora, Richard
德勒兹,吉尔　Deleuze, Gilles
德里达,雅克　Derrida, Jacques
迪恩,卡罗琳　Dean, Carolyn
蒂克纳,莉萨　Tickner, Lisa
丁尼生,阿尔弗雷德　Tennyson, Alfred
东泽洛,雅克　Donzelot, Jacques
多恩,玛丽·安　Doane, Mary Ann
多菲内,克洛德　Dauphiné, Claude
多利莫尔,乔纳森　Dollimore, Jonathan
恩格斯,弗里德里希　Engels, Friedrich

菲,伊丽莎白　Fee, Elizabeth
费德曼,莉莲　Faderman, Lilian
芬尼,盖尔　Finney, Gail
芬尚,雷切尔　Fensham, Rachel
弗雷,夏尔　Feré, Charles
弗雷弗特,乌特　Frevert, Ute
弗雷泽,南希　Fraser, Nancy
弗里斯比,戴维　Frisby, David
弗洛伊德,西格蒙德　Freud, Sigmund
福柯,米歇尔　Foucault, Michel
福楼拜,居斯塔夫　Flaubert, Gustave
福斯特,珍妮特　Foster, Jeannette
浮士德　Faust
妇女社会与政治联盟　Women's Social and Political Union
甘斯,埃里克　Gans, Eric
高布乐,海达　Gabler, Hedda
戈德曼,米兹　Goldman, Mitzi
哥白尼,尼古拉斯　Copernicus, Nicolaus
歌德　Goethe
格迪斯,帕特里克　Geddes, Patrick
格拉德,萨拉　Grand, Sarah
格莱斯顿,威廉　Gladstone, William
葛丽琴　Gretchen
龚古尔　Goncourt
古巴尔,苏珊　Gubar, Susan
瓜塔里,费利克斯　Guattari, Felix
哈贝马斯,尤尔根　Habermas, Jürgen
哈葛德,H. 赖德　Haggard, H. Rider
哈洛维,唐娜　Haraway, Donna
海德格尔,马丁　Heidegger, Martin
荷马　Homer
赫克曼,苏珊　Hekman, Susan
黑格尔　Hegel
亨克,叙泽特　Henke, Suzette
亨特,林恩　Hunt, Lynn
华兹华斯　Wordsworth
霍布斯,托马斯　Hobbes, Thomas
霍克海默,马克斯　Horkheimer, Max
霍尼,卡伦　Horney, Karen
霍普金斯,杰拉尔德·曼利　Hopkins, Gerard Manley
霍索恩,梅拉妮　Hawthorne, Melanie
基特勒,弗里德里希　Kittler, Friedrich
吉卜林,拉迪亚德　Kipling, Rudyard
吉尔伯特,桑德拉　Gilbert, Sandra
吉尔罗伊,保罗　Gilroy, Paul
纪德,安德烈　Gide, André
加伯,马乔里　Garber, Marjorie
加谢,鲁道夫　Gasché, Rodolphe
金,斯蒂芬　King, Stephen
金斯福德,安妮　Kingsford, Anne
卡洪,劳伦斯　Cahoone, Lawrence
卡勒,乔纳森　Culler, Jonathan
卡林内斯库,马泰　Calinescu, Matei
卡彭特,爱德华　Carpenter, Edward

卡普兰,路易丝　Kaplan, Louise

卡特,A. E.　Carter, A. E.

卡特,安吉拉　Carter, Angela

凯尔纳,道格拉斯　Kellner, Douglas

坎贝尔,科林　Campbell, Colin

康德,伊曼努尔　Kant, Immanuel

康拉德,约瑟夫　Conrad, Joseph

康纳,史蒂文　Connor, Steven

科恩,埃德　Cohen, Ed

科尔班,阿兰　Corbin, Alain

科雷利,玛丽　Corelli, Marie 即玛丽·麦凯(Mary Mackay)

克拉夫特-埃宾,里夏德·冯　Krafft-Ebing, Richard von

克拉克,达娜　Clark, Danae

克拉克,苏珊娜　Clark, Suzanne

克莱朗博,加蒂安·德·加埃唐·德　Clérambault, Gatian de Gaeton de

克莱斯特,海因里希·冯　Kleist, Heinrich von

克里姆特,古斯塔夫　Klimt, Gustav

克里斯蒂娃,朱莉娅　Kristeva, Julia

克罗斯比,克里斯廷　Crosby, Christine

克洛弗,卡罗尔　Clover, Carol

肯尼,安妮　Kenney, Annie

肯普,安东尼　Kemp, Anthony

库比契克,米西·德恩　Kubitschek, Missy Dehn

拉德韦,贾尼丝　Radway, Janice

拉多,莉萨　Rado, Lisa

拉卡普拉,多米尼克　LaCapra, Dominick

拉康,雅克　Lacan, Jacques

拉西特,辛西娅·伊格尔　Russett, Cynthia Eagle

拉希尔德　Rachilde

莱昂,珍妮特　Lyon, Janet

莱杰,萨莉　Ledger, Sally

兰德斯,琼　Landes, Joan

劳埃德,罗斯玛丽　Lloyd, Rosemary

劳雷蒂斯,特雷莎·德　Lauretis, Teresa de

劳伦斯,埃米琳·佩西克　Lawrence, Emmeline Pethick

乐蓬马歇百货商店　Le Bon Marché

勒庞,古斯塔夫　Le Bon, Gustave

勒佩尼斯,伍尔夫　Lepenies, Wolf

里格斯,拉里　Riggs, Larry

里基,盖尔　Reekie, Gail

利奥塔,让-弗朗索瓦　Lyotard, Jean-François

利顿,康斯坦丝　Lytton, Constance

利奇,威廉·R.　Leach, William R.

利维斯,Q. D.　Leavis, Q. D.

利希特布劳,克劳斯　Lichtblau, Klaus

林顿,伊莱扎·林恩　Linton, Eliza Lynn

隆布罗索,切萨雷 Lombroso, Cesare
卢梭,让-雅克 Rousseau, Jean-Jacques
鲁特罗夫,霍斯特 Ruthrof, Horst
露露 Lulu
伦恩,尤金 Lunn, Eugene
罗宾斯,布鲁斯 Robbins, Bruce
罗宾斯,伊丽莎白 Robins, Elizabeth
罗斯,迈克尔 Roth, Michael
马尔萨斯,托马斯 Malthus, Thomas
马克思,卡尔 Marx, Karl
马克斯,埃莉诺 Marx, Eleanor
马库斯,简 Marcus, Jane
马拉美,斯蒂凡 Mallarmé, Stéphan
马斯特斯,布莱恩 Masters, Brian
马特洛克,詹恩 Matlock, Jann
麦卡锡,德斯蒙德 MacCarthy, Desmond
麦凯,玛丽 Mackay, Mary
麦坎奈尔,朱丽叶 MacCannell, Juliet
麦克法兰,詹姆士 McFarlane, James
麦克林托克,安妮 McClintock, Anne
梅吉尔,阿伦 Megill Allan
梅特卡夫,安妮-玛丽 Metcalfe, Anne-Marie
美狄亚 Medea
蒙克,萨缪尔 Monk, Samuel
蒙塔纳,阿德里安 Montana, Adrian

米尔斯,帕特里夏 Mills, Patricia
米尔斯,萨拉 Mills, Sara
密尔,约翰·斯图亚特 Mill, John Stuar
摩根,塔伊斯 Morgan, Thais
莫德莱斯基,塔尼亚 Modleski, Tania
莫尔,阿尔伯特 Moll, Albert
莫里斯,梅根 Morris, Meaghan
莫里斯,威廉 Morris, William
默尔斯,埃伦 Moers, Ellen
默克,曼迪 Merck, Mandy
内特芒,阿尔弗雷德 Alfred, Nettement
尼采,弗里德里希 Nietzsche, Friedrich
尼斯比特,罗伯特 Nisbet, Robert
诺尔道,马克斯 Nordau, Max
帕布斯特,G. W. Pabst, G. W.
帕金斯,温迪 Parkins, Wendy
潘多拉 Pandora
潘克赫斯特,埃米琳 Pankhurst, Emmeline
潘克赫斯特,克里斯特贝尔 Pankhurst, Christabel
庞德,埃兹拉 Pound, Ezra
庞弗里,马丁 Pumphrey, Martin
佩特,沃尔特 Pater, Walter
佩特罗,帕特里斯 Petro, Patrice

皮尔逊,卡尔　Pearson, Karl
普拉兹,马里奥　Praz, Mario
普罗米修斯　Prometheus
普维,玛丽　Poovey, Mary
齐美尔,格奥尔格　Simmel, Georg
乔伊斯,詹姆士　Joyce, James
萨德　Sade
萨克-马索克,利奥波德　Sacher-Masoch, Leopold von
萨洛韦,弗兰克　Sulloway, Frank
桑,乔治　Sand, George
沙尔科,让-马丁　Charcot, Jean-Martin
莎乐美　Salomé
申克,西莱斯特　Schenk, Celeste
圣伯夫　Sainte-Beuve
圣女贞德　Joan of Arc
施赖纳,奥利芙　Schreiner, Olive
施陶特,格奥尔格　Stauth, Georg
司各特,怀特　Scott, Walter
斯宾塞,赫伯特　Spencer, Herbert
斯蒂德曼,卡罗琳　Steedman, Carolyn
斯皮瓦克,盖亚特里　Spivak, Gayatri
斯塔布斯,帕特里夏　Stubbs, Patricia
斯塔利布拉斯,彼得　Stallybrass, Peter
斯泰因,格特鲁德　Stein, Gertrude
斯特恩,凯瑟琳　Stern, Katherine
斯特拉顿,乔恩　Stratton, Jon
斯特潘,南希　Stepan, Nancy
斯图尔特,苏珊　Stewart, Susan
斯威尼,弗朗西丝　Swiney, Frances
斯温伯恩,阿尔杰农·查尔斯　Swinburne, Algernon Charles
苏,欧仁　Sue, Eugène
苏利耶,弗里德里克　Soulié, Frédéric
索富利斯,佐伊　Sofoulis, Zoe
塔尔德,加布里埃尔　Tarde, Gabriel
汤姆森,阿瑟·J.　Thomson, J. Arthur
汤普金斯,简　Tompkins, Jane
唐纳德,詹姆斯　Donald, James
特纳,布莱恩　Turner, Bryan
特斯特,基思　Tester, Keith
滕尼斯,斐迪南　Tönnies, Ferdinand
瓦蒂莫,詹尼　Vattimo, Gianni
王尔德,奥斯卡　Wilde, Oscar
威尔逊,伊丽莎白　Wilson, Elizabeth
威廉姆斯,罗莎琳德　Williams, Rosalind
威廉姆斯,雷蒙德　Williams, Raymond
维弗,伯莎　Vyver, Bertha
维利耶·德利尔-阿达姆,菲利普·奥古斯特　Villiers de L'Isle-Adam, Philippe Auguste
维维安,勒妮　Vivien, Renée

维西纳斯,马莎　Vicinus, Martha
维泽特利,亨利·理查德　Vizetelly, Henry Richard
韦伯,马克斯　Weber, Max
韦尔,弗龙　Ware, Vron
韦斯特,丽贝卡　West, Rebecca
魏德金德,弗兰兹　Wedekind, Franz
魏尔伦,保罗　Verlaine, Paul
魏宁格,奥托　Weininger, Otto
温,纳撒尼尔　Wing, Nathaniel
沃德,玛丽·奥古斯塔　Ward, Mary Augusta
　　即汉弗莱·沃德夫人(Mrs. Humphry Ward)
沃尔夫,珍妮特　Wolff, Janet
沃特斯,林赛　Waters, Lindsay
伍尔夫,弗吉尼亚　Woolf, Virginia

武赫特·泰森,利特克·范　Vucht Tijssen, Lieteke van
西尔弗曼,卡娅　Silverman, Kaja
肖尔,内奥米　Schor, Naomi
肖斯克,卡尔　Schorske, Carl
肖沃特,伊莱恩　Showalter, Elaine
许森,安德烈亚斯　Huyssen, Andreas
亚当斯,帕尔文　Adams, Parveen
耶格尔,帕特里夏　Yaeger, Patricia
伊甸园　Eden
易卜生,亨里克　Ibsen, Henrik
于曼斯,J.-K.　Huysmans, J.-K.
约尔丹诺娃,卢德米拉　Jordanova, Ludmilla
詹明信　Jameson, Fredric
郑明河　Minh-ha, Trinh
左拉,埃米尔　Zola, Emile

术　语

百货商店　Department Stores
拜物教　Fetishism
布鲁姆斯伯里圈　Bloomsbury Group
参政权　Suffrage
超自然主义　Supernaturalism
城市化　Urbanization
城市生活　City Life
崇高　Sublime

传统　Tradition
达达　Dada
大规模生产　Mass Production
大众传媒　Mass Media
大众化的崇高　Popular Sublime
大众文化　Mass Culture
帝国主义　Imperialism
俄狄浦斯情结　Oedipal Complex

短文	Tracts
法国大革命	French Revolution
法兰克福学派	Frankfurt School
非理性	Irrationality
父权制	Patriarchy
妇女参政论者	Suffragettes
复制	Reproduction
东方主义	Orientalism
嗜粪癖	Coprophilia
佛教	Buddhism
感伤	Sentimentality
个人主义	Individualism
革命	Revolution
工人阶级	Working Class
工业化	Industrialization
公共领域	Public Sphere
共同体	Gemeinschaft
购物	Shopping
古今争论	Querelle des Anciens et des Modernes
官僚制度	Bureaucracy
过去	the Past
后现代主义	Postmodernism
后殖民主义	Postcolonialism
花花公子	Dandies
化妆品	Cosmetics
怀旧	Nostalgia
机械女性	Mechanical Woman
基督教	Christianity
技术	Technology
家庭关系	Family Relations
阶级	Class
进步	Progress
进化	Evolution
精神分析	Psychoanalysis
酷儿理论	Queer Theory
窥阴癖	Voyeurism
拉斐尔前派	Pre-Raphaelites
浪漫主义	Romanticism
理想主义	Idealism
理性	Rationality
立体主义	Cubism
恋尸癖	Necrophilia
灵性	Spirituality
罗曼司	Romances
裸露癖	Exhibitionism
马克思主义	Marxism
美国独立战争	American Revolution
媚俗	Kitsch
母权制	Matriarchy
母性	Motherhood
男性气质	Masculinity
女性气质	Femininity
女性主义	Feminism
拼贴	Pastiche
平等	Equality
启蒙	Enlightenmen
情动	Affect

情节剧　Melodrama	现代　the Modern
情色崇高　Erotic sublime	现代化　Modernization
群众之人　Man of the Crowd	现代性　Modernity
赛博格　Cyborgs	现代主义　Modernism
色情文学　Pornography	现实主义　Realism
商品　Commodities	象征政治　Symbolic Politics
蛇蝎女人　Femme Fatale	消费　Consumption
神话　Myths	消费主义　Consumerism
生产　Production	歇斯底里　Hysteria
生成　Becoming	新古典主义　Neoclassicism
施虐狂　Sadism	新历史主义　New Historicism
时尚　Fashion	新女性　New Woman
世纪末　Fin de Siècle	新批评　New Criticism
受虐狂　Masochism	性变态　Perversion
双性恋　Bisexuality	性别　Gender
私人领域　Private Sphere	性别化　Sexualization
他者　Other	性别政治　Gender Politics
他者性　Otherness	性反常　Perversity
通俗文化　Popular Culture	性向　Sexuality
同性恋　Homosexuality	性学　Sexology
颓废　Decadence	性越轨　Sexual Deviance
唯灵论　Spiritualism	性越界　Sexual Transgression
唯美主义　Aestheticism	叙事　Narratives
伪装　Masquerade	异域崇高　Exotic Sublime
未来主义　Futurism	异域风情　Exoticism
文化研究　Cultural Studies	异装　Transvestism
文学正典　Literary Canons	引诱　Seduction
文艺复兴　Renaissance	印度教　Hinduism
希腊文化　Hellenism	庸俗　Vulgarity

游荡者　Flâneur
欲望　Desire
再现　Representation
殖民主义　Colonialism.
中产阶级　Middle Class
种族　Race
主体性　Subjectivity

装饰　Décor
资本主义　Capitalism
自恋　Narcissism
自然主义　Naturalism
自淫　Autoeroticism
宗教崇高　Religious Sublime
左岸派　Left Bank Group